本书由
中央高校建设世界一流大学（学科）
和特色发展引导专项资金
资助

中南财经政法大学"双一流"建设文库

数|字|经|济|系|列|

商业模式与技术的耦合创新研究

石军伟　朱耀东　杨世元　著

中国财经出版传媒集团
中国财政经济出版社

图书在版编目（CIP）数据

商业模式与技术的耦合创新研究／石军伟，朱耀东，杨世元著．--北京：中国财政经济出版社，2019．12

（中南财经政法大学“双一流”建设文库．数字经济系列）

ISBN 978－7－5095－9397－4

Ⅰ．①商… Ⅱ．①石… ②朱… ③杨… Ⅲ．①商业模式－研究 ②企业创新－研究 Ⅳ．①F71 ②F273．1

中国版本图书馆 CIP 数据核字（2019）第 243863 号

责任编辑：孙　琛　　　　责任校对：张　凡

封面设计：陈宇琰

商业模式与技术的耦合创新研究

SHANGYE MOSHI YU JISHU DE OUHE CHUANGXIN YANJIU

中国财政经济出版社 出版

URL：http：//www. cfeph. cn

E－mail：cfeph @ cfemg. cn

社址：北京市海淀区阜成路甲 28 号　邮政编码：100142

营销中心电话：010－88191537

北京财经印刷厂印装　各地新华书店经销

787×1092 毫米　16 开　15 印张　250 000 字

2019 年 12 月第 1 版　2019 年 12 月北京第 1 次印刷

定价：65．00 元

ISBN 978－7－5095－9397－4

（图书出现印装问题，本社负责调换）

本社质量投诉电话：010－88190744

打击盗版举报热线：010－88191661　QQ：2242791300

总　序

“中南财经政法大学‘双一流’建设文库”是中南财经政法大学组织出版的系列学术丛书，是学校“双一流”建设的特色项目和重要学术成果的展现。

中南财经政法大学源起于1948年以邓小平为第一书记的中共中央中原局在挺进中原、解放全中国的革命烽烟中创建的中原大学。1953年，以中原大学财经学院、政法学院为基础，荟萃中南地区多所高等院校的财经、政法系科与学术精英，成立中南财经学院和中南政法学院。之后学校历经湖北大学、湖北财经专科学校、湖北财经学院、复建中南政法学院、中南财经大学的发展时期。2000年5月26日，同根同源的中南财经大学与中南政法学院合并组建“中南财经政法大学”，成为一所财经、政法“强强联合”的人文社科类高校。2005年，学校入选国家“211工程”重点建设高校；2011年，学校入选国家“985工程优势学科创新平台”项目重点建设高校；2017年，学校入选世界一流大学和一流学科（简称“双一流”）建设高校。70年来，中南财经政法大学与新中国同呼吸、共命运，奋勇投身于中华民族从自强独立走向民主富强的复兴征程，参与缔造了新中国高等财经、政法教育从创立到繁荣的学科历史。

“板凳要坐十年冷，文章不写一句空”，作为一所传承红色基因的人文社科大学，中南财经政法大学将范文澜和潘梓年等前贤们坚守的马克思主义革命学风和严谨务实的学术品格内化为学术文化基因。学校继承优良学术传统，深入推进师德师风建设，改革完善人才引育机制，营造风清气正的学术氛围，为人才辈出提供良好的学术环境。入选“双一流”建设高校，是党和国家对学校70年办学历史、办学成就和办学特色的充分认可。“中南大”人不忘初心，牢记使命，以立德树人为根本，以“中国特色、世界一流”为核心，坚持内涵发展，“双一流”建设取得显著进步：学科体系不断健全，人才体系初步成型，师资队伍不断壮大，研究水平和创新能力不断提高，现代大学治理体系不断完善，国际交流合作优化升级，综合实力和核心竞争力显著提升，为在2048年建校百年时，实现主干学科跻身世界一流学科行列的发展愿景打下了坚实根基。

“当代中国正经历着我国历史上最为广泛而深刻的社会变革，也正在进行着人类历史上最为宏大而独特的实践创新”，“这是一个需要理论而且一定能够产生理论的时代，这是一个需要思想而且一定能够产生思想的时代”①。坚持和发展中国特色社会主义，统筹推进“五位一体”总体布局和协调推进“四个全面”战略布局，实现“两个一百年”奋斗目标、实现中华民族伟大复兴的中国梦，需要构建中国特色哲学社会科学体系。市场经济就是法治经济，法学和经济学是哲学社会科学的重要支撑学科，是新时代构建中国特色哲学社会科学体系的着力点、着重点。法学与经济学交叉融合成为哲学社会科学创新发展的重要动力，也为塑造中国学术自主性提供了重大机遇。学校坚持财经政法融通的办学定位和学科学术发展战略，“双一流”建设以来，以“法与经济学科群”为引领，以构建中国特色法学和经济学学科、学术、话语体系为己任，立足新时代中国特色社会主义伟大实践，发掘中国传统经济思想、法律文化智慧，提炼中国经济发展与法治实践经验，推动马克思主义法学和经济学中国化、现代化、国际化，产出了一批高质量的研究成果，“中南财经政法大学‘双一流’建设文库”即为其中部分学术成果的展现。

文库首批遴选、出版二百余册专著，以区域发展、长江经济带、“一带一路”、创新治理、中国经济发展、贸易冲突、全球治理、数字经济、文化传承、生态文明等十个主题系列呈现，通过问题导向、概念共享，探寻中华文明生生不息的内在复杂性与合理性，阐释新时代中国经济、法治成就与自信，展望人类命运共同体构建过程中所呈现的新生态体系，为解决全球经济、法治问题提供创新性思路和方案，进一步促进财经政法融合发展、范式更新。本文库的著者有德高望重的学科开拓者、奠基人，有风华正茂的学术带头人和领军人物，亦有崭露头角的青年一代，老中青学者秉持家国情怀，述学立论、建言献策，彰显“中南大”经世济民的学术底蕴和薪火相传的人才体系。放眼未来、走向世界，我们以习近平新时代中国特色社会主义思想为指导，砥砺前行，凝心聚

① 习近平：《在哲学社会科学工作座谈会上的讲话》，2016年5月17日。

力推进“双一流”加快建设、特色建设、高质量建设，开创“中南学派”，以中国理论、中国实践引领法学和经济学研究的国际前沿，为世界经济发展、法治建设做出卓越贡献。为此，我们将积极回应社会发展出现的新问题、新趋势，不断推出新的主题系列，以增强文库的开放性和丰富性。

“中南财经政法大学‘双一流’建设文库”的出版工作是一个系统工程，它的推进得到相关学院和出版单位的鼎力支持，学者们精益求精、数易其稿，付出极大辛劳。在此，我们向所有作者以及参与编纂工作的同志们致以诚挚的谢意！

因时间所囿，不妥之处还恳请广大读者和同行包涵、指正！

中南财经政法大学校长

前　言

新兴产业是引导经济发展的重要动力。发展战略性新兴产业是我国抢占新一轮科技发展和国际经济竞争先机的关键路径。在全球化竞争越来越激烈的今天，加快培育和发展战略性新兴产业是我国创建新兴产业的国际竞争力、在全球市场竞争过程中掌握主动权的必由之路。我国政府一系列的重要政策文件明确指出，加快发展战略性新兴产业不仅要“加强产业关键核心技术和前沿技术研究”“强化企业技术创新能力”“以加速产业规模化发展为目标，实施重大产业创新发展工程”“建设产业创新支撑体系”，而且在积极培育市场方面要“支持市场拓展和商业模式创新”“积极推行新型商业模式”。这充分表明，商业模式创新与技术创新将是战略性新兴产业快速健康发展的两大关键驱动力量，研究这两者之间的耦合创新及其实现机制等问题无疑具有重大的理论意义与应用价值。

在理论研究领域，已有学术文献对商业模式创新与技术创新的交互关系关注不多，仅有的少数文献也主要以概念性的理论分析为主，并且也是近些年才出现的。总体看来，商业模式创新的研究更多聚焦在如何设计更有竞争力的商业模式问题上，很少有文献将技术创新因素纳入商业模式创新的分析框架中。而技术创新研究文献关注的影响技术创新与企业绩效之间关系的诸多组织因素中，很少系统讨论商业模式创新的作用。总体来看，将技术创新与商业模式创新两个因素同等对待并研究两者之间的相互作用机制的成果更是不多。尽管近年来关于商业模式创新与技术创新之间的相互作用关系在实践层面和理论认识层面已经逐渐得到越来越广泛的认可，但关于商业模式创新与技术之间相互作用的具体理论机制、协调机制、评价方法和经验证据等诸多问题，还没有得到比较系统的解决。因此，系统地研究新兴产业中商业模式创新与技术创新的耦合机制及相关问题，对我国经济通过新兴产业的综合创新实现高质量发展和抢占新一轮国际创新竞争制高点来说，都具有重大的理论意义和现实价值。

本书首先在对相关研究文献进行较系统的综述的基础上，对商业模式、商业模式创新和技术创新三个核心概念进行了明确的界定，然后构建商业模式创新与技术创新之间的耦合机制，并概括了技术创新驱动商业模式创新的机理过程与商业模式创新驱动技术创新的耦合逻辑。进一步地，我们讨论了商业模式创新与技术创新耦合机制评价问题，分别开发了耦合效率评价导向和商业模式创新导向的评价方法；然后开发了商业模式创新与技术创新的耦合效率指数、基于商业模式创新的NICE框架以及商业模式画布框架。在上述理论研究的基础上，我们以环保产业的清洁生产技术、新一代互联网产业的网络直播平台、通信电子设备行业的智能手机为主要研究对象，对深圳洁驰、YY直播、苹果手机等公司的技术创新、商业模式创新和产品创新实践进行了较系统的案例研究。此外，从后发大国新兴产业发展的视角入手，我们以华为公司为案例对象，讨论了后发大国的企业如何采取正确的创新战略和技术赶超路径，以缩短创新距离并成功建立持续竞争优势。

概括而言，我们的理论研究与实证研究结果显示：技术创新和产品创新需要新型商业模式与之有效耦合，商业模式创新的过程中内嵌着技术创新这一核心内容。换言之，商业模式创新与技术创新之间天然地不可分割，只有那些能够让商业模式与技术之间实现动态耦合的企业，才能够最大化地商业化技术/产品的价值，才能够让最有效的商业模式完美地匹配于技术/产品的商业化。动态耦合不是一个抽象概念，而是一种战略匹配机制，它带来的战略性回报就是公司绩效的持续改善和持续的竞争优势。仅依赖技术创新或仅依赖商业模式创新而形成的单维创新模式有其内在的、固有的缺陷和风险，商业模式创新与技术创新的耦合机制存在天然的条件与内生的动力，两者的耦合对企业经营绩效带来正向的促进作用。商业模式创新与技术创新的耦合机制由耦合的动因基础、耦合要素和信息交流机制三个模块组成。在新兴产业新技术扩散的不同生命周期阶段，由于新兴技术及其组合的特征不同，它所需要的新商业模式解决的重点问题是在动态变化的。商业模式设计的价值设计对象会随新技术不同生命周期阶段而变化。在新技术的扩散初始期，企业关注的重点应是顾客价值，在技术扩散的发展期，企业关注的重点应是企业价值，在技术扩散的稳定期，企业关注的重点应是顾客价值、伙伴价值与企业价值的组合。相应的，从新技术扩散的初始期到稳定期，相应的商业模式设计也从基于吸引客户的免费或低价模式，到基于增加企业盈利的差异化定价、第三方收费、互补产品收费和逆向收费的模式，再到基于可持续发展的纵向或横向产业链延展、纵向与横向相结合的延展模式。对商业模式创新驱动技术创新的扎根理论结果表明，定位创新、营运创新和盈利创新构成了商业模式创新的主要内容。在商业模式创新过程中，这三个核心模块的创新，都对技术创新带来了系统的影响，形成了分工明确的驱动路径。若从国际竞争和全球价值链视角来看，后发大国陷入比较优势陷阱的主要原因之一在于突破性创新和真正的研发活动太少以及对市场需求关注不深入，导致企业缺乏非价格优势，这限制了后发大国新兴产业的成长和竞争力积累。

依据理论与实证研究工作，我们认为，促进我国新兴产业中商业模式创新与技术创新耦合的政策建议包括如下几个方面：一是对技术与商业模式耦合创新的战略价值要有系统性的评价与认知；二是持续引导企业加大研发投入，提高我国新兴产业中企业的技术创新能力；三是构建鼓励企业从事突破性能创新的政策导向，是我国新兴产业创建国际竞争新优势、掌握发展主动权的关键；四是通过前瞻性的市场需求分析培育商业模式的突破性创新能力；五是适度保护国内市场，为新兴产业中商业模式的自主创新提供足够的空间；六是把握新兴产业中商业模式创新与技术创新耦合的动态特征，设计合适的创新策略；七是通过投资高级生产要素跨越突破性创新障碍。

本书的问世，首先是三位共同合作努力的结果。我负责设计了全书的框架，并撰写了书稿草稿的大部分内容。草稿的部分内容出来后，我与朱耀东和杨世元分别分享和讨论，两位年轻但很有思想的合作者对我研究的工作兴趣非常强烈，并积极行动，成为我研究团队的重要成员。朱耀东思维严谨，态度务实，行动力强，年轻有活力，而且在政府和企业等多家单位工作过，职业经历较为丰富。在我们讨论过程中，对新一代信息技术产业中的直播平台市场产生有着浓厚的研究兴趣，因此，他和我一起讨论、设计了关于直播平台的研究计划，并深入企业调研，共同撰写了本书的第五章和第六章。杨世元在微软、诺基亚等世界五百强企业工作，而且一直从事智能手机的产品设计与生产工作，在这方面有着很好行业洞察力和职业敏感度。他的加入完善了我几年前关于苹果手机商业模式创新与产品创新耦合机制的研究框架和基础工作，我们一起合作撰写了本书的第七章。两位合作者的加入，不仅使我们的研究视角更多元化，也使本书的研究工作更有深度和广度。

其次，我想说的是，如果没有责任编辑孙琛女士的努力，本书的出版估计还会拖上一段时间。孙琛编辑专业的眼光、高超的沟通能力、求精敬业的精神和超强的耐心，帮助我避免了相当多的弯路，不仅使我的工作更有效率，也使本书的质量和可读性得到了很大的提升。此外，张若丹编辑对书稿进行了专业的审读，发现了一些之前没有注意到的问题，她细致而周到的工作，使得本书成色得到了更好的保证。在此，我要向两位编辑的辛勤工作表示诚挚的谢意！

最后，我也借此机会对中南财经政法大学“中央高校建设世界一流大学（学科）和特色发展引导专项资金”和国家社会科学基金（项目编号：11CJY004）提供的资助表示感谢！对中南财经政法大学“永光科研基金”一直以来的支持表示由衷的谢意！这些支持是我们坚定从事科学研究工作的重要动力之一。本书也是中南财经政法大学现代产业经济研究中心和工商管理学院长期支持的研究成果之一，希望能够对产业经济学科和工商管理学院的建设工作略尽一份绵薄之力。

当前中国的经济，正在以一种全新的面貌和姿态，步入高质量发展的新历史阶段。作为高质量发展的核心驱动力，技术创新，尤其是关键技术创新，承担着最为重要的历史使命。大力提升技术创新与商业模式创新的耦合水平，是中国企业做好原发性创新和突破性创新，实现从“跟跑”到“并跑”甚至“领跑”战略转型的必由之路。希望本书的出版，能够在这方面发挥一点点价值，那我们也就倍感欣慰了。

石军伟

2019 年 12 月

目 录

导　论

一、选题背景与研究意义

在我国国务院于2010年10月发布的《国务院关于加快培育和发展战略性新兴产业的决定》（以下简称《决定》）中，战略性地指出，战略性新兴产业是引导经济发展的重要动力。发展战略性新兴产业是我国抢占新一轮科技发展和国际经济竞争先机的关键路径。在全球化竞争越来越激烈的今天，加快培育和发展战略性新兴产业是我国提升新兴产业的国际竞争力、在全球市场竞争过程中掌握主动权的必由之路。虽然最初战略性新兴产业并没有一个非常严格的定义，国际上也没有准确的界定①，但依据被较为广泛接受的概念，战略性新兴产业是“新兴科技”与“新兴产业”的深度融合，是以关键技术突破和重大现实需求为客观基础，对国民经济增长和国家长远发展能形成重大带动作用的产业。战略性新兴产业的主要特征，一般包括知识技术密集、成长潜力大、资源环境友好、满足经济可持续发展需要、综合效益好等几个方面。随后的2012年7月2日，国务院又发布了《“十二五”国家战略性新兴产业发展规划》，明确指出要着力提升自主创新能力，加速科技成果产业化，全面推动战略性新兴产业快速健康发展，促进产业结构升级、经济发展方式转变和经济社会可持续发展。

在《决定》这份重要的国家政策文件中，也明确指出，加快发展战略性新兴产业不仅要“加强产业关键核心技术和前沿技术研究”“强化企业技术创新能力”“以加速产业规模化发展为目标，实施重大产业创新发展工程”“建设产业创新支撑体系”，而且在积极培育市场方面要“支持市场拓展和商业模式创新”

① 参见《财经国家周刊》记者：“战略性新兴产业要突破非技术因素——专访中国工程院副院长邬贺铨院士”，《财经国家周刊》，2010年第12期。在这篇专访中，邬贺铨院士认同时任国务院总理温家宝提出的看法，即战略性新兴产业是“新兴科技”和“新兴产业”的深度融合，既代表科技创新的方向，也代表产业发展的方向。

“积极推行新型商业模式”。这些关于技术创新与商业模式创新的政策导向在《“十二五”国家战略性新兴产业发展规划》和近几年的政府工作报告等重要文件中也被多次强调。这充分表明：商业模式创新与技术创新将是战略性新兴产业快速健康发展的两大关键驱动力量，研究两者之间的耦合创新及其实现机制等问题无疑具有重大的理论意义与应用价值。

综览目前关于商业模式创新和技术创新的理论研究进展，我们发现已有学术文献对商业模式创新与技术创新的交互关系关注得非常不够，仅有的少数文献也主要以概念性的理论分析为主，并且是近两年才出现的（如 Lehoux, Daudelin, Williams - Jones, Denis & Longo, 2014）。总体看来，商业模式创新研究的文献更多的是聚焦在如何设计更有竞争力的商业模式问题上，很少有文献将技术创新因素纳入商业模式创新的分析框架中，并探讨如何将商业模式创新与技术创新关联起来。类似的情况是，技术创新研究的文献则更多地集中讨论影响技术创新与企业绩效之间的关系的诸多组织因素或外部因素，少有技术创新领域的学者主要关注商业模式创新在技术创新研究中的角色。虽然有学者研究了商业模式与产品战略对企业绩效的影响（如 Zott & Amit, 2008），但类似的研究中，将技术创新与商业模式创新两个变量从研究方法角度平等对待并研究两者之间的相互作用机制的成果较少。尽管近年来关于商业模式创新与技术创新之间的相互作用关系在实践层面和理论认识层面已经逐渐得到越来越广泛的认可，但关于商业模式创新与技术之间相互作用的具体理论机制、协调机制、评价方法和经验研究等诸多问题，还没有得到比较系统的解决。

当前，技术创新的主要研究方向开始转向创新的开放性特征，这主要是因为企业面临的竞争环境变化更为频繁、市场变化的驱动力量也更为多元化且难以预测。比如，在中国的战略性新兴产业情境中，企业的市场环境不仅仅面临着影响越来越深刻的竞争国际化和全球价值链主导的生产全球化合作体系，而且经历着产品的生命周期在迅速变短、竞争对手的研发投入呈现“竞赛式上升”、客户需求偏好变化更为容易以及对新的价值主张更容易接受等多重创新压力。在这样的时代背景下，企业如果还遵循着过于以技术为主导的创新战略导向，那么显然无法高效地跟上市场需求变化的节奏，也不可能迅速捕获市场机会并实现客户价值的经济回报。曾经的世界行业领军企业柯达公司与诺基亚公司，都是商业模式创新远远滞后于技术创新导致企业失败的代表性案例。当然，如果企业过于依赖市场需求的开发而痴迷于商业模式创新的创新战略导向，那也一定会经历由于缺乏技术创新能力的强效支撑而陷入“昙花一现式”的创新困境。比如中国的电动汽车产业，在目前的商业模式中，过于依赖政府补贴主导的需求规模而将重心放在了抢占市场份额方面，对电动汽车的关键技术（如电池、电控、电机三大部件）和充电设施的关键技术一直以来没有形成实质性的突破，从而无法与商业模式形成有效的耦合，导致市场需求无法可持续增长，这在很大程度上制约了中国电动汽车产业的健康、快速发展。

因此，系统地研究战略性新兴产业中商业模式创新与技术创新的耦合机制及相关问题，对我国国民经济发展和抢占国际竞争新一轮制高点来说，具有重大的理论意义和现实价值。本书的主要任务是构建企业商业模式创新与技术创新的耦合机制和相应的理论分析框架，并从多个角度使用多种方法进行检验，得到有创新意义和应用价值的结论建议和方法论成果，为企业提升商业模式创新与技术创新的耦合效率和经营绩效，以及为政府完善战略性新兴产业发展的政策体系或政策调整措施提供理论参考与借鉴。

二、研究思路与研究方法

（一）本书的研究思路

本书的主要工作集中在构建商业模式创新与技术创新的耦合机制与分析框架，并进行较系统的案例研究，这是各阶段性成果所没有涉及的内容。总体来看，本书按“研究问题的提出—为什么商业模式创新与技术创新需要耦合—如何耦合—耦合的评价—案例验证—结论与建议”的研究思路展开，并以此逻辑来安排全文。首先是在对相关研究文献进行较系统的综述的基础上，对商业模式、商业模式创新和技术创新三个核心概念进行了明确的界定，然后构建商业模式创新与技术创新耦合的基本框架，以此为基础，分别探讨了技术创新驱动商业模式创新的机理过程和商业模式创新驱动技术创新的耦合逻辑。在上述理论研究的基础上，我们对商业模式创新与技术创新的耦合效率进行了评价，并运用国内外企业的数据，对商业模式创新与技术创新的耦合机制进行了计量分析和检验。进一步地，我们首先对深圳洁驰公司开发的清洁生产技术如何实施商业模式创新与技术创新进行较系统的案例研究，然后以网络直播平台的几家代表性企业为对象对其商业模式创新进行了评价，又以苹果手机的产品创新为基本对象进行了案例研究。此外，我们从全球价值链突破的视角，通过华为公司的案例研究，讨论了后发大国新兴产业发展的理论路径。最后对全书的结论和政策建议进行了归纳和总结。

（二）本书的研究方法

本书综合使用多种研究方法来开展研究工作，既有定性的数理建模方法，又有定量的计量分析方法，既有案例研究方法，又有创建理论模型的扎根理论方法。具体来说，我们主要使用了如下研究方法：

1. 文献比较研究方法

在查阅大量有关技术创新、商业模式、商业模式创新、网络外部性理论以及战略管理理论等中外文献的基础上，总结、借鉴前人的研究成果，创造性地提炼出本书的核心概念，并构建分析框架，寻找较新颖的角度确定本书各部分研究任务的分析逻辑。此方法在本书的各章节都不同程度地有所应用。

2. 统计评价方法

统计评价方法是利用反映某种社会或经济现象的指标体系，通过搜集、整理、分析和研究来自真实社会的统计数据或资料，结合相关材料，构建综合评价模型，求得综合评价值，对被评价对象进行明确评定和排序的一种分析方法。本书中对商业模式创新的定量测算工作，使用了统计评价方法。

3. 案例研究方法

案例研究方法是一种运用公开数据、访谈资料、历史数据、档案材料、实地观察等方法收集相关资料和数据，运用可靠技术、框架和程序对一个或少数几个事件进行系统分析，最终得出具有普遍推广性结论的研究方法。案例研究是实证研究方法的一种，虽然它的研究对象的数量比计量分析方法要少很多，但案例研究方法的优势在于它可以搜集更多的过程性数据、零散的资料和定性的数据，对分析对象进行更深刻的研究，故对计量分析类的实证分析方法形成了有益的补充。

三、本书的主要结构安排

除导论外，本书主体部分的研究内容共有八章，整体来看，我们简要述之。

第一章是理论基础部分，其任务是对核心概念进行界定，并对有关的研究进展进行较系统的综述。围绕本课题的三个核心概念——商业模式、商业模式创新、技术创新，我们对有关的经典文献进行梳理。在此基础上，首先界定了商业模式的概念及构成要素，然后界定了商业模式创新的概念、分类，讨论了商业模式创新的决定要素与理论基础，接下来对创新的概念、分类与技术创新的操作性概念进行了界定，最后以技术创新与商业模式创新之间的关系为主题，对相关的前沿研究工作进行了述评。

第二章构建了商业模式创新与技术创新的基本耦合框架与耦合的基本模式，并分别讨论了商业模式与技术分别进行非耦合创新带来的危害，从理论角度论证了商业模式创新与技术创新的逻辑必要性。本章后半部分论证了技术创新驱动商业模式创新的过程机理和商业模式创新驱动技术创新的概念模型。

第三章研究了耦合效率的评价方法。主要包括三种类型的评价思路，一是分别从技术创新和商业模式创新的匹配性视角出发的耦合度思路；二是从商业模式创新本身进行评价的思路；三是商业模式九要素模型的商业模式画布框架。我们认为，商业模式创新评价，本身就包含了商业模式是否与技术创新有效匹配的思想和成分，因此，重点从商业模式评价的操作视角入手，进行了相应的案例研究。本章重点讨论了商业模式创新评价的 NICE 框架和画布框架。NICE 框架的四个要素——新奇性、锁定、互补性和效率——是评价商业模式创新的可行选择。商业模式画布框架则有利于针对具体的研究对象进行实际操作，因此本书首先应用了画布框架进行了案例研究。

第四章是案例研究，采用深圳洁驰公司新型清洁生产技术在印制线路板行业推广的实践资料，讨论了洁驰公司在技术创新与商业模式创新的耦合机制设计方面成功的经验，验证了本报告提出的商业模式创新与技术创新的耦合机制框架及相关的理论命题。

第五章对网络直播平台企业商业模式创新进行定量评价。这是对第三章评价方法的现实应用。我们通过开发系统的评价指标体系，借助两轮问卷调查，对 YY 直播、斗鱼直播等五家典型网络直播平台的商业模式创新进行了定量评估，以挖掘商业模式创新与技术创新的耦合机制与路径。

第六章继续应用第三章的商业模式创新评价体系，对 YY 直播的商业模式创新实践进行了较系统的案例研究，分别从产品创新及价值主张、客户界面、基础设施、财务状况等四大板块进行详细的商业模式解构，最后画出了 YY 直播的商业模式画布，并对 YY 直播的商业模式创新方向进行了初步的分析。

第七章围绕苹果手机的产品创新主线，以案例分析的视角讨论了产品创新与商业模式创新的关联机制。重点在于检验以产品创新为基本出发点的技术创新成果，如何借助有效的商业模式创新在商业化过程中获得巨大的市场成功。

第八章是从后发大国全球价值链突破的视角出发，探讨后发大国新兴产业发展的基本思路。在本章，我们提出了创新距离的工具性概念，并通过华为公司成长的案例，归纳了相应的结论与启示。

最后是本书的结论部分，其任务是对总体研究工作进行总结，归纳出带有普遍推广意义的理论概念、理论观点和思想体系，提炼出得到验证的逻辑框架和理论命题，并将其转化为企业创新实践中的战略选择和政府在治理有关领域内企业行为或产业发展时可资选择的理论借鉴。同时，阐述本书的研究不足并建议未来的研究方向。

第一章　基本概念和文献回顾

商业模式创新与技术创新这两个概念，进入理论研究领域的历史是大不相同的，这也导致两者在取得学界和实践界的一致性认可方面，也自然存在着较大的差异。技术创新是一个相对成熟的概念，无论理论界还是实践界，虽然不同时期的理论研究侧重点和研究视角有所不同，但对技术创新的概念、内涵、类型和理论机制等方面的认知是相对一致的。商业模式作为一个理论概念，则是近些年来才快速兴起并进入各类管理研究领域的，所以理论界和实践界对商业模式及其创新的认知有较大的差别。本章的任务，就是对商业模式、商业模式创新、技术创新、技术创新与商业模式创新的相互关系等领域的研究进展进行相对系统的综述，以为后续研究工作奠定前期基础。

第一节　商业模式：概念界定与相关文献

商业模式（business model，也被译为“商务模式”或“运营模式”）一词最早可追溯的历史是于1957年出现在论文正文中（Stewart & Zhao，2000），出现在论文的题目和摘要中（Rappa，2000）的时间是1960年。但是，商业模式正式作为一个独立研究领域吸引来自理论界和实践界的学者持续关注，却是自20世纪末以来才发生的（Zott，Amit & Massa，2011；Casadesus - Masanell & Ricart，2010；原磊，2007）。近十年来，大量有关商业模式为主题的文章不仅开始频繁出现在同行审议的学术期刊上，而且也成为越来越多的实践导向的研究项目（比如，商业榜单畅销书系列）所选择的主题。不过，无论对研究者还是实践者来说，一个无法回避的问题就是，商业模式研究的热度虽然不断走高，但却一直缺乏一个被普遍认可或广泛接受的理论框架或语言表述（Zott，Amit &

Massa, 2011), 这使得各个领域研究者很难使用商业模式作为核心构念 (core construct) 进行系统的检验, 或从不同的角度来使用其他学者的研究成果。这导致的一个后果就是对商业模式概念采取"先入为主"的做法, 产生"这个概念如此引人注目那么大家应该都有所了解"的"当然设定逻辑" (idea - as - given, Arend, 2013)。这类问题在那些实践导向 (practical approach) 的畅销书中尤其明显。虽然这些实践导向的著作在帮助企业理解商业价值创造、价值实现等方面可能有较大作用, 但不同的研究者对商业模式各自解读, 自说自话, 显然导致了商业模式研究领域的"概念丛林"。因此, 我们非常有必要对当前商业模式研究过程中的概念问题进行相对系统的梳理, 这也是进一步研究商业模式创新所必须厘清的理论基础。

一、商业模式的内涵与外延

关于商业模式的研究, 虽然在管理学和经济学研究领域被广泛使用, 但作为一个独立研究领域是近十年的事情 (原磊, 2007; Casadesus - Masanell & Ricart, 2010)。目前, 学术界和实践界对商业模式的内涵与定义尚未取得统一 (Saebi & Foss, 2015; Keen & Qureshi, 2006; 李东等, 2010), 综观大部分的文献, 商业模式的定义主要有如下四种观点: 一是"盈利模式论", 将商业模式解释为企业的盈利模式或运营模式 (Rappa, 2000; Magretta, 2002)。二是"价值创造论", 将商业模式解释为企业通过设计交易的内容、结构和治理机制来开发业务机会以完成价值创造的过程体系 (Amit & Zott, 2007; Dubosson - Torbay et al., 2002)。三是"运营逻辑论", 将商业模式定义为一种企业为利益相关者创造价值的运营逻辑 (Timmer, 1998; Casadesus - Masanell & Ricart, 2010)。四是"系统论", 将商业模式定义为把企业与合作伙伴的相互依赖的活动等综合起来以提升中心企业优势及拓宽企业边界的一种活动系统 (activity system) 或控制体系 (Zott & Amit, 2010; Amit & Zott, 2001)。我们把有关的文献按发表年份的顺序进行了列示 (见表 1 - 1), 并概括出了每篇文献中对商业模式的概念界定。

一般来说, 商业模式概念的多元趋势, 主要来源于其最初的诞生和使用方式的不明确 (Wirtz, Pistoia, Ullrich & Gottel, 2016)。商业模式早期的应用主要围绕信息技术情境展开, 并通常为了业务建模 (business modeling) 服务。随着推

表 1－1　　商业模式的概念界定：基于代表性文献的整理

作者	商业模式的概念	归类
Timmers（1998）	一种产品、服务和信息流的体系架构。商业模式包括对多样化的商业行动主体和收入来源的总体描述	盈利模式论
Mahaevan（2000）	对商业至关重要的三种行动流的独特混合体。这包括了对商业伙伴和买家的价值创造行动流、收入行动流和物流	系统论
Amit & Zott（2001）	商业模式刻画了为完成交易而设计的内容、结构和治理机制，以便通过捕获商业机会来创造价值	系统论
Chesbrough & Rosenbloom（2002）	一种能把技术潜力和经济价值的实现连接起来的启发性逻辑	运营逻辑论
Magretta（2002）	商业模式讲述了一个逻辑故事来解释谁是你的顾客、顾客最在意的价值是什么、你如何通过为顾客提供这个价值而赚钱	盈利模式论
Rappa（2004）	做生意的方法，是一个公司赖以生存的模式，一种能够为企业带来收益的模式	盈利模式论
Osterwalder et al.（2005）	商业模式是一个概念工具，它包含了一组要素以及它们之间的关系并帮助一个特定的企业把商业逻辑表述出来。商业模式是企业为细分客户提供的价值的描述，以及对企业与伙伴在创造、营销和传递价值过程中的网络和关系资本的一种描述，其目的是产生盈利性的和持续性的收入流	运营逻辑论
Shafer et al.（2005）	商业最根本上涉及创造价值和从创造的价值中收获回报，模式是对这种现实的一种陈述。商业模式可以被界定为企业在价值网络中创造和捕获价值的潜在逻辑	价值创造论
Tikkanen et al.（2005）	商业模式是一个系统，它体现在企业的各个组成部分、相关的物料和认知等方面。商业模式的关键组成部分包括公司的关系网络、嵌入在公司流程中的各项运作以及公司的财务和会计活动模块	系统论
Chesbrough（2007）	商业模式的功能主要有两个方面：价值创造和价值实现。首先，商业模式界定了一系列的活动，从原材料采购到使最终消费者满意，这会产生新的产品或服务，并带来贯穿其中的净价值。其次，企业通过运作这一系列活动来开发和运作商业模式以捕获价值	价值创造论
Johnson et al.（2008）	商业模式包括四个相互连通的模块，具体包括客户的价值主张、利润方程、关键资源和关键流程。企业通过把这四个模块进行整合以创造和传递价值	运营逻辑论

续表

作者	商业模式的概念	归类
Casadesus – Masanell & Ricart (2010)	商业模式是对企业已实现的战略的一种反映，是一组已经实施的、为竞争性交互作用而奠定基础的战略选择集合	运营逻辑论
Zott & Amit (2010)	商业模式是一种相互依赖的活动的系统，它能够提升系统的中心企业的位置并扩展企业的边界	系统论
Teece (2010)	商业模式阐述了一种逻辑、数据和证据，以支持为顾客提供的价值主张和为价值传送而产生的有活力的收入成本结构	运营逻辑论
George & Bock (2011)	商业模式是为了诱发商业机会而做的一种组织结构设计，它一般涉及组织结构的三个维度：资源结构、交易结构和价值结构	运营逻辑论
翁君奕 (2004)	由价值主张、价值支撑、价值保持构成的价值分析体系，提供了商业创意构思和决策的一种思维方法	系统论
罗珉等 (2005)	是企业用于整合自身、顾客、合作伙伴、员工、股东或其他利益相关者的能力或资源以获取超额利润的一种战略创新意图、可实现的结构体系以及制度安排的集合	系统论
原磊 (2007)	商业模式从根本上讲是一门创造客户价值进而实现企业价值的逻辑	运营逻辑论
魏炜、朱武祥 (2009) 魏炜、朱武祥、林桂平 (2012)	商业模式是利益相关者的交易结构	运营逻辑论

资料来源：根据相关文献整理而成。

动技术升级和电子商务的发展，商业模式逐渐获得了越来越广泛的关注。从历史发展的角度来看，商业模式作为一个术语被经常使用，甚至是疯狂式的使用，也正是从2000年左右以互联网经济为代表的新经济发展时期开始的。显然，对信息技术驱动的新经济来说，当越来越多的新信息技术快速发展并重塑了企业赖以生存的经济环境与市场环境后，商业也因此变得更加以顾客为中心，而那些新信息技术的不断演化以便使客户可能以更低的成本获得信息并得到使用方案，在更大程度上进一步强化了以客户为中心的经营逻辑。在这种情况下，供应方主导的商业时代必将一去不复返。在这样的时代背景下，如果企业不能及时开发一种顺应市场要求的商业模式，那它的技术创新和产品创新必将失败，因为它可能既无法有效地传递创新的价值给客户，也无法从创新的价值中捕获持续的经济回报。这对互联网企业而言，更是致命的商业逻辑变革。

但是，伴随着商业模式作为一个专门术语兴起并进入商业经营语言体系，其五花八门的概念和缺乏一致性的逻辑框架，也在同期招致了非常严厉的批评。比如，战略大师波特的观点就在当时具有非常强的代表性，他指出，商业模式的概念是非常含糊不清的，并且它看起来更像是关于公司如何经营业务以获得收入的一个涣散不内聚的概念。对建立公司而言，有一个商业模式只是最低的标准。因此，商业模式的思维和方法对管理者而言会变成一种对错误思考和自我妄想的引导（Porter，2001）。其他学者在系统分析有关商业模式的研究成果后，也提出了明确的批评观点，主要集中于商业模式研究的方法过于异质化，这些差异主要源于商业模式文献的理论基础过于多元化，分布于信息技术、战略、组织理论等多个领域而缺乏一个统一一致的理论出发点和分析架构（Pateli & Giaglis，2004）。现代战略研究的集大成者蒂斯（Teece，2010）也明确指出，“从本质上讲，商业模式没有包含任何实质内容，远远不如商业的组织架构和金融架构说得清楚”。尽管蒂斯（2010）也认为一个好的商业模式会有助于企业更好地阐述其价值主张以让客户无法抵制诱惑、获得好的成本和风险结构以及让企业更好地捕获基于产品和服务的价值回报，但他依然尖锐地指出，“商业模式的概念没有任何确定的理论基础，无论在经济学还是商学研究中，都没有”，显然的例证是至目前为止，尚没有在主流的经济学期刊上有研究来分析商业模式。一个可能的原因是，在主流的经济学方法论中，对客户的价值主张是没有必要担心的，收入成本的架构和价值获得同样也不必担心。因为只要价格低于顾客的效用预期，他就会购买；只要价格高于或等于成本加上资本回报，生产者就会卖。价格在这里解决了一切问题，所以商业模式设计是完全不可能成为一个新的问题而被关注。同样的逻辑，在组织学和战略学研究中，也是基本适用的。那么，商业模式为什么还会被这么多人关注呢？一个可能的解释就是，商业模式更多的是站在现实世界这一端，并且发源于公司实践（George & Bock，2011），因而它被设计出来主要是去解决真实世界中的实践问题，并不会带有更强的抽象理论特征。

在表1-1中，我们所列示的商业模式的代表性概念界定虽然各有侧重，但综览全体的文献和其商业模式概念的分析，不难发现，大部分文献都把重点放在了商业行动主体、价值创造活动和收入来源之间的关系上，也有一部分文献将创新和如何产生收入（Casadesus-Masanell & Ricart，2010）等作为商业模式需要关联的几个方面。这些共同的特点表明，尽管从本质上讲，商业模式的理论内涵可能是抽象的，但从研究方法视角入手的话，商业模式的具体构成部分还是具有一定的区分度的。

在代表性文献中，大部分研究倾向于在对商业模式的基本内涵界定方面取得共识性的观点，即商业模式是公司创造和收获价值的核心逻辑，这个逻辑有助于公司明确厘清其根本的价值主张、细分的市场和价值链的结构，进而对实现相关的价值主张、价值实现机制和竞争战略提供必要的支持。这也是为什么Casadesus – Masanell & Ricart（2010）将商业模式定义为“对企业已实现战略的一种反映”的佐证之一。在蒂斯看来，商业模式也应该与价值创新和运营逻辑高度相关，其根本的内涵则是企业的一种经营方式，进而决定了企业传递价值给客户的方式，促使客户为价值付费的方式，以及把客户付费转换成为利润的方式。Shafer et al.（2005）在比较了商业模式的12种定义和42种特质后，归纳出了商业模式应该包括的四种分类：一是战略选择；二是价值创造；三是价值实现；四是价值网络。他们也因此将商业模式定义为企业潜在核心逻辑的表述以及在一个价值网络中创造和实现价值的战略选择。Zott et al.（2011）在众说纷纭的商业模式概念中进行了区分和归纳，他们认为商业模式的概念正在逐渐地走向收敛和共同的基础，主要包括四个方面：一是商业模式正在成为一个新的分析单位；二是商业模式更强调使用一个系统水平和整体方法来解释企业如何做生意；三是组织的系列活动在商业模式的概念化方面扮演着重要的角色；四是商业模式同时解释了企业的价值创造和价值实现。Jenson（2013）则认为商业模式可以在不同层次上进行不同的多维度界定。比如，在总体的抽象层次，商业模式可以从字面意思理解为企业如何做生意的方式和现实活动。在概念化层次，商业模式会被加上更多的维度来解释抽象的概念，这样做的好处是可以尽可能地包含不同的定义。在研究构念（research construct）层次，商业模式会由一系列可以操作化的变量构成，这些变量可能主要适用于某一种或几种特定的研究领域，以方便构建具有内在一致性的测量指标来完成分析和研究任务。

基于此，本书将主要采纳“价值创造论”和“运营逻辑论”的基本视角来界定商业模式。我们将商业模式做如下定义：商业模式就是企业为了有效创造、传递和捕获商业机会的价值，对组织内、组织间的利益相关者为完成交易而在交易内容、结构和治理机制等方面设计的活动和方法体系，进而为企业获得持续盈利和竞争优势。在我们看来，商业模式的主要使命是围绕一定的技术组合而构建一个商业价值网络和商业生态系统。也就是说，商业模式不仅会覆盖到价值的创造、交换、整合（实现）与持续四大环节，而且也可以作为用来描述商业价值网络和商业生态系统中价值创新的一种信息沟通与资源整合逻辑。总体而言，这个定义可能不是最广泛被接受的定义，但却是本书中较容易操作的概念基础。

二、商业模式的组成要素

与商业模式概念紧密相关的一个内容，就是商业模式主要由哪些要素或模块组成。商业模式的构成要素可以帮助我们识别不同的商业模式之间的差异性或相似性。商业模式的组成要素也可以被称为组块（building block，如 Osterwalder et al.，2005；Osterwalder & Pingneur，2010）、模块（component，如 Pateli & Giaglis，2004；Johnson et al.，2008）、关键问题（key question，如 Morris et al.，2005）或功能单元（function，如 Chesbrough & Rosenbloom，2002）。商业模式要素在某些场合也有可能作为一种单独的概念出现，或作为一种分类的标准出现，或作为一种对商业模式本身的简单替代物出现。这显然有可能是社会各界对商业模式的理解存在较大差异的方法论根源。因此，较系统地回顾和归纳商业模式的组成要素对准确理解商业模式的理论框架、准确把握商业模式的方法论逻辑、系统掌握商业模式的分类判断标准，以及深刻认知商业模式的演化逻辑来说，都是非常必要的。

当我们讨论商业模式的组成要素时，其实并不单单是将组成要素作为我们的讨论对象，我们其实也在讨论不同要素之间的相互关系。这非常有助于我们来认识不同要素之间的层级结构、作用机制和演化框架。我们对已有的代表性文献进行了梳理和归纳，得到了不同学者对商业模式构成要素的理解和观点，对其主要的组成要素和细分要素进行了提炼，具体结果请参见表 1－2。

表 1－2　　商业模式组成要素及其描述

作者	组成要素	子要素或对组成要素的描述
Timmers（1998）	商品、服务和信息流通的架构	商业行动主体的描述及其职责
		商业行动主体可能获得的利益
		财务收入的来源

续表

作者	组成要素	子要素或对组成要素的描述
Rainer (2000)	使命	目标、远景与价值主张
	结构	参与者不同的角色、所关注的产业、客户和产品
	过程	价值创造过程
	收入	收入来源、商业逻辑
	法律	法律约束
	技术	驱动力和约束
Mahaevan (2000)	价值流	识别伙伴和客户价值取向
	收入流	获取收入的方式
	物流	供应链设计的诸多问题
Linder & Cantrell (2000)	价值主张	市场定位、目标客户、产品定位
	渠道模式	分销渠道
	商业关系	与顾客的关系
	商业过程模式	价值构建流程和方式
Weill & Vitale (2001)	价值主张和战略目标	目标客户、产品和服务、独特的市场定位
	收入来源	商业模式持续运营的基础
	核心能力	有助于商业模式成功的关键能力
	关键成功因素	顾客细分、渠道构建等
Afuah & Tucci (2003)	客户价值	差别化、低成本
	范围	市场领域、产品或服务
	定价	定价策略
	收入	收入来源
	关联活动	活动内容、活动动机
	实现	结构、系统、员工
	能力	资源、竞争力、竞争优势
	持久性	保持竞争优势的策略
Chesbrough & Rosenbloom (2002)	价值主张	所提供的产品为顾客提供价值
	市场细分	把顾客分成若干层级
	价值链结构	企业与伙伴分工
	价值链定位	企业在价值链中的位置
	成本结构与利润潜力	获取利润的机制与潜力
	竞争战略	价值实现

续表

作者	组成要素	子要素或对组成要素的描述
Magretta（2002）	产生	与生产相关的活动（设计、采购、制造等）
	售出	与销售相关的活动（客户识别、销售等）
Voepel et al.（2004）	价值主张	对目标客户的价值主张
	治理方式	用来维持现有商业模式运行，满足各参与者目标
	价值网络	战略资源、伙伴网络
Osterwalder & Pigneur（2005，2010）	客户界面	目标客户、分销渠道、顾客关系
	基础设施	价值结构、核心能力、伙伴网络
	财务状况	成本结构、收入模式
	产品/服务	价值主张
Bonaccorsi, Giannangeli & Rossi（2006）	产品和服务传递	网络（结构维度）
	客户	网络外部性
	成本结构	
	收入	
Brousseau & Penard（2007）	成本	定价策略
	营业收入流	关系（需求和供给）
	持续的收入产生	网络外部性
	产品/服务的生产和交换	
Bouwman（2008）	服务内容	价值主张、市场分割
	技术	技术能力
	组织	企业在价值链中的位置
	财务	价值创造方式及收入模式
Johnson（2010）；Johnson et al.（2008）	客户价值主张	客户面临的关键问题、解决方案、目标客户
	利润方程	收入模式、成本结构、边际利润单位、资源流动性
	关键资源	人员、技术、产品、设备、信息、渠道、品牌、合作伙伴
	复制和升级	关键流程、业务规则、计量体系、行为规范
Amit & Zott（2001）Zott & Amit（2010）	内容	经营活动的选择
	结构	经营活动之间的关系
	治理方式	经营活动的实施和管理者

续表

作者	组成要素	子要素或对组成要素的描述
翁君奕（2006）	客户界面	目标市场、产品、渠道、收费方式
	内部构造	企业使命、治理结构、组织结构、业务流程、股利分配
	伙伴界面	外包、供应商选择、合作伙伴
李东（2006）	顾客价值创造	创造营收
	成本结构优化	提高利润
	利润保护	提高利润的持续性
乔为国（2009）	协作网络	上/下游伙伴、互补/竞争、联盟/不联盟
	内部基础	内部价值链、核心能力、成本
	产品	产品或服务、渠道、客户关系
	收益	收益方式
	市场	目标客户

资料来源：根据相关文献整理而成。

在表1－2的商业模式组成要素中，比较有代表性的是 Osterwalder & Pigneur（2010）和 Johnson et al.（2008）。我们分别对它们展开论述。Osterwalder & Pigneur（2010）是目前最广为周知的商业模式框架，其具体被引用的就是知名的商业模式画布（business model canvas，见图1－1）。Osterwalder & Pigneur（2010）延续了 Osterwalder et al.（2005）和 Osterwalder（2004）关于商业模式的理论思想，但在商业模式的表述和展示方面，却进行了大幅度的努力创新，最终形成了非常流行的商业模式画布。商业模式画布之所以得到如此广泛的承认，主要源于它作为一种可以共享的语言来描述、可视化、评估和变革商业模式。商业模式画布的主要集中点在于如何设计商业业务关键节点和如何通过节点的改变来实施创新性活动，它更多地采用了将思想可视化的逻辑来激发启发性思维和方便故事讲述。显然，在图1－1中，商业模式的主要构成要素被归为四种类别：客户界面、产品/服务、基础设施管理和财务层面。在客户界面类别中，又进一步细化为客户细分、客户关系和营销渠道通路三个因素；在产品/服务类别中，主要集中于客户的价值主张因素；在基础设施管理类别中，主要细化为关键业务活动、核心资源和重要的合作伙伴三个因素；在财务层面的类别中，主要包括了收入来源和成本结构两个因素。把这个细化因素加起来，就是目前较为流行的商业模式“九因素模型”。从图 1－1 中不难看到，这四个类型的九个因素之间有着非常紧密的联系，彼此之间存在着相互作用和相互影响的关系。

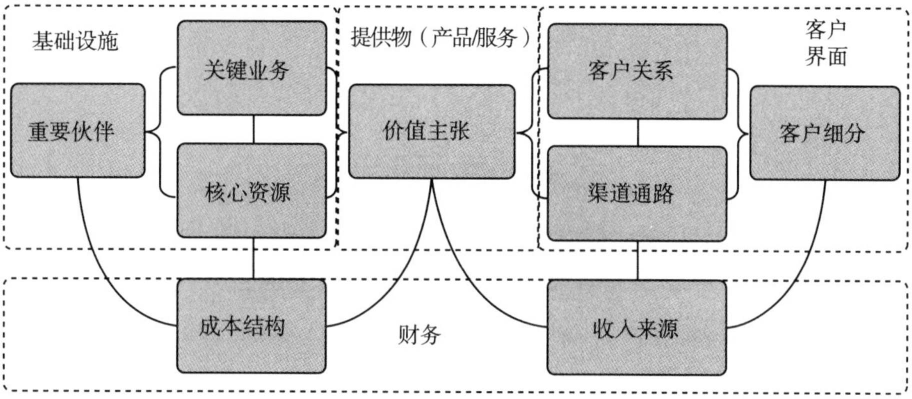

图 1－1 商业模式画布（Osterwalder & Pigneur，2010）

由 Johnson et al.（2008）提出的四模块商业模式模型，可能由于没有中文翻译版本而在我国国内不太流行，但它在将来会逐渐得到越来越多的关注。Johnson 的模型的主要优点是对商业模式的解读更为简洁却不失深刻，更强调商业模式不同模块之间的相互依赖关系和动态演化策略。在 Johnson 模型中，商业模式主要由客户价值主张、盈利方程、关键资源和复制与升级四个模块的要素组成（具体请参见图 1－2）。进一步地，客户价值主张模块包括了目标客户选择、客户面临的关键问题识别和企业能够提供的方案三个要素；盈利方程模块包括了收入模式、成本结构、边际利润模式、资源流动性四个要素；关键资源则包括了人员、技术、产品、设备、信息、渠道、合作伙伴和品牌八个要素；复制与升级模块包括了关键流程环节、管理规则与计量体系、行为规范三个要素。Johnson et al.（2008）和 Johnson（2010）更强调这四个模块之间的相互依存和互补性关系，并把这种相互依存和互补性关系作为驱动商业模式从一个简单的分析框架走向复杂框架的主要动力。在如何激发和强化这种相互依存关系和互补性机制方面，Johnson 等试图通过关键流程环节（如设计、产品开发、外包、制造、培训）的规划、管理规则设计（如投资的边际利润要求、信用条款、领导时机等）和行为规范（如投资机会的规模、对待客户和渠道的方法）等方面，来开发相应的策略。四模块模型与商业模式画布的主要区别在于后者把客户（顾客）作为一个单独的要素而四模块模型并没有把客户作为一个单独的要素模块，尽管它将客户价值主张单独列为一个要素。另外，尽管商业模式画布把合作伙伴单独作为了一个组成要素，但四模块模型却只是将其作为一个细分的子要素列在了关键资源模块。不过，四模块模型更多地论述了运作层面的细分要素（如业务管理规则、计量体系、行为规范等）和财务方面的要素（如目标单位的边际利润、资源的流动性等），这些在商业模式画布模型中却是较少涉及的。

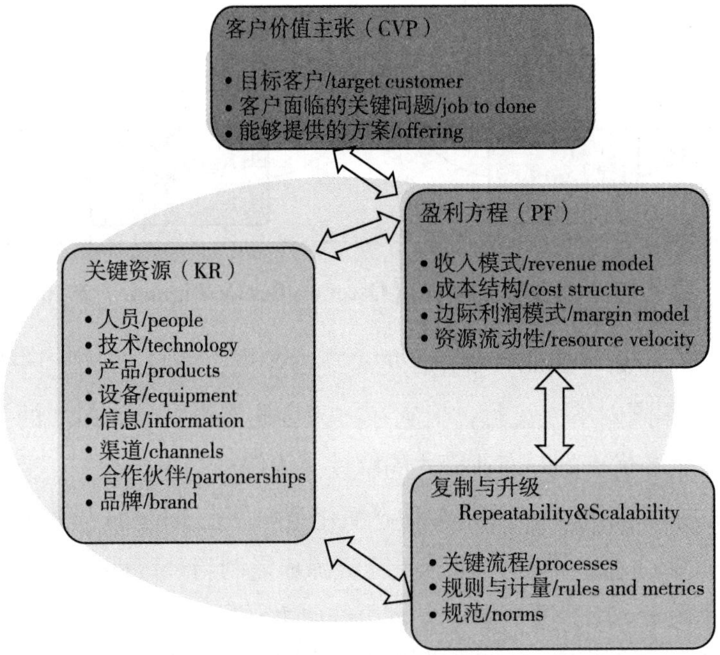

图1-2　商业模式的四模块模型（Johnson et al.，2008）

关于其他的商业模式组成要素的分类，也是各有特色和侧重点。Timmers（1998）是盈利模式论的代表，它将商业模式的组成要素简单地归纳为一种商业模式要素流通的架构，这个架构主要由商品、服务和信息流通三个方面构成，具体包括了商业行动主体的描述及其具体责任、可能获得的利益以及企业财务收入的主要来源等三个方面的细分要素。Chesbrough & Rosenbloom（2002）对商业模式的组成要素进行了相对较广泛的划分，主要包括企业的价值主张、市场细分、成本结构和收益潜力、价值链的结构、在价值网络中的定位和竞争战略。他们的研究与相关研究的主要差别在于后三个要素——价值链的结构、价值网络和竞争战略，这是较早将企业竞争战略纳入商业模式的构成要素之一的文献，从而对相关文献形成了一定的补充。不过，在他们的要素划分体系中，竞争战略并不是指公司的所有战略，并且战略与商业模式之间是有明显差异的。比如，商业模式可能更侧重于价值创造，但战略可能更注重价值的实现。这一要素划分逻辑，在 Chesbrough（2007）的研究中也进一步得到了延续。另一个考虑到公司战略因素的是 Tikkanen et al.（2005），他们将商业模式的组成要素划分为两大类，一类是物料方面的要素，主要包括战略和结构、网络、运作、财务和会计；另一类是信念系统方面的要素，主要包括声誉排行、产业诀窍、边界理念和产品等四个方面。Amit & Zott（2001）、Zott & Amit（2010）和 Santos et al.（2009）将商业模式界定为企业行动系统相近的研究，他们将商业模式的构成要素归纳为四种类型：一是一组要素层面的活动；二是一组从事系列活动的组织单元；三是这系列活动之间的相互联系集合；四是为了控制组织单元和单元间联系的治理机制。部分国内学者对商业模式组成要素的划分，大体上与国外学者的要素划分非常接近。

在本书中，我们对商业模式的要素构成基本上参照 Johnson et al.（2008）和 Chesbrough & Rosenbloom（2002），分别从价值主张、成本收益方程、价值网络、价值链、关键资源、核心流程和企业战略主体等方面来考察企业的商业模式构造。此外，我们也综合吸收了 Amit & Zott（2001）和 Zott & Amit（2010）提出的交易的结构、内容和治理机制的思想。虽然他们的思想较抽象，但是这些概念的引入有助于我们从企业战略层面、交互作用层面和产业组织演化层面等相对宏观的视角来展开对商业模式的研究。其实，在 Johnson et al.（2008）的核心流程要素里，也包含了交易结构和交易治理机制的思想，他们从理论逻辑上是具有一定的关联性的。

第二节　商业模式创新：概念界定与研究回顾

当今的企业所面临的市场环境，其变化速度与不确定性要远远高于 20 世纪工业时代的市场环境。在所有导致变化的因素中，技术转换（technological shift）对企业而言可能是最为致命的。当一种商业模式成功耦合了一种创新性的技术转换后，必将给企业带来巨大的成功。但是，数不胜数的商业实践案例表明，正是那些最初导致企业成功的技术最终却导致了企业致命的失败甚至破产死亡。其中的根本原因，就是面对技术转换和竞争环境变迁时，企业不仅对产业主导技术变换失去了敏感性，而且不愿意开发新的商业模式去适应新的技术和市场环境。尽管商业模式的根本使命是帮助企业成功把新创意和新技术商业化（Chesbrough，2010）并取得回报，但如何使得商业模式也适应新的技术和竞争环境，就涉及商业模式本身的创新问题。本节的任务是对商业模式创新的相关研究进展进行概念识别和理论综述，以为接下来的研究提供一个相对清晰的理论基础。

一、商业模式创新的内涵与外延

一般意义上讲，我们综合已有相关文献，将商业模式创新做如下定义：相对于现存的业务来说一种本质上不同的商业模式被发现出来，或是设计一个全新的模式，或是修正企业已有的活动系统，这在本质上是一种企业搜寻适用的新商业逻辑和为利益相关者创造和实现价值的过程（Markides，2006；Amit & Zott，2010；Casadesus – Masanell & Zhu，2013），其主要目的是增加利益相关者的收入和提升企业与合作伙伴的竞争优势。若从商业模式的概念出发，不难发现，商业模式创新其实瞄准的是持续地更新公司的核心商业逻辑而不仅仅是在某个单一产品或服务上的小范围创新。尽管商业模式一直以来被认为与企业层次的价值创造与实现紧密相关，但是商业模式创新更多的是与客户价值主张、商业逻辑的重新构建和企业结构重塑关联在一起。虽然近年来有关商业模式创新的研究在迅速上升（Schneider & Spieth，2013），不过商业模式创新的概念也呈现多样化、分散的趋势，这主要源于商业模式概念本身的不一致。

商业模式创新的基本出发点是为企业寻求更合适的价值创造和实现方式，以大幅提高企业绩效。因此，大部分商业模式创新的相关概念与价值创造和价值实现有关。比如，Meyer（2007）认为商业模式创新就是对企业当前商业模式的变革，只不过这种变革对企业的成长、创造可共享的价值和竞争性差异化非常重要。Teece（2010）认为商业模式创新是在现有商业模式无法胜任将自己与竞争对手区别开来，或者无法将在位企业与新进入者区分开来时的一个竞争优势获取途径。Park（2011）则指出商业模式创新涉及与现有范式大不相同的新的商业体系和收入流的组合。

从 Magretta（2002）和 Teece（2010）对商业模式概念界定中强调顾客和价值主张这一点出发，Souto（2015）将商业模式创新定义为对企业为了给客户提供一个新的价值主张而对商业行动和行动方式的重新构造。换言之，商业模式创新是为了产生一个新的客户价值主张而必须对组织的各类行动进行全新或显著的系统改进。他同时也指出，要深入理解商业模式创新及其在企业创新流程中的角色，我们还需要对知识、技术和创新三者之间的关联有一个相对清楚的认识，尤其是对特定产业相关的知识给予足够的关注。商业模式创新就是一个企业相比竞争对手需要提供一些特别的东西（产品、服务、体验等）给客户。因此，一个新的商业模式会创造一些新的选择来比竞争对手拥有更多不同的方式去应用或捕获知识和技术，从而可能在一个特定的产业内为创新提供一个平台基础。

二、商业模式创新的基本分类

商业模式创新的分类也是一个从理论上和实践中都较为重要的研究问题。按 Meyer（2007）的观点，商业模式创新可以被划分为四种类型：一是高端化（premiumization）；二是模块插入（plug - in modules）；三是新渠道选择（new channel choice）；四是制造和供应（manufacturing and supply）。高端化的商业模式创新，指的是把产品/服务重新定位，主要瞄准价格—质量矩阵中产品功能性效用高、价位也高的方向，使得追求高档次生活的用户的价值主张得到额外满足。模块插入的商业模式创新，指的是在现有产品/服务的运营体系中增加一些收入来源，从而获得新的商业模式。新渠道选择的商业模式创新，指的是发现新的业务渠道以使得原有的商业模式能够得到更多的利润。制造和供应导向的商业模式创新则主要指在制造和供应的传统流程中进行创新以获得财务回报。

需要指出的一点是，并不是所有对原有商业模式或大或小的变动都必然会导致商业模式创新，这是因为商业模式本身就具有足够的弹性从而允许在其中添加或减少一些环节或过程。只要不改变原商业模式业务运作的核心过程或核心逻辑，商业模式创新并不一定会发生。这就涉及 Cavalcante，Kesting & Ulhoj（2011）提出的商业模式创新的程度问题，他们依据不同的创新程度将商业模式创新分为四种类型：创造（creation）、扩展（extension）、修正（revision）和终止（termination）。商业模式创造的主要任务是把商业创意转换为业务或新生企业，在这个阶段，企业可能要有各种各样的商业模式调整来使得新的业务单位适应相关的商业环境。这种商业模式创新类型可能更适合企业面临破坏性创新的决策情境。商业模式扩展主要是对现有商业模式的运作过程或运作环节进行增加某些模块或子过程。扩展商业模式的主要动机在为了纳入更多的业务并捕获更多相关的商业机会。因此，尽管企业已经清楚界定它们的核心商业逻辑和运营流程，但随着时间和环境的变化，管理者和员工对流程和相关技能掌握得更为熟练，也具备了在更广阔的领域内运作业务的能力。这类商业模式创新较适合企业面临持续性创新的决策情境。商业模式修正主要是指把原有商业模式中的一些模块或流程环节移除，并将其替换为一些新的流程。这涉及对已有流程的干预，表明企业可能要面向一个新的发展方向或探讨业务运营的新方式。这类商业模式创新可能适合企业面临的竞争加剧、新竞争者开发了新的商业模式来改变市场竞争方式的决策情境。商业模式终止指的是企业从组织业务体系中放弃或移除原有商业模式的各个流程，这意味着企业关闭了某一领域的业务或关闭了整个公司（对创业企业来说更合适）。如果关闭了某一业务领域或业务单位，这意味着公司只是放弃了当前的部分业务运营流程，但其余的业务仍会照常运作。这类商业模式创新行为适用于企业退出某类市场时的决策情境。

三、商业模式创新的决定要素

在商业模式创新过程中，一个重要的问题就是如何确定企业进行商业模式创新的正确时机（Johnson et al.，2008），特别是要对已经建好使用的商业模式进行创新时，这个问题其实是一个必须慎重对待的战略决策。在一个正确的时机，实施正确的商业模式创新决策，是商业模式创新取得成功，且能增进企业竞争优势的关键。如果时机不对，那么勉强实施的商业模式创新往往会差强人意甚至错失商业模式更新升级的真正机会。Johnson et al.（2008）归纳出了五种需要商业模式创新的典型情境：一是借助破坏性创新（disruptive innovation）作为工具，公司已经识别出大量的客户认为现有产品太昂贵或使用起来太复杂；二是公司需要把一种创新性的商业模式与最先进的技术相组合；三是公司创造了一个没有被发现过的需求构成的缝隙市场；四是公司需要远离低端破坏性创新行为时；五是公司需要在竞争过程中引发一个变化并避免被过于商品化。当这种情形出现时，企业就需要为自己的产品或服务解决方案设计一个新的商业模式了。

2008 年 IBM 公司发布的全球 CEO 研究报告揭示出了商业模式创新能否成功

的两个因素：一是什么时间决定创新商业模式；二是如何实施这个创新活动。这个结论也在 Giesen et al.（2010）的研究中被推广和深化。IBM 的研究报告发现，创新商业模式的需求会来自企业外部的因素，比如经济景气程度和产业转型升级，也会来自企业内部的因素，比如新产品或新服务和新的业务收入模式变化。商业模式创新对捕获技术驱动的变革带来的收益非常必要，不过同时，商业模式创新的成功与否往往与企业在多大程度上引入开放式创新（Chesbrough，2003）战略相关。这是因为，开放式创新不仅是价值创造的来源，而且还是价值实现的渠道，因此它与商业模式的创新是紧密相关的（Chanal & Caron - Fason，2010）。

外部因素在推动商业模式创新方面的贡献也得到了陆续的验证。De Reuver，Bouwman & Maclnnes（2009）运用 45 家来自不同产业的企业样本，分析了外部因素在不同的产品发展阶段对商业模式创新的影响，结果表明，政府的规制政策在商业模式创新过程中发挥的作用非常小，驱动商业模式创新的主要因素是技术变革和市场相关的力量。Monon & Lecocq（2010）基于音乐产业的数据资源，发现那些突破性创新的技术对商业模式创新的影响是存在的，同时，制度化的过程与企业的技术力量积累也扮演着非常重要的角色。Lee，Shin & Park（2012）指出，全球化在商业模式创新过程中是一支不容忽视的力量。在新兴经济体的市场竞争过程中，客户价值的解决方案、公司战略、企业的能力和全球化水平是企业模式创新的四个要素。一家企业要想在新兴经济体的市场上有更强的竞争力，就应该从争作全球化冠军、集中化的研究与开发、开发全球的缝隙市场，以及瞄准全球化进程中幼小产业等四个方面着手，来展现与众不同的创新能力。

从内部因素的视角来看，商业模式创新的成功与否在很大程度上与企业的能力基础或能力结构有关。目前来看，主要存在四个类型的问题：一是组织的战略因素。有学者指出，组织惯性或惰性因素（Sosna et al.，2010）会影响商业模式创新的水平。因为企业在适应了现有商业模式带来的成功之后，会更加信赖已有商业模式的优点，而对新商业模式的引入提出更高的要求。在保守势力对新商业模式抱有敌视心理的前提下，那些期望创新原有商业模式的管理者不得不将这类创新活动视为一个长期过程来准备。这会使得商业模式创新经历更多的困难来度过解释和实施阶段，才有可能实现新的商业模式所应有的潜力。Khanagha，Volberda & Oshri（2014）通过案例研究指出，公司的战略形成、结构变化与商业模式创新的过程是相互依赖的。具体而言，战略形成其实可以被视为一个集体的实验和学习过程。一般来说，这个学习过程是围绕大量的替代性战略意图展开的，中间会涉及渐进式的战略演化和战略转型，而这些都可能最终促使企业完成对原有商业模式的替代，从而实现商业模式创新。二是新的商业模式可能会带来与原有资产结构的关系冲突。Chesbrough（2010）指出，当一个新的商业模式出现时，它可能与企业传统的资产构成相冲突，而这些资产的管理者倾向于拒绝新的商业模式，因为新的商业模式可能改变这些资产对公司经营的价值。这并不必然意味着这些管理是过于保守的，在大多数情况下，是因为这些管理者无法及时认识清楚那些带有突破性创新的技术及其商业模式带来的价值，而这些新的突破性技术及其模式在发展的早期，带来的经济回报往往大幅低于原有的技术和原有的商业模式。因此，企业也会将大部分的资产围绕原有的技术和商业模式来配置，而新的商业模式则在资产配置方面总是面临重重的困难。三是高层管理者的认知能力。Aspara，Lamberg，Laukia & Tikkanen（2012）通过详细的案例研究指出，高层管理者对组织间关系的认知和判断对公司层面的商业模式创新非常重要。在商业模式创新过程中，如果企业的高层管理者无法在组织间关系可能的变化方面达成一致共识，那么商业模式创新也就无法有效开展。四是企业对相关知识和技能的积累和整合能力。Souto（2015）认为，只要谈论创新我们就必须认识到创新过程其实是一个把知识、技术和创新联结起来的过程，特别是对有关特定产业的知识的利用更为重要。商业模式创新也不例外。商业模式创新的过程其实也是对不同类型的知识进行组合的过程，这些知识包括了技术方面的知识、非技术方面的知识、市场方面的知识，等等。这与 Brink & Holmen（2009）的逻辑是较为一致的。在 Brink 和 Holmen 看来，企业利用市场机会来创新其商业模式其实是与企业的业务能力相关的，最初的技术能力占据主导的角色。因此，恰当地识别企业现有的能力集合是否能够适应商业模式的要求，对商业模式创新的成效是非常重要的。

正如一个钱币拥有不可分割的正反两面一样，在商业模式创新过程中，外部因素与内部因素的作用其实也不是截然分开的，两者的相互作用或有效整合程度，对商业模式创新的成效也发挥着重要的作用。Giesen et al.（2010）发现，成功的商业模式创新大都具备三个方面的特征：一是企业在商业模式创新过程中能够很好地融合内部与外部的各种影响因素；二是对商业模式创新过程给予持续不断的分析和监控有着十分重要的作用；三是商业模式创新的行动具有非常强的适应能力和调节能力。当然，有些因素是与内部和外部因素都相关的。比如，Johnson et al.（2008）指出，缺少资金、时机不对、可接入性差和技能缺乏是商业模式创新的四大障碍，但是要成功克服这些困难，不是仅从外部或内部任何一个方面来努力就能成功的。在商业模式创新过程中，需要有机地把内部因素和外部因素结合起来。必须要清楚的是，区分内部因素和外部因素的主要目的，是界定出哪些情况下内部或外部相对更重要一些，并不是为了把另一类因素完全抛弃。

四、商业模式创新的理论基础

正如商业模式理论被批评严重缺乏理论基础（如 Porter，2001；Teece，2010）一样，商业模式创新的研究工作也面临着类似的窘境和挑战，大部分有关商业模式和商业模式创新的研究都对其工作所依赖的理论基础缺乏系统性的关注。近年来，尽管越来越多的学者注意到了这个不足，但如何为商业模式创新研究寻求一个单一的或有效整合的理论框架却一直是令人颇为头痛的问题。Schneider & Spieth（2013）经过研究发现，如果把商业模式创新作为一个整体概念的话，一些理论分析框架在商业模式创新研究中被较多地使用，主要包括资源基础理论（resource - based view，RBV）、动态能力理论（dynamic capability theory）和战略创新理论（strategic entrepreneurship theory）。我们下面分而述之。

资源基础理论越来越多地被建议作为研究商业模式和商业模式创新的理论基础，因为它不仅承认了企业间的异质性，而且还强调了企业资源之间的独特性、稀缺性、难以模仿性和不可替代性是企业竞争优势的主要来源（Wernerfelt，1984；Barney，1991）。同时，如何使用企业的资源来创造竞争优势也一直是资源基础理论的主要内容之一，所以，对资源的管理能力和管理行动也在近年来得到了较多的关注（如，Sirmon et al.，2007，2011；Helfat et al.，2007）。在商业模式的诸多研究中，也有部分学者强调了商业模式在利用和协调企业资源方面的潜在价值（如 Morris et al.，2005），而资源基础观也注意到如何理解企业的资源—能力组合（resource - capability combination）问题。显然，单独的资源或资源集合或者单独的能力集合有可能没有那么稀缺或有价值，但是，如果通过商业模式创新和战略系统的协同把两者组合起来，那么资源—能力组合可能更有价值，也更难以被模仿和赶超。

动态能力理论对资源基础理论的基本逻辑进行了扩展，强调在非常不稳定的环境中企业竞争优势的持续时间在逐渐下降，因此企业需要全面认知那些在原来的环境中给自己带来竞争优势的资源效能的减弱程度，并能够对自己及时进行更新以实施新的价值创造战略。当前的资源和能力也因此需要重新构造组合、重新整合或重新取舍来获得新的竞争优势。因此，如何开发一种新的方式来组织这些资源和能力以获得新的商业机会或新的业务逻辑，就是企业更新自己的商业模式所需要实现的目标之一。

战略创业理论认为企业的内部最初状态和外部市场机会应该同时被纳入其决策体系，这是创业机会搜寻和战略优势搜寻不可分割的两个方面。因此，战略创业理论是从企业特定的视角强调机会识别和机会构思、相关机会的开发和抗拒新的组织惯例。战略创业因此对在位企业的创业行动特别看重。所以，战略创业理论对商业模式创新给予的关注也比较多，希望那些处于不确定环境中的企业能够通过重新组织商业运营的方式（Amit & Zott，2010）来应对顾客需求和价值创造来源的变化。

总体来看，上述三种理论视角对商业模式创新提供的是相对独立的分析方法论（Schneider & Spieth，2013）。资源基础理论主要集中在如何利用好现有的资源和能力；动态能力理论侧重的是如何开发好现有的资源和运营能力；战略创业理论则侧重在如何开发和捕获商业机会。虽然它们都可以用来研究商业模式创新，但三种视角其实在看待商业模式创新方面是大不相同的。如何将它们进行有效整合，并推动商业模式创新的研究，也应该是这三个研究领域的学者们所共同努力解决的理论问题。因为商业模式创新，无论是否获得一致的概念认可，已经成为商业世界中企业实践无可否认的热点现象之一。

另外一个需要注意的理论问题，是如何区分商业模式创新（business model innovation）与商业模式发展（business model development）。按 Schneider & Spieth（2013）的观点，商业模式创新主要代表的是企业对价值创造来源变化的一种回应。同时，企业现有商业模式发生的小的、连续的变化要求企业集中开发资源和能力的使用策略，以及应对这些资源、能力和创业行动所带来的变化，并最终体现为商业模式的创新。商业模式创新要求企业把环境的不确定性纳入企业的战略考虑中来，并将之视为商业机会的重新来源进行开发和捕获。商业模式发展要求企业从持续改善和持续创新的角度来识别企业现有商业模式的潜力。

在识别这些潜力时，企业需要对现有商业模式进行不断的调整。这些调整的重点可能是为获得财务绩效的提高或有利于企业成长，因为改善后的商业模式一般会补偿原有商业模式的不足或扩展企业原有的竞争优势。比企业基于现有资源和能力基础获得发展更重要的是，动态能力理论在商业模式发展的解释方面扩展了资源基础理论的适用范围。

五、小结和评论

商业模式与商业模式创新的研究在近十年来发展非常迅速，国内学者也从概念介绍和理论探讨逐渐向独立的定性和定量研究发展。早期的研究主要从价值链（高闯、关鑫，2006）、经济租金理论（罗珉等，2005）、交易结构（魏炜、朱武祥，2008）等视角对商业模式进行解释。王建国（2007）是国内较早独立研究商业模式创新和设计的学者，其“1P 理论”的核心是打破了从企业到消费者的线性交易结构，通过设计引入原本可能不相关的第三方介入原来的买卖双方交易过程，构建了一个经济交易的网状结构，从而为买方、卖方和第三方的福利改善创造了一个多边共赢的网大辩论商业模式。其后，王建国（2015）又进一步将其“1P 理论”明确为第三方买单的商业模式。夏清华、娄汇阳（2014）则讨论了商业模式的刚性问题，并通过多案例研究工作归纳了影响企业商业模式主观刚性、内部刚性和外部刚性的多种因素。

综观国内外学者有关商业模式创新的研究，较为明显的问题之一是研究方法单一。在已有相关文献中，案例研究是主要的研究方法，以大规模的商业模式创新的实践数据为基础的实证研究比较少（Lambert & Davidson，2013）。另外一个问题就是，很少有文献将技术创新因素纳入商业模式创新的分析框架中，并探讨如何将商业模式创新与技术创新关联起来。尽管商业模式创新对新兴市场的成长非常重要（Lee，Shin & Park，2012），不少学者将商业模式创新视为企业把单个价值链、价值网络与更大的商业生态系统进行整合的关键机制（Holloway & Sebastiao ，2010），也有学者指出商业模式创新将提升企业获得技术创新价值份额的能力，从而会对组织能力积累和产业结构变化产生重要影响（Gambardella & McGahan，2010）。但是，当前学术界与实践界对商业模式创新与技术创新之间的关系还没有给予应有的充分关注（Chesbrough，2010）。我们在下一节对此问题进行较为系统的综述。

第三节 技术创新及其与商业模式的关系：基础概念与研究进展

在前两节的基础上，本节首先对技术创新的相关概念和理论内涵进行归纳，然后对技术创新在近年来的研究进展进行综述，力图提炼技术创新研究所关注的前沿内容。最后一部分是以技术创新与商业模式创新的相互关系为主题，对相关的研究文献进行归纳和提炼，并对有关研究的总体进展进行评论性小结。

一、创新的内涵与分类

无论在新兴产业部门还是传统产业部门，创新对企业创造竞争优势和产业转型升级的重要性不言而喻。关于什么是创新，流传较为广泛的是熊彼特的定义。他认为创新从本质上讲是把一种新的生产要素和生产条件的“新组合”引入生产体系（Schumpeter，1934）。创新并不必然要求企业去“发明”一种新事物（产品或服务）来获取竞争优势，它更多强调的是企业拥有的把面向未来的新事物与现存事物整合在一起的能力。具体而言，熊彼特认为创新至少包括了如下五种形式的活动：一是引入一种新产品；二是引入一种新的生产方法；三是开辟一个新的市场；四是获得原材料的一种新供应来源；五是重塑产业组织的一种新形态（Schumpeter，1934）。也就是说，只要企业或其他社会行动者成功地实现了上述五种活动中的任何一种，它就是在创新。作为一名经济学家，熊彼特是公认的第一位系统阐述了创新经济理论的学者。不过，他主要是从经济发展的角度来定义创新的内涵与外延的。从管理学的视角来看，德鲁克也对创新有过讨论①，在他看来，创新就是通过改变产品和服务，为客户提供价值和满意度，凡是能使现有资源的财富生产潜力发生改变的事物都足以构成创新。德鲁克也曾指出，企业的创新必须永远以市场为焦点。如果只是把焦点放在产品上，虽然能创造出“技术的奇迹”，但只会得到一个令人失望的报酬。Free-

① 彼德·德鲁克虽然没有明确定义过创新，但他有关创新的一些观点，主要见于其著作《创新与企业家精神》，机械工业出版社2007年版。

man（1982）通过区分创新与发明而对创新进行了定义。在他看来，发明是一种创意或模式，来帮助改善产品、设备、流程和系统。而创新则主要是从经济意义上来看的，它只有在可以被用来进行第一次商业交易后才实质性地发生了，它往往导致新产品、新设备、新流程或新系统的出现。

不同的创新要求的组织努力方向和努力内容是不相同的，它们的产出自然也大不相同。第一种分类是把创新分为渐进式创新[①]（incremental innovation）和破坏式创新（disruptive innovation）。前者指的是企业在当前的市场上利用当前的技术来强化当前的竞争力，它主要通过不断累积的效应和创造多样化的用户价值来促生用户价值。我们也可以将其解释为对原有技术路径有着维持性作用的创新活动，它关注的是现有主流市场和主流用户，其主要价值在于使现有产品或服务更好、更快或更便宜。破坏性创新则不同，它一般开始于受限制的市场，但在经济技术改良后，会替代现有技术并使得产品生产和客户的价值主张简化。也就是说，破坏性创新通过不连续的变化，改变了原有产品或市场的技术路径，它关注的不是为现有的主流市场客户提供更好的产品，而是更倾向于通过引入目前稍差（但简单、便捷）的产品或服务来破坏和重新定义当前的市场，在获得低端客户市场后，通过更快的技术进步步伐切入更高级别的客户需求，从而打败领先者企业（Christenson，2004）。需要指出的是，破坏性创新与突破性创新（radical innovation）是两个看似相近却差别相当大的概念。第一，破坏性创新首先关注更多的是市场维度，而突破性创新则首先更多关注技术维度（Danneels，2003）。第二，破坏性创新可能不吸引现有的主要客户，而突破性创新更注重现有产品特性的提升。第三，破坏性创新首先是由破坏者引起的，会导致在位者困境，而突破性创新一般是由在位企业推动和展开的（陈继祥、王敏，2009）。因此，从这些方面来看，破坏性创新可能是更适合于后发大国新兴产业发展的一种创新路径。

第二种分类是把创新分为开放式创新（open innovation）和封闭式创新（closed innovation）。封闭式创新其实是相对于开放式创新而言的一个概念，主要指的是传统的把创新活动都圈在组织内部的创新活动，企业自己掌握产品从创意到上市的全过程环节。这是在20世纪的绝大部分时间里，被绝大部分企业所采用的创新模式。这是因为当时的企业认为，创新的投资、设计、实验、研

① 一般来说，渐进性创新是与持续性创新（sustained innovation）相同的一种分类。在本书中，我们对这两个术语等同使用。

发等活动是企业的战略性资产，属于高度的机密资源，不能够被其他企业（包括合作伙伴）接触或获取，因而要对创新活动封闭起来严加控制。开放式创新则假定企业能够而且应该使用外部的创意和内部的创意想法、内部和外部的市场途径来推动企业的技术创新（Chesbrough，2003）的一种创新模式。开放式创新是与用户创新、累加式创新、诀窍交易、大众创新和分布式创新紧密关联的一个概念，它使得企业不再仅仅依赖自身的研究和开发力量，而是跨越组织间的障碍和边界来利用分布在全世界的知识。这对面对全球化竞争程度越来越高的中国企业来说，是一个不可回避的创新战略趋势。

第三种分类方法根据主体的创新方式不同，可以将技术创新分为自主创新、模仿创新和合作创新。其中，自主创新是指企业以自身为技术创新的主体，独立地通过内部研发机构的职能发挥及商业化尝试，获得某种新产品或新生产技术，并凭借知识产权保护措施获得该产品生产上的垄断势力以最大化企业利润；模仿创新是指企业通过引进或破解等方式取得技术创新领先企业的新技术后，根据市场需求状况的变化趋势，对其进行消化、吸收、改造和再创新，从而获得技术上的相对领先优势的创新行为；合作创新是指企业同科研机构、高等院校等进行合作，引进外部研发机构具有盈利潜力的技术发明成果，并通过针对市场的商业化行为使其转化为自身创新优势，以获得垄断利润和实现利润最大化的目标。

第四种方法是根据技术创新客体的分类。以技术创新客体的不同为标准，可将技术创新划分为产品创新和过程创新两个大类。其中，产品创新是指企业利用某种技术通过新建或改进等方式对自身产品体系进行改变，并商业化运作其成果的行为；过程创新也称工艺创新，是指利用新的生产方式、方法、技术对企业原有的生产过程进行改革和完善，以降低生产成本，提高生产效率，改善产品质量，促进竞争优势的形成，其本质是企业生产函数的整体改变。过程创新的涵盖范围较广，不仅包括新工艺、新设备的采用，还包括新的组织、管理、运营方法的使用。

第五种方法是根据技术创新重要性的分类。该类创新又称为SPRU范式，它由英国苏塞克斯大学（The University of Sussex）的科学政策研究所（Science Policy Research Unit，SPRU）于20世纪80年代提出，主要包括四类技术创新[①]，即

---

① 柳卸林：《技术创新经济学》，中国经济出版社，1993年版，第1页。

渐进性技术创新、根本性技术创新、技术系统的变革和技术—经济范式的变更。其中，渐进性技术创新，是指在企业的生产过程中发生的渐进的、连续的技术创新形式，它主要来自于企业生产经验的积累和运用，对技术创新体系具有辅助作用；根本性技术创新，是指在同一产业部门内所发生的，从根本上改变某类产品的自身属性、生产工艺和管理方式的技术创新，它是产品创新、过程创新和组织创新连锁反应的结果；技术系统的变革，是指发生在经济体系中几个产业部门间的技术创新，它不仅包括渐进性创新和根本性创新，而且可能通过增加产业间的技术联系，形成规模巨大的关联技术创新集群，促进新兴产业的出现和发展；技术—经济范式的变更是上述三类技术创新综合作用的结果，它涉及某国经济体系中的各个产业部门，对经济发展的方向和速度起着重要的影响作用，例如，微电子技术的发明和基因技术的发展，都在很大程度上拓宽了世界各国经济发展的途径，加快了知识经济的发展步伐。

需要说明的是，在本书的研究主题词之一“技术创新”所指内涵中，主要包括了产品创新、产品相关的技术创新和组织运营相关的技术创新。因此，在不考虑技术支持体系时，我们把产品创新和技术创新其实是等同使用的。在研究过程中，我们对技术创新内涵的理解和使用更侧重于产品及产品相关的技术创新。

二、技术创新的研究进展

在商业模式没有进入主流理论领域的研究视野和成为社会各界关注的热点之前，技术创新是创新研究的主要内容，管理创新或组织创新是相辅相成的创新类型。技术创新对企业竞争优势的创建和积累的作用也获得了理论界普遍的重视。一般来说，技术创新为企业带来的好处包括创建进入壁垒和控制细分市场带来的溢价（Porter，1985）、积极探索新市场（Lieberman & Montgomery，1998）、设立产业标准和主导设计范式（Abrnathy & Utterback，1978）以及建立非常有利的市场声誉（Zahra，1996）。这背后的逻辑就是企业主要通过投资研发、技术和产品开发（Utterback，1994）等活动来形成技术领导力，进而成为提升公司竞争优势的主要动力源泉。

技术创新的研究文献一般都假定价值创造类的技术构成了公司的核心竞争能力。技术创新的目标是把新知识转换为商业化用途。如果创新成功了，就会涉及应用这类创新成果来推动市场发展，并以此为基础创建企业新的技术能力。如果没有成功，会涉及开发客户没有想到的新技术或已经被其他企业或个人投资的新技术（Voigt，2009）。因此，从理论上讲，潜在的新技术与潜在的客户需求因素显然需要进行双边整合。但在实践中，这是言易行难的事情。对企业来说，一个可能的管理策略就是构建一个面向未来的不同情境如何配置战略资源到不同的创新技术的方案（Chen et al.，2009），这些方案就是企业的技术创新组合和技术创新规划过程。

技术创新更多的是与研发投资、产品开发或产品创新紧密相连的。在一个变化迅速的市场环境中，研发投资之所以能够促进公司财务绩效正是通过技术创新驱动的公司战略来实现的（Mozier & Towler，2004）。在技术创新的研究工作中，通行的方法论是系统探讨有关技术创新的不同变量对企业创新产出、财务绩效、价值创造等方面的影响。这样的建模方法在技术变革相对平缓、产品生命周期相对较长的情境中，是比较可靠的（Choi，Narasimhan & Kim，2016）。但是，随着创新性产品的生命周期越来越短，技术创新变异程度也越来越高，这时候如果过于依赖产品创新与企业绩效之间的线性关系或比较静态分析，可能会导致不正确的结论（Samara，Georgiadis & Bakouros，2012）。Taylor & Taylor（2012）指出，企业热衷于引入创新性的产品是希望以此来满足消费者的需求。他们把产品创新划分为三个阶段，一是不固定的流动阶段，这是一个依赖产品特征引入新技术范式的时间阶段，产品创新发生的速度会非常快。如果产品创新是激进性的，那它通常是由非延续性的技术方案引发的，往往会导致现在技术体系的方向转换。二是商业模式化阶段，在这个阶段中，新产品在市场上的技术领先地位，不仅取决于累积技术知识和围绕产品创新而实施的研发（R&D）投资的差异化和多元化，而且还取决于特定产品创新而产生的新产品的种类。三是投资的扩张阶段，在这个阶段，持续扩张的新产品开发投资与产品创新的累积是相伴而生的，二者共同导致了新产品开发项目的数量上升，新产品开发项目的增加提高了新产品的引入速度，从而使得企业对市场的占有率不断升高，最终增加了企业的赢利。Frank，Cortimiglia，Ribeiro & Oliveira（2016）研究了巴西这个新兴经济体 34 个产业中技术创新活动特征，发现巴西的企业主要采用了两种大不相同的创新战略：一类是市场导向的战略，主要集中于把企业内部与外部研发活动、商业化过程和产品发布活动放在战略体系中的核心位置。另一类是技术并购战略，这类战略主要是基于工业机器和设置的并购而发生的。不过，他们的结果显示：在巴西的工业部门，市场导向的战略促进了巴西企业的创新产出，但技术并购战略却显示出明显的负作用。类似的问题在巴西的软件产业也出现了。其中的主要原因，可能在于巴西的国家创新体系不太成熟以及对创新投入与创新产出之间的关系理解还不太清楚。

在同样作为新兴经济体的中国，国内目前关于技术创新的相关研究主要集中于后发国家的技术成长（郭熙保等，2008）、技术引进方式对自主创新能力的影响差异（朱平芳、李磊，2006；王红领、李稻葵，2006）、高新技术产业的技术创新效率（蒋殿春等，2005；官建成等，2009）、技术创新网络（贾卫峰等，2010）等领域。近年来，有关宏观和微观层面的因素对企业技术创新的影响，也逐渐成为国内技术创新研究领域的热点方向之一。比如，聂辉华等（2008）发现，中国企业的创新活动与企业的规模和市场竞争的激烈程度呈现“倒 U”形关系。虽然国有企业相对私营企业有更多的创新活动①，但私营企业相对国有企业却呈现出更高的创新效率。詹宇波、刘荣华和刘畅（2010）发现，R&D 投入与 FDI 技术扩散两种方式对内资企业的技术创新水平有着不同的影响机制。内资企业的研究与开发投入在促进企业技术创新方面的主要作用机制有两个：一是自身创新能力提升所带来的改善；二是吸收外资企业的先进技术改善了自己的技术吸收能力。唐未兵、傅元海和王展祥（2014）发现，技术创新与经济增长的集约化水平呈现负向相关的关系，但外资的技术溢出效应和模仿效应有利于经济增长的集约化水平上升。因此，他们认为，在中国，利用外资引进技术并强化对引进技术的消化吸收才可能在实质上提升技术创新的能力水平。赵启纯（2017）的研究发现，制度质量对一个国家的技术创新产出存在确定的影响，在低制度质量的国家，制度的完善和优化对技术创新产出的促进效应更显著。余明桂、范蕊和钟慧洁（2016）发现，中国的产业政策能够显著提升那些受政策鼓励行业内的企业更多地申请专利并获得专利授权，提升了企业的技术创新能力。进一步地，他们提出，政府的产业政策可能通过信贷支持、税收优惠、政府补贴和市场竞争机制等方面促进受政策激励的产业中的企业技术创新。因此，产业政策的作用在企业技术创新的研究中得到了较大程度的肯定。

关于技术创新的决定因素，现有研究文献进行了广泛的讨论，但商业模式并没有被纳入主流学者的分析框架。Evanshitzhky，Eisend，Calantone & Jiang

① 其中的原因之一可能是国有企业相对私营企业具有更大的企业规模，这使得国有企业从事的创新活动相对较多。

(2012) 在 *Journal of Product Innovation Management* 发表的文章，分析了从 1999 年至 2011 年十三年间发表的 233 篇有关新产品创新成功的文章，归纳出了影响新产品开发绩效的五类因素：一是产品特征类因素，主要包括产品优势、产品满足消费者需求的程度、产品价格、产品技术的复杂程度和产品创新性水平；二是战略特征因素，主要包括市场协同、技术协同、进入顺序、人力资源的熟练水平、R&D 资源的成熟程度、公司资源和战略导向；三是流程特征类因素，主要包括结构方法、前期开发任务的熟练水平、营销任务的熟练度、技术熟练度、递减的产品生命周期时间、市场导向、消费者的投入、跨部门的整合、跨部门沟通和高层管理的支持；四是市场位置特征类的因素，主要包括竞争性回应的可能性、竞争回应的密度、市场潜力和环境的不确定性；五是组织特征类的因素，主要包括组织规范、项目/组织规模、组织设计、外部关系、中央化程度和正规化程度。在所有产品创新成功的影响因素中，我们不难发现，商业模式依然没有得到产品创新学者的注意，或者没有在实证研究中得到操作化的方法支持。在另一篇最新的服务创新文献研究中，Storey，Cankurtaran，Papastathopoulou & Hultink (2016) 得到的元分析结果与 Evanshitzhky et al. (2012) 也是非常类似的，他们增加了三类决定创新绩效的因素，如团队特征、组织设计和新的组织类因素（如创新文化、吸收能力等），但并没有将商业模式或商业模式创新纳入相关的分析框架里。

三、技术创新与商业模式创新的相互关系

虽然技术创新的研究中依然没有给予商业模式以足够的关注，但有关商业模式创新的研究却在近年来开始关注商业模式创新与技术创新之间的相互关系。也就是说，较早研究技术创新与商业模式创新之间的相互作用的工作，其实主要是由研究商业模式的管理学者们开始做出的。

据我们掌握的文献资料来看，Chesbrough 于 2007 年发表了理论文章[①]来探讨商业模式创新对产品创新成功的重要性，指出技术创新已经远远超出产品本身的约束和范围，必须将商业模式创新包括在产品创新体系内（Chesbrough，2007)。不过，最早从实证研究角度探讨商业模式创新与技术创新之间的相互作

① Chesbrough H. 2007. Business model innovation: it's not just about technology anymore. Strategy & Leadership, 35 (6): 12 - 17.

用的学者，当属 Christoph Zott 和 Raphael Amit。他们于 2008 年在 *Strategic Management Journal* 发表的研究成果，明确讨论了公司的商业模式作为一种刻画了企业边界扩展交易的新的权变变量如何与企业的产品市场战略形成互动关系并最终影响企业的绩效。在 Zott 和 Amit 两位学者看来，虽然当时商业模式对战略管理领域来说还是一个新的概念，但它应该是战略管理研究的重要议题，因为它会影响到企业的价值创新与价值实现。并且，尽管产品的市场战略也会增加企业的价值创造与价值实现能力，但学者们与经理们需要清楚了解商业模式与产品的市场战略如何单独或联合起来影响企业的绩效前景（Zott & Amit，2008），因此商业模式与产品市场战略的契合对企业的竞争优势积累将变得非常重要。Zott et al.（2011）认为商业模式一直以来在创新与技术管理研究领域其实都得到了足够的关注，而关注商业模式的两种研究思路又是相互补充的。一种思路认为公司通过商业模式来把创新性的想法和技术成功实现实业化，另一种思路认为商业模式其实代表的是创新的新产品，并且是对传统的流程创新、产品创新和组织创新形成了有益的互补，因为这几种创新都涉及协作的形式和合作的内容。Johnson & Suskewicz（2009）认为在大范围的基础设施变革期，企业的关键是把关注核心从开发单个的技术转移到创建一个全新的生态系统上来。在这个过程中，商业模式是系统思考类似变革的全面框架。Baden - Fuller & Haefliger（2013）是第一篇明确讨论商业模式与技术创新之间关系的文献，他们认为，商业模式在技术创新与企业绩效之间起着中介变量的作用，而开发正确的新技术必然涉及如何设计新的商业模式来满足足够的开放性和客户参与要求。Wei et al.（2014）较早利用基于中国样本企业数据的实证研究方法检验了商业模式创新对技术创新与企业成长之间的影响的调节效应。他们应用 Zott & Amit（2007）对商业模式设计的测量方法，发现效率导向的商业模式强化了利用性创新对企业成长的负向作用，新颖导向的商业模式弱化了探索性创新对企业成长的正向作用。Lehoux，Daudelin，Williams - Jones，Denis & Longo（2014）通过长期的案例研究，分析了价值方案与价值实现之间不协调的压力，认为商业模式与技术发展之间存在着密切的相互关系。在他们看来，这些关系主要可分为三种类型：一是协同性再调整，包括资源、战略、盈利模式、资本结构等方面的调整；二是急剧的价值主张重构，即快速依据顾客的价值主张和技术特性重构收入产生模式；三是不匹配关系，主要是指现行的商业模式导向与技术发展导向不协调，需要重新寻求替代性的商业模式或技术方案来构思商业模式提炼的经济价值与技术潜力之间的关系。

在国内，虽然商业模式研究开始于2000年以后，但明确关注商业模式与技术开发之间关系的研究却是近几年的事情。我们于2011年提出将探讨商业模式创新与技术创新之间的耦合关系作为一个研究项目和研究方向之后，一些相关的研究开始陆续出现。张新香（2012）在国内较早研究了商业模式创新与技术创新之间相互作用的理论关系。程愚、孙建国、宋文文和岑希（2012）较早研究了基于生产技术创新和基于经营方法创新的商业模式对中国企业竞争优势的影响，结果发现前者对企业绩效没有显著作用，而后者作用较为显著。不过，他们的研究没有涉及技术创新在其中扮演的具体角色。吴晓波、朱培忠、吴东和姚明明（2013）从后发国家企业对发达国家企业的追赶战略视角出发，构建了一个商业模式创新与技术创新的共演模型，来分析作为后发国家追赶企业的中国企业如何实施有效的追赶战略。他们认为，后发企业在引进支撑技术的同时，要结合本土实际情况对商业模式进行二次创新，然后改变市场结构和竞争战略，推动技术创新和二次商业模式创新，形成与本地技术创新的共演机制，推动本土企业快速发展和追赶。从研究逻辑上看，他们其实关注的更多是后发国家的赶超战略体系问题。姚明明等（2014）继续沿着吴晓波等（2013）的思路，应用Zott & Amit（2007）的商业模式分析框架对6家来自中国的企业进行比较案例研究，结果发现，基于效率和基于新颖的商业模式创新都能够帮助来自后发经济体的企业提升技术追赶绩效，并且商业模式创新导向与技术创新导向的匹配方式不同，对后发企业的技术追赶绩效影响也不尽相同。戚耀元、戴淑芬和葛泽慧（2016）通过单案例研究，证明了技术创新与商业模式创新之间具备了耦合关系存在的条件，并会通过不同生产要素的连接产生具体的耦合关系。

四、小结与评论

总体来看，尽管近年来关于商业模式创新与技术创新之间的关系机制问题逐渐得到了学者们的重视，并陆续有一些研究成果发表，但无论国外还是国内的研究，系统深入地论述商业模式创新与技术创新之间的相互作用的文献还远远不够。这些不足主要表现在三个方面：一是研究方法主要以案例研究为主，系统地依据大样本数据进行实证研究的成果较少；二是研究多以商业模式相关的既有框架作为理论出发点，而吸收产业组织理论、微观经济学理论、产业发展理论等相关学科的理论来构建系统分析框架的成果较少；三是将技术创新与商业模式创新两个变量从研究方法角度平等对待并研究两者之间的相互作用机制的成果较少。尽管目前关于商业模式创新与技术创新之间的相互作用关系在理论认识层面已经得到越来越广泛的认可，但商业模式创新与技术创新之间相互作用的具体理论机制、协调机制、评价方法和经验证据等诸多问题，还没有得到系统解决。

本书希望在这些问题上能够有所作为，为后续研究提供一些前期基础性工作。我们的基本分析逻辑在于：商业模式创新与技术创新的耦合机制存在天然的条件与内生的动力，两者的耦合将会对企业经营绩效带来正向的促进作用。两者耦合的基本机理在于：技术创新是问题导向的，它解决的是产品的用户价值主张和用户需求对应的技术与工艺方案；技术创新既要负责新技术商业化过程中的产品创新，也可能要负责创新过程中组织运营的技术支持体系创新；如果技术与工艺方案产生突破式变革，则技术创新的使命完成。而商业模式创新则是价值逻辑导向的，它集中于构建一个新的价值网络和商业生态系统，使得新技术可以快速扩散，快速完成从创意到产品到产业链的过程，并最大限度地创造新技术的经济价值。如果能够更好地在利益相关者关系网络中完成新技术的价值创造和价值实现，那么商业模式创新的使命也就完成了。这个基本逻辑也初步说明，商业模式创新与技术创新，无论在价值创造还是价值实现领域，都应该是天然地具备耦合的基因和动力基础的。当然，本书的主要研究工作，也将按照这个逻辑方向逐步展开。

第二章　商业模式与技术的耦合框架：基本模式及理论解释

在第一章论述的基础上，商业模式与技术之间存在相互关系已经不难理解，但如何理解两者之间的耦合机理，仍需要做进一步的阐述。本章首先界定商业模式与技术的耦合的概念及内涵，阐述两者耦合机制的基本内容，并简要地归纳了商业模式创新与技术创新之间的耦合模式。其次，我们在第二节和第三节分别论述了非耦合的技术创新与非耦合的商业模式创新产生的理论机理，并且提供了商业模式对非耦合的技术创新的纠正作用，以及技术创新对非耦合的商业模式创新的支撑途径。

第一节　商业模式与技术的耦合：概念及基本模式

在以创新为主题的研究中，相对于组织创新、管理创新等创新活动类型，技术创新是目前而言最为成熟的研究领域。从研究工作的演化历史来看，商业模式创新虽然很早就被包含在创新活动中，但一直以来是被视为围绕技术创新而衍生出来的辅助活动，并没有作为单独的研究对象而形成一个独立的研究领域。不过，随着苹果、谷歌、微软等企业在商业模式方面的创新实践给企业带来的巨大成功，近十年来，商业模式与技术创新之间的关系却逐渐被学者们关注。比如，Chesbrough & Rosenbloom（2002）认为，在技术创新过程中，商业模式的作用不可忽视，它的重要作用之一体现在，在早期阶段合理的商业模式设计会释放新技术蕴含的潜在市场价值，通过明确界定客户价值主张，使新技术的开发尽可能快地获得价值实现，将基于创意的技术创新转化为市场收入，为企业带来经济回报。以后越来越多的学者们沿着这条思路，指出企业的商业模式创新与技术创新之间存在着天然的联系，缺乏商业模式的新技术有可能遭受巨大的市场失败。但是，反观我国目前诸多的企业实践，不难发现，过于重视商业模式创新而忽视技术创新，也导致了许多创业企业乃至成熟企业走向了衰亡。比如，曾经被称为“中国最佳服务商业模式”的亿佰购物网站，在经过五年半的发展历程后，于2013年6月宣布解散。因此，如何促使企业的商业模式与技术创新之间形成有效耦合，帮助企业避免“技术创新困境”或“商业模式困境”，需要我们从理论上理解清楚耦合及耦合机制的基本框架。

一、耦合的概念与内涵

商业模式创新与技术创新的耦合，直观地讲，指的是在企业的创新系统中，商业模式创新与技术创新两个子系统之间通过多种因素进行相互影响、相互作用的内在交互过程。耦合（coupling）最初是一个物理学概念，指两个（或两个以上）系统或运动形式之间通过各种相互作用而彼此影响的现象①。从严格意义上讲，耦合与交互影响在作用形式上可能较为接近，但在交互影响作用的理论解释方面，存在着一定的差别。耦合强调的是两个独立的子系统如何逐渐融合为一体，并变成一个有机整合后的系统，从而使得交互作用更频繁、更稳定。交互作用更侧重两个相互独立的系统相互影响，虽然两个系统间的交互作用也可能变得频繁，交互作用机制也将逐渐稳定，但并不必然要两个系统融合为一个有机整体，而是允许它们各自仍保持一定的独立性。粗略地讲，耦合与交互影响机制在作用形式、作用途径和作用机制上，可能非常接近，我们也可以将两者等同视之。从协同学的角度看来，耦合作用及协调程度决定了系统在达到临界区域时走向何种序与结构，即决定了系统由无序走向有序的趋势②。协同理论认为，耦合关系发生的前提条件是各子系统之间存在着某种内在的联系，通过诸种联系而发生的耦合过程，将使得各子系统原有的属性或特征被改变，各种特征或属性会被放大、缩小、增加或减少。这些可以被视为耦合的结果。比如，在商业模式创新与技术创新两个子系统的耦合过程中，商业模式的各个构成要素会因技术创新系统的变化而产生变化或调整，进而形成新的商业模式设计，以更好地与技术创新系统形成耦合，最终形成一个创新系统。

① 引自王永初、王启志：“耦合度的新定义及其应用”，《华侨大学学报》，1999年第3期。
② 参见宋丽红：“经济环境系统影响因子耦合度分析”，《河北工业大学学报》，2008年第3期。

在耦合过程中，不同的子系统由于受到耦合对象的影响而不断地动态演化，也逐渐由非耦合的无序系统通过渐进的耦合机制走向有序系统。如果双方子系统依然处于无序的作用状态，则两者之间是非耦合的。显然，耦合机理的关键之处，在于各系统内部相关参量（参数或变量）之间的动态协同过程，它左右着各子系统相变的路径、特征与模式。

从概念上讲，耦合可以分为松散耦合、紧密耦合和非耦合。松散耦合的思想在早期阶段主要应用于生物与完形心理学研究，它强调整体与部分总和的不同，注重整体的经验模式，后来被应用于组织分析领域（张首魁、党兴华、李莉，2006）。当组织的整体层次表现使得各部分的特征被完全掩盖而无法凸显时，系统被称作是紧密耦合的。反过来，若各个子系统的特征没有能够体现整体系统的特征时，各个子系统间的关系就是非耦合的。松散耦合是介于非耦合与紧密耦合之间的一种耦合状态，它描述的是当整体系统的表现特征与子系统的特征同时存在时，整体系统的特征不会因为功能分散于各子系统而失去核心功能或系统运营失去控制的状况。在本书中，当讨论商业模式创新与技术创新之间的耦合问题时，我们不是讨论紧密耦合、松散耦合或非耦合中的某一个情境，而是从动态变化的角度入手，讨论商业模式与技术如何从非耦合到松散耦合或紧密耦合状态的路径和模式。进一步地，我们还将讨论商业模式与技术创新这两个子系统是如何通过自己的创新活动分别引发另一个子系统的属性和状态变化，进而增强耦合程度的过程。

二、商业模式创新与技术创新的耦合机制

在企业的创新系统中，商业模式创新与技术创新之间的耦合机制，是一个较为复杂的内在运行机制，是一个不断自我更新、自我复制、自我升级、动态演进的组合系统。从作用过程来讲，商业模式创新与技术创新的耦合机制由耦合的动因基础、耦合要素和信息交流机制三个模块组成。

（一）耦合的动因基础

虽然不少学者主张技术创新决定商业模式创新，也有不少学者认为商业模式创新引导和强化了技术创新方向，但从商业实践来看，商业模式创新与技术创新是天然地内在结合在一起的。正如 Chesbrough（2007）指出的那样，技术本身是没有价值的。如果没有一个合适的商业模式将技术的价值商业化，那么技

术可能只是停留在创意阶段、停留在实验室的实验阶段，是无法通过合理的市场交易途径，通过汇集足够优秀的人才和足够丰富的市场资源，把技术转换成创新性的产品而传递到用户手上。正是借助有效的商业模式，技术才能最终为用户面临的现实问题提供有效的解决方案，使得用户认知到技术的价值主张并愿意为此价值主张付费，从而让企业获得营业收入，满足技术创新的下一阶段的需求。因此，每一个企业、每一种业务，都必然拥有至少一种商业模式与之匹配。两者之间相互促进时，技术的价值实现得更快；两者之间相互制约时，技术的价值消失得更快。反过来讲，商业模式的价值，主要通过基于技术形成的产品或服务来体现的，它不可能凭空产生。如果一个好的商业模式缺乏了优秀的技术基础，并且脱离了合适的技术支撑，不能与技术创新的导向与技术创新的节奏恰当地匹配，那再好的商业模式，也可能昙花一现而快速消失。这是技术创新与商业模式创新之所以能够产生耦合的前提条件，也是根本的内在动因条件。

也就是说，商业模式创新与技术创新能否形成耦合机制，必须首先分析两者产生内在关联的可能性，这是两者耦合的首要条件。在确定存在耦合动因后，企业需要进一步确定商业模式创新与技术创新哪一个作为引发耦合的主要驱动力量，来促进两者最终走向耦合。

因此，依据商业模式创新与技术创新的耦合动因基础，我们可以将两者的耦合划分为两种类型：一种是技术创新驱动的商业模式创新与技术创新耦合，它以技术创新为主要驱动力量；另一种是商业模式创新驱动的技术创新与商业模式创新耦合，它以商业模式创新为主要驱动力量。

（二）耦合要素

在商业模式创新与技术创新两个子系统之间，它们的耦合关系，主要是通过各自内部的要素结构的变动和流动来产生的。这些要素主要包括知识（技术知识、市场知识、默会知识等）、资源（人力、设备、财务、无形资产、专利等）、产品（或服务、问题解决方案）、关系网络（价值链、价值网络、用户、供应商、联盟伙伴、渠道等）、组织结构、战略等内容。无论是商业模式创新驱动的耦合过程，还是技术创新驱动的耦合过程，都是通过对这些耦合要素的改变，而引发另一方的耦合要素的结构变化，从而使双方进入耦合状态。换言之，这些耦合要素其实是商业模式创新子系统与技术创新子系统之间的“链接载体”，它们成功地把一个系统变化产生的“动量”传导至另一个系统，引发后者的调整，并把后者调整后产生的反应力再传导给前者，如此循环往复，直到完成两个系统之间的高效互动和有效结合，形成稳定的耦合关联。

以商业模式创新驱动的耦合过程为例。一般来说，商业模式创新背后总是伴随着技术创新，商业模式首先可能作为技术的商业化手段而出现的。但是，商业模式作为一个价值运营逻辑，它遵循着一个基本的三阶段流程：即提出初始假设、在实践中检验、依据实践进行修正。在这个过程中，一个新设计的商业模式，总可能随着其接触到的客观的市场需求的变化而变化。因此，通过围绕市场需求构建新的价值链、产业链或价值网络，新商业模式需要的资源、知识、关系网络等要素也必须进行动态调整，进而影响到技术创新成果的实现流程、实现形式和产品形态。当商业模式创新产生的调整得到了技术创新恰当的回应性调整后，两者之间的耦合要素也将实现合理调整实现优化配置，从而促进了商业模式创新与技术创新之间的有效耦合。

（三）信息交流机制

信息交流机制指两个系统之间知识、技术等信息的往来路径与处理过程结构。在企业中，各类知识和信息主要蕴藏在人力资源、组织结构和其他资产体系中。比如，技术创新的知识载体主要是科学研究人员和组织的研发平台，商业模式创新的知识载体则主要是高层管理者、市场研究人员和客户服务平台。这两类知识和信息载体既相互独立，又相互重叠。在商业模式创新与技术创新的耦合过程中，耦合要素的耦合关联则主要体现为跨领域机制产生。科学研究人员作为技术创新的知识载体，会直接参与到研究客户、为客户直接提供服务过程中，高层管理者、市场研究人员也会直接参与到技术创新和产品创新过程中，从技术创新的初始阶段就开始了解技术和产品的优势，设计相应的客户价值主张。这种跨领域的信息交流机制，对两个子系统的相互耦合非常重要。

另一个交流机制涉及知识和信息的来源，企业需要建立开放式创新管理体系。企业的技术创新知识和商业模式创新知识，既可以是企业内部通过研发投入和市场研究得到，也可以是通过企业外部的机构或渠道得到。在创新系统越来越开放的趋势下，客户、合作伙伴等利益相关者参与到技术创新和商业模式设计过程中的程度越来越深，企业需要通过建立有效的开放式创新管理体系来回应这种趋势，以更好地把外部知识与内部知识整合起来，促进商业模式创新与技术创新的耦合关联。

综合上述三个方面的内容，我们以商业模式创新驱动两者耦合为例，将商业模式创新与技术创新的耦合机制用图 2－1 展示出来，以方便更直观地理解。在图 2－1 中，我们以商业模式创新驱动的耦合过程为例来展示一个耦合关联过程。首先，确认商业模式创新与技术创新之间存在着内在的耦合关联动因，需要进一步地实施耦合，并确认这个耦合循环由商业模式创新引发。其次，当商业模式创新发生后，会对各种耦合要素形成一个新的推动影响，在经过技术创新与商业模式创新的交流机制后，商业模式创新产生的拉动影响会转化为适合技术创新采纳的输入信息，引发新的技术创新变化。最后，技术创新的变化产生另一种耦合要素，并产生对商业模式的拉动作用，需要商业模式在耦合要素的新组合方面进行适当的修正或调整，这个作用力经过第二个交流机制后，形成对商业模式创新的具体作用力，进入商业模式设计的调整流程，并使得商业模式设计落实具体调整，与技术创新形成明确的耦合关联，提升两者之间的耦合程度。至此，一个完整的耦合机制完成。

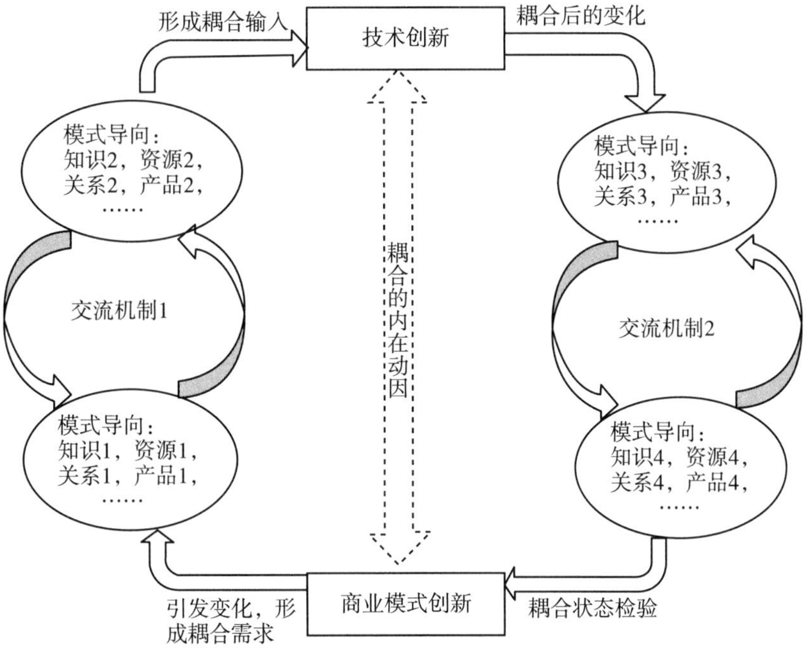

图 2－1　商业模式创新与技术创新的耦合机制：一个概念框架

三、商业模式创新与技术创新的耦合模式及理论解释

虽然创新活动包括了组织创新、管理创新等类型，但技术创新与商业模式

创新是企业创新活动之中最具代表性的两类创新活动。为方便论述，本书集中考虑商业模式创新与技术创新这两类创新活动。我们把有关产品、流程和服务的创新活动，统称为技术导向的创新，它们注重的是所采用技术的新颖性程度。另一种是商业模式导向的创新，它追求的是采用的商业模式的新颖性程度。我们把这两种基本的创新导向，分别按高、中、低三种水平进行区分，然后进行组合，会得到九种有代表性的商业模式创新与技术创新的耦合组合，分别代表着九种耦合模式，即战略性耦合导向模式、技术变革导向模式、模式变革导向模式、市场导向模式、产品导向模式、追随导向模式、问题区模式（两个）与挣扎区模式。具体请参见图2－2。

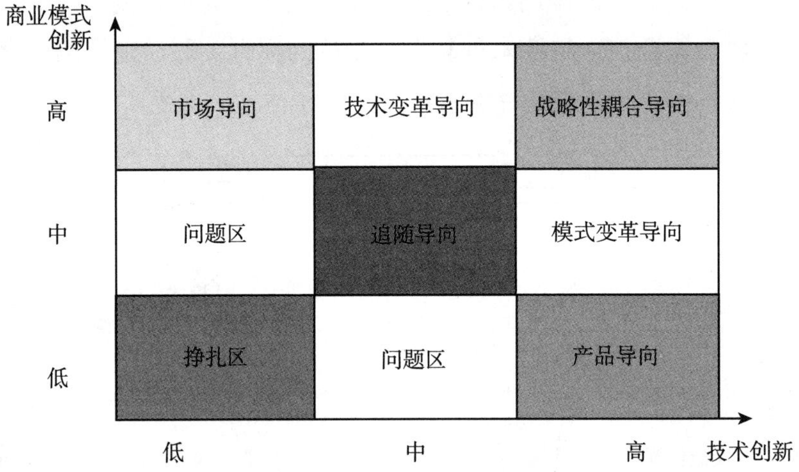

图2－2　商业模式与技术创新的耦合模式

在图2－2中，最理想的耦合模式，当然是右上角的战略性耦合导向模式。在这种模式下，企业选择了最高水平的技术，同时也选择了最高创新水平的商业模式，两者之间形成紧密耦合状态。用户不仅能够确定地感知到企业提供的产品的创新特点，也能清晰地感知到企业设计的商业模式的高明之处。所以，这类创新项目或企业在市场上是最有竞争力的。目前而言，在这个区间最具有代表的企业有苹果、谷歌、脸书等跨国公司和中国的百度、腾讯和阿里巴巴等领先企业。不难想象，如果没有iOS、App Store、iTunes、iMac等最具竞争力的技术创新能力，苹果公司的商业模式也很难成为世界上最具创新能力的代表，正是两者的高度耦合，才将苹果公司推向了一个新的历史高度。

右下角的产品导向模式与左上角的市场导向模式，是两种非耦合模式的代表。产品导向的耦合模式中，企业具备生产高技术水平的产品的能力，但是却采用了低水平的商业模式创新策略。这种非耦合的关系结构，会使得企业死守产品导向的战略，而对新兴的市场和产业的主导市场范式转移视而不见，最终的命运就是被市场无情地抛弃。这类企业的代表有诺基亚和柯达。两家公司都曾经是本行业产品市场上的第一名，但在市场需求范式变化的大趋势下，没有及时更新自己的商业模式，从而陷入了巨大的经营困境。市场导向的耦合模式中，企业具备开发高创新水平的商业模式的能力，却缺乏提供高技术水平的产品的能力，不得已提供了低技术水平的产品。这种非耦合的关系结构，在完全新兴市场上能够让企业短期内获得较大的市场份额和经济收益，但当市场竞争激烈程度上升时，企业便失去在竞争中获胜的根本力量，从而从市场上快速消失。这类企业的代表在作为新兴产业的互联网领域较为常见，如曾红极一时的雅虎、曾经中国最大的以物易物网站——舍得网等。

处于中间方格的追随导向模式，是耦合程度较高的一种耦合模式。但它只适合在低水平的市场上进行竞争。这对来自后发经济体的企业而言，可能是在追赶发达经济体中领先企业时的一种适宜的战略选择。尽管商业模式创新水平与技术创新水平均居中等水平，但对追随者而言，它不仅可以省却在商业模式创新与技术创新领域需要的巨额投资，而且还会为企业的战略调整提供最大限度的灵活性。这类耦合模式适合后发经济体中在新兴产业领域采取追赶战略的企业。与此方格相连的右、上两个方格，也是商业模式创新与技术创新耦合的两个代表性模式，一种是模式变革导向的耦合模式，另一种是技术变革导向的耦合模式。前者的代表如中国华为公司的手机业务，后者的代表如韩国三星公司的手机业务。限于篇幅，不多赘述。

最有问题的耦合模式是左下角的挣扎区模式，这显然是商业模式创新与技术创新非耦合的极端糟糕状态。在这种状态下，企业既不追求技术创新，也不追求商业模式创新，显然是没有生存能力的创新项目或企业。它之所以能够生存下来，可能来自某种特殊的市场需求或者是特殊的市场保护。代表性企业可能是处于衰退期的企业。与挣扎区模式相连的两个方格也是非耦合模式的两个代表，其成因和症状与挣扎区相似，不再赘述。

总体来看，如果企业能够选择合适的商业模式创新与技术创新的耦合模式，那么从新技术的商业化过程中获得合意的经济回报是容易实现的目标。但是，企业如果仅是过于依赖其中任何一个，而疏于构建商业模式创新与技术创新之间的耦合机制，就会不可避免地面临经营困难。商业模式创新效果的体现需要有与技术创新的耦合机制作保证，技术创新可以很好地规避商业模式创新的市场失灵，因此构建它们之间的耦合创新机制具有坚实的理论基础和现实需求。

第二节　技术创新与商业模式创新耦合的理论逻辑

在我们项目团队成员所做出的阶段性成果[①]中，借助网络外部性理论与双边市场论构建数理模型，分析了不同产业生命周期阶段中技术创新驱动商业模式创新的理论机理，又使用扎根理论开发了商业模式创新影响技术创新的耦合逻辑。本节将此阶段性成果的思想概述如下。

一、技术创新驱动商业模式创新的理论机理

在新兴产业中，新技术的出现，并不必然等同于新技术的经济价值和社会价值一定会实现。新技术的经济价值和社会价值主要依赖于它的成功扩散，被更多的用户、伙伴和利益相关者普遍采用，但这往往是新技术面临的主要障碍因素。一方面，技术创新的速度日益迅速，新技术、新产品不断涌现；另一方面，据实际调研数据显示，能成功实施新技术扩散并创造预期价值的企业很少。正如 Chesbrough（2010）指出的，同一新技术，采用不同的商业模式进行商业化，会得到截然不同的结果。显然，新技术如果成功地找到了新的商业模式与之耦合，那成功的概率要大很多。反过来，新技术如果找不到新的商业模式与之耦合，那么其成功的可能性要小得多。也正如 Teece（2010）指出的那样，伟大的技术成果商业化失败的原因，往往是缺乏对商业模式设计的重视。因此，企业如何围绕新技术的特征开发与之耦合的商业模式，是从新技术商业化过程中获得经济价值的关键途径。

一般来说，技术创新是一个从产生新产品或新工艺的设想到市场应用的完整过程，它包括新设想的产生、研究、开发、商业化生产到扩散这样一系列活

① 张新香：《技术创新与商业模式创新的交互作用机制研究》，中南财经政法大学，博士学位论文，2012 年。张新香是我们课题团队的核心成员，其学位论文是本研究项目的阶段性成果之一。这里引用时有一定的补充和改动。

动，围绕这一系列活动而产生的商业模式创新，已不单单是一个市场推广活动组合，而是一个企业价值网络或产业生态系统的构建过程。技术创新与商业模式在技术扩散的不同周期内的耦合，从本质上讲是一个科技与经济一体化的动态过程，是技术进步与商业应用过程创新共同催生的成果。比如，在软件产业中，技术创新诱发商业模式创新并与之形成耦合是一个系统工程，其商业模式创新的内容无疑需要根据技术扩散的阶段性特征而动态调整。

在商业模式创新过程中，围绕技术创新构建一个新型的价值网络和利益相关者的关系网络是其核心任务之一。以应用软件业为例，一项新软件技术面世后，终端用户、电子商务站、相关联的卖家和买家、广告商、服务商、销售商等构成了新软件技术的利益相关的关系网络。在这个网络中，系统分析其网络效应（network effect）或网络外部性（network externality）问题将是新技术能否成功设计新型商业模式并获得快速扩散的关键。因此，如何围绕新技术的特征来选择合适的商业模式，深入考察网络外部性特征带来的影响，并考察技术扩散的生命周期因素来设计新商业模式的动态演化路径，将是一个需要解决的重要研究问题。

网络外部性对依托新技术而设计的新商业模式是否成功至关重要。在以知识经济、互联网经济为代表的新经济中，网络效应是一个非常重要的核心概念。网络外部性又称为网络效应或需求方的规模经济效应，指的是一个人连接到某个网络的价值受其他人（或对其他人）使用这个网络的价值的影响[①]。也就是说，一个用户连接到一个网络的价值，取决于已经连接到该网络的其他用户的数量。通俗地讲，当网络外部性存在时，每个用户从产品或服务中得到的价值依赖于该产品或服务的用户总体数量规模。用户的总数量越多，每个单独用户从产品或服务中得到的效用就越高。网络中每个用户的价值评估都被其他人的总体数量所影响。以微信的普及过程为例，随着使用微信的用户数量增多，微信对原有用户的价值也随之增大。这是因为，在网络外部性的作用下，原有的用户免费得到了微信产品和服务中所蕴藏的新增价值（比如，可以与更多的微信用户实现信息兼容与共享，大幅度地提高沟通效率，畅享沟通便利带来的幸福感）而无须为这一部分价值付费。显然，如果利益相关者网络中只有少量用户加入，那么已有用户就不得不承担依托于产品（服务）的用户网络的高昂运

---

① Carl Shapiro and Hal R. Varian. Information Rules. Harvard Business School Press, 1999.

营成本，并且更重要的是，只能与有限规模的少量用户交流信息和使用经验。并且，因为其他人并不使用同样的产品，原有用户在和网络之外的人沟通时，就会面临较高的转换成本。这种情境下，我们就认为这是一个缺乏网络外部性的价值网络。对新技术而言，缺乏必要规模的用户网络基础，它的特定技术的改进工作就无法顺利进行，从而不得不退出市场而遭受技术扩散失败。

在我们的阶段性成果中①，我们首先给出了技术创新诱发商业模式创新的经济学解释，并在此基础上，以技术扩散的生命周期为基本框架，运用网络外部性理论和双边市场分析逻辑，探讨商业模式创新方式的动态设计，并得出如图2－3所示的商业模式创新的动态演化框架（请参见图2－3）。

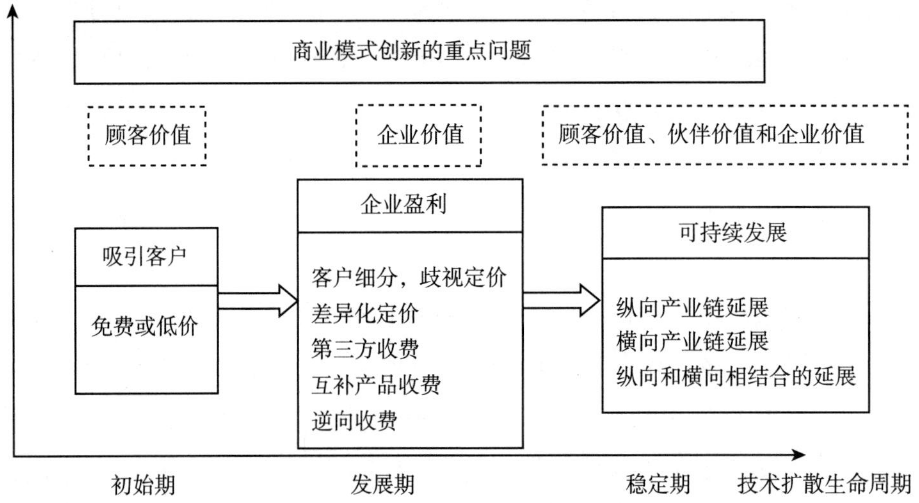

图2－3　基于技术生命周期的商业模式创新动态演化路径

以软件产业为例，我们研究了在新兴产业中，技术创新如何在不同的技术扩散周期阶段驱动着商业模式创新。在新兴产业新技术扩散的不同生命周期阶段，由于新兴技术及其组合的特征不同，所需要的新商业模式解决的重点问题是在动态变化的。商业模式设计的价值设计对象会随着新技术不同生命周期阶段而变化。在新技术的扩散初始期，企业关注的重点应是顾客价值，在技术扩散的发展期，企业关注的重点应是企业价值，在技术扩散的稳定期，企业关注的重点应是顾客价值、伙伴价值与企业价值的组合。相应的，从新技术扩散的初始期到稳定

① 张新香：《技术创新与商业模式创新的交互作用机制研究》，中南财经政法大学，博士学位论文，2012 年。张新香是本课题团队的核心成员，其学位论文是本课题的阶段性成果之一。这里引用时有一定的补充和改动。

期，相应的商业模式设计也从基于吸引客户的免费或低价模式，到基于增加企业盈利的差异化定价、第三方收费、互补产品收费和逆向收费的模式，再到基于可持续发展的纵向或横向产业链延展、纵向与横向相结合的延展模式。

二、商业模式创新驱动技术创新的耦合机理

一般来说，围绕新技术形成的“研发项目—产品—企业—产业—产业链”成长逻辑，是分析战略性新兴产业发展的基本框架。正如我们在第一章中提到的那样，商业模式创新是新技术从“产品”发展到“产业链”的核心驱动力量，它能为新技术的发展快速集聚规模化的购买量和利益相关者网络，从客户或买方利益相关者这一端为技术创新提供聚焦现实需求的基础。从逻辑上讲，技术创新一定是围绕客户的“痛点”问题或价值主张而展开的，商业模式创新应该是拉动技术的内在力量而不是外生因素，两者具有天然的耦合动因。有了商业模式创新的拉动，将为技术创新尽快形成“产品”积聚庞大的初始能量，以快速获得技术突破并实现商业化。

商业模式创新的研究目前还处于起步阶段，利用严密的理论模型或数量分析方法来证明商业模式创新驱动技术创新的内在机理，目前有很大的难度。定量研究方法是目前实证分析方法论使用较为普遍的选择，但定量研究不仅需要对各种过程因素进行量化的测量，而且还要求对多个因素之间的关系进行测量，验证预先的假设。这对商业模式创新的过程来说，比较难以实现。这是因为，商业模式本身是一个复杂的系统，提炼商业模式创新和技术创新过程中可量化的要素比较困难，如果勉强对商业模式创新和技术创新的过程进行过于粗糙的测量，难免会造成数据分析谬误（如因主观意识而忽略重要的现实信息），甚至得出偏差过大的结论。在这种情况下，扎根理论作为一种实证分析方法论（Glasser & Strauss，1967）就比较适合我们的研究要求①。扎根理论更注重过程

① 扎根理论（Grounded Theory）最早由社会学者格莱瑟（Glaser）和斯特劳斯（Strauss）于1967年提出，是一种优秀的质化研究方法。之后两位学者对该研究方法不断地改进和完善，发表了一系列的研究成果，使得扎根理论逐步形成为一种完整的方法论体系。扎根理论不同于民族志法、自然探索法和片段分析法等定性研究方法，它是一种实证研究方法论（费小冬，2008）。所谓扎根理论是指通过系统化的资料收集与分析来构建理论，该方法的主要优点在于其能从现象或实践中提炼、建立和发展出新的理论，所以该研究方法比较适用于那些现有理论体系不是很完善、很难有效解释，或者说存在理论的空白点、出现了一些全新现象的领域（李志刚，2007）。商业模式创新以及商业模式创新与技术创新的耦合过程正好属于这类领域。因此，利用扎根理论来研究商业模式创新驱动技术创新的实现机理非常合适。

数据，注重社会现象或事物所具有的属性和在运动中的矛盾变化，是从事物的内在特征来研究事物的一种方法或角度，从而挖掘出事物的本质，通过这些基于过程和数据的分析，构建出新的理论。扎根理论研究无须事先给出理论框架，也无须围绕商业模式创新和技术创新的过程事先提出可量化的分析框架。

在我们的阶段性成果中（张新香，2012），运用扎根理论研究了25家企业的商业模式创新驱动技术创新的实践，得到一个概念性的理论模型，如图2－4所示。

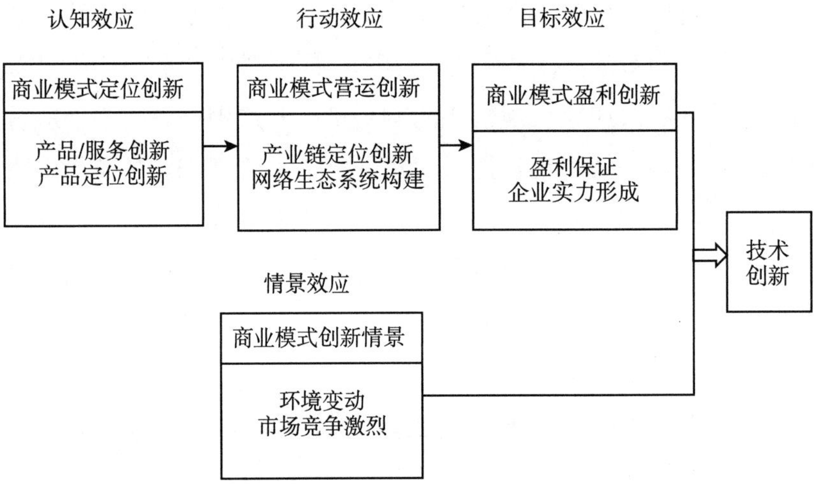

图2－4　商业模式创新驱动技术创新的理论模型

在图2－4的模型中，主要的构成要素分为四个模块，第一块是商业模式的定位创新，第二块是商业模式的营运创新，第三块是商业模式的盈利创新，第四块是商业模式的创新情景因素。从商业模式构成要素的视角来看，产品定位创新和产品/服务创新可以归类于商业模式的定位创新，它可以对应Johnson et al.（2008）框架中顾客价值主张模块；构建网络生态系统与产业链定位创新可以归类于商业模式的营运创新，对应着企业商业模式中的关键资源模块；企业实力与盈利保证显然可以归类于商业模式的盈利创新，对应着企业商业模式的盈利方程模块。至于商业模式在创新过程中如何与技术创新形成有效的耦合，则主要是依托上述三个模块的创新活动实现的。这三个模块中任何一个的变革，都会对技术创新带来显著的影响。因此，这三个模块之间的组合关系，就会形成商业模式创新驱动技术创新的多种路径。具体而言，定位创新是商业模式创新的基础和前提，它的创新程度决定了客户如何认知企业技术创新和产品，从而选择是接受还是拒绝该企业或该产品/服务，我们可称之为认知效应。营运创新主要包括了企业如何对关键资源进行结构性整合，从而在行动方面为技术创新的产出提供最有力的支持，我们将其称为行动效应。盈利保证与企业实力提升是企业进行商业模式创新和技术创新的共同目标，这是凝聚两类创新活动高度耦合的最终力量，我们称之为目标效应。情景效应则是指任何能够影响商业模式创新导向与技术创新导向的宏观因素的作用强度。这些宏观因素包括政府的公共政策、一个社会的传统文化、特定的制度环境等。一般来说，对后发国家或发展中国家来说，政府的政策体系和制度环境对企业商业模式创新与技术创新的战略导向的影响比发达国家要强很多。对新兴产业的发展而言，更是如此。其中的主要原因之一，就是后发国家的企业无论在技术创新还是商业模式创新方面，都相对于发达国的竞争对手没有明显的竞争优势，所以它们在技术创新与商业模式创新的耦合策略上，比较容易受政府政策的指引而采取上一节所说的追随导向的耦合模式。综合上述内容，商业模式创新通过改变认知效应、重塑行动效应、强化目标效应、利用情景效应等四种途径，驱动了技术创新①。

已有文献在研究技术创新的驱动力量时，主要关注的是科学发现、技术发明、市场结构、组织结构、竞争环境、企业能力、规制政策等方面，但很少涉及商业模式创新对技术创新的拉动作用。通过扎根理论研究，我们证明了商业模式创新是可以驱动技术创新的。进一步的，我们还可以推论出另一个创新的趋势，就是商业模式创新为技术创新提供一个多元化的力量来源。在传统的封闭式创新环境下，技术创新的驱动力量主要来源企业内部的研究与开发投入积累和组织内部成员创意的灵感，企业边界之外的供应商、顾客等利益相关者并不能成为技术创新的主要推动力量。当新的商业模式出现后，企业的技术创新活动则可能由“线性模式”变成一个“网状模式”。在这个创新网络中，除了企业的组织内部成员外，客户、联盟伙伴、供应商、政府、经销商等原来属于组织外部的成员，都成为企业创新活动的驱动力量。企业竞争不再是单个企业之间的竞争，而是网络系统之间的对抗（张新香，2012）。在系统与系统的对抗过程中，新型商业模式凝聚了前端的市场需求和创意源泉，成为企业技术创新的“前沿实验室”和“试验田”，把客户需求与技术能力的突破有机地连接了起来。

---

① 本部分内容引自张新香：《技术创新与商业模式创新的交互作用机制研究》，中南财经政法大学，博士学位论文，2012 年。张新香是本课题组的核心成员，其学位论文是本课题的阶段性成果之一。

第三章　技术创新与商业模式创新耦合效率的评价

依据本书第二章的耦合机制框架，按耦合动因基础的不同，可以分为技术创新驱动的商业模式创新与技术创新耦合以及商业模式创新驱动的商业模式创新与技术创新耦合。在本章，我们综合两个单向的耦合机制，从相互耦合的角度来研究商业模式创新与技术创新的耦合绩效评价思路，主要形成了三个方向：一是耦合匹配思路；二是商业模式创新导向；三是商业模式画布导向。这些评价方法和评价导向可以为相关经验研究指代必要的基础和指导。

第一节　耦合效率评价：匹配导向

一、耦合与耦合效率

耦合（coupling）最初是一个物理学概念，指两个（或两个以上）系统或运动形式之间通过各种相互作用而彼此影响的现象（王永初、王启志，1999）①。从严格意义上讲，耦合与交互影响在作用形式上可能较为接近，但在交互影响作用的理论解释方面，存在着一定的差别。但从操作层面上讲，在社会科学领域，耦合与交互作用机制在发生形式、途径和机制上是非常接近的。

我们将耦合效率定义为两个子系统通过耦合过程相互影响、相互作用的协调程度。耦合效率与耦合度是两个关系非常紧密的概念。耦合度是指一个系统

---

① 引自王永初、王启志："耦合度的新定义及其应用"，《华侨大学学报》，1999 年第 3 期。

与另外一个系统发生耦合关联的频率（郑鹭亮，2008）①，它表明的是一个系统干预或改变另一个系统的影响量。耦合效率则是两个系统的耦合度走向稳态的可能性。也就是说，耦合效率越高，两个系统之间或系统内部耦合要素之间达到良性共振的概率就越大，系统将趋向新的有序结构②。以商业模式创新与技术创新的耦合为例，若两者的耦合效率越低，那商业模式系统与技术创新系统的耦合要素之间产生良性共振的概率就越小，两者之间产生耦合关系的次数越不协调，两个系统之间的关系会呈现无关状态，且各个系统内部可能向无序发展。若两者的耦合效率越高，那么技术创新与商业模式创新系统不仅各自会趋向新的有序结构，而且两者之间的相互影响将变得越来越协调，最终促进两个系统实现创新效率的提升和较高程度的耦合。

二、商业模式创新与技术创新的耦合效率指数方法

耦合效率指数是对商业模式创新与技术创新两个系统之间交互作用的水平或程度进行评价得到的数量结果。在经验研究过程中，我们可以将技术创新和商业模式创新看成自变量，企业的经营绩效看成因变量，这样就可以研究技术创新与商业模式创新的耦合程度对企业经营绩效的影响。技术创新对经营绩效的作用大小受商业模式创新能力的影响，同样的，商业模式创新对经营绩效的作用大小受技术创新能力的影响。技术创新与商业模式创新相互作用、相互协调，两者不是孤立地作用，而是通过有效率的耦合过程共同影响企业的经营绩效。为了反映两者的耦合作用效果，从统计评价方法角度出发，我们可以设计耦合效率指数（CEI），即：

$$\mathrm{CEI}_1 = \frac{TeP}{BeP} \tag{1}$$

或者，

$$\mathrm{CEI}_2 = \frac{BeP}{TeP} \tag{2}$$

其中，TeP 是技术创新对组织绩效的影响程度，BeP 是商业模式创新对组织绩效的影响程度。

① 参见郑鹭亮："耦合度模型的建立"，《电脑知识与技术》，2008 年第 9 期。
② 参见刘耀彬、李仁东、宋学锋："中国城市化与生态环境耦合度分析"，《自然资源学报》，2005 年第 1 期。

具体评价过程是：先借助满足要求的样本数据，通过计量分析得到 TeP 的值和 BeP 的值，然后再来计算 CEI 的值。在评价操作过程中，我们假设技术创新和商业模式创新对企业的经营绩效均产生正向影响。当技术创新与商业模式创新协调发展时，即技术创新和商业模式创新对企业经营绩效的影响形成了良性共振关系，共同作用于企业绩效的提升，耦合效率指数趋向于 1（当然这要排除技术创新能力和商业模式创新能力均很弱的情况）。当技术创新与商业模式创新之间存在不协调关系时，即一方水平过高或另一方水平过低，出现了两者之间无关的状态，耦合效率指数将远离 1。耦合效率指数主要考察技术创新和商业模式创新之间的良性交互作用的水平。通过考察耦合效率指数是趋向 1 还是偏离 1，我们可以判断出技术创新与商业模式创新之间耦合效率的高或低。因此，上述公式（1）和公式（2）的含义相同，仅有的差别只不过是两者之间耦合的过程是由商业模式创新驱动还是由技术创新驱动。

显然，商业模式创新与技术创新的耦合效率指数方法，与其说是一种评价指标，还不如说是一种评价思想，其核心是耦合思想中的协调与共振。但是，无论是协调也好，还是共振也好，其评价的基本导向是技术创新的内容或程度与商业模式创新的内容或程度要最大限度上实现匹配。只有商业模式与技术在创新内容、创新进度、创新水平、创新要素等方面实现了最优匹配，企业才可能在市场、财务等方面取得远超过同行竞争对手的综合绩效。因此，在匹配导向的耦合评价过程中，需要分别对技术创新能力（或水平）和商业模式创新能力（或水平）进行单独的评价，然后再计算两者的耦合效率，并测算耦合效率对企业经营绩效的影响方向和强度。这个思想在张新香（2012）① 的研究成果中得到了初步应用。她以微软、谷歌、金山软件和首都信息为样本企业，分别测算了每家样本企业的技术创新能力和商业模式创新能力，然后运用公式（1）和公式（2）得到两者的耦合效率指数，结果显示：微软的技术创新能力和谷歌的技术创新能力都较高，但微软的商业模式创新能力相比谷歌要弱势。从耦合效率指数来看，微软的耦合效率指数稍微偏离 1，而谷歌的耦合效率指数几乎趋向 1。金山软件的技术创新能力和商业模式创新能力与微软、谷歌都还有一定的差距，不过其自身的耦合效率指数几乎趋向 1；首都信息的技术创新能力和商业模式创新能力均最弱，尤其商业模式创新能力与国外优秀软件企业相比，差距还

① 对具体评价指标体系感兴趣的读者可以参阅张新香（2012）研究成果中的相关章节内容。

相差较大（张新香，2012）。虽然样本企业数量较少，但也可以从中得出一些有益的发现。比如，微软的技术创新能力要强于商业模式创新能力；金山的技术创新能力要弱于商业模式创新能力；谷歌的技术创新能力与商业模式创新能力都相对是最强的，也是耦合程度最好的，匹配性水平最高；首都信息的商业模式创新能力要弱于技术创新能力。这些发现对该行业相关企业的经营战略调整应该会带来一定的借鉴。

需要指出的一点是，基于匹配视角的耦合效率指数方法来评估商业模式创新与技术创新的耦合水平，必须注意研究对象和研究内容的动态特征。也就是说，一种技术与商业模式在几年前可能是匹配的，且有着较好的耦合度，但在几年后则可能由于市场环境的变化、技术进步等因素，使得该技术和商业模式由于创新水平和进度不同出现不匹配和低耦合度。这个动态特征需要在后续研究中给予充分的关注。

第二节　NICE 框架：商业模式创新逻辑

从方法上讲，耦合效率指数的评价是建立在对企业的商业模式和技术的创新水平分别进行评价的基础之上。本节我们将商业模式创新评价作为另一个分析耦合效果的基本导向。

一、从商业模式评价切入的基本逻辑

如果不能相对准确地评价商业模式创新与技术创新，那么耦合效率评价也就成为无本之木。顺着这个逻辑，我们不难得到一个非常直观的判断：商业模式创新的宗旨不是为了发明或更新该商业模式本身，而是一定为了更好地、更有效地开发或商业化一种技术或创新的成果。这也可以从 20 世纪 70 年代商业模式因信息技术的发展而问世这一经典时代背景的事实得到佐证。也就是说，一种商业模式 A 比另一种商业模式 B 更具创新性，其判断的要点肯定在于商业模式 A 比商业模式 B 更适合于某一特定的技术或创新成果 T。其结果必然是："A + T" 作为一种内在的耦合机制肯定要比 "B + T" 的耦合机制给企业绩效带

来的贡献要大。当然，对于不同的技术（T1 和 T2）和同一种商业模式 A，我们也可以比较“T1 + A”和“T2 + A”两种耦合机制对企业绩效的贡献[①]，只不过这时候就是以寻求与商业模式匹配的最优技术或创新成果为基本出发点了。因此，我们可以由此得到商业模式创新与技术创新耦合效果的另一种评价逻辑：商业模式创新导向。

商业模式创新导向作为评价商业模式与技术创新耦合机制的基本逻辑，在于商业模式创新发挥着一种“镜像机制”。这种镜像机制，逻辑容易推理，操作也较为直观，效果较容易观察，因而在实践操作过程中有着较大的优势。通俗地讲，一种商业模式好不好、合不合适，在企业实践中，就看它能否以最简洁、有效的方式，最大化技术创新成果的商业价值，让更多的客户通过爱上这个商业模式而便利地享受企业技术创新的成果。

二、已有的评价思路

就我们所掌握的知识来看，商业模式的评价是目前为止商业模式研究进展一直非常缓慢的领域之一。不少学者对此进行了理论上的探讨，主要可以区分为三个方面：一是匹配的思路，就是主张一个好的商业模式应该与企业的某类目标、某类需求或某种资源相匹配（如 Hamel，2000；Morris et al.，2005），比如要与企业的利润目标匹配、商业模式内部各因素之间的匹配、与外部环境之间的匹配，等等。二是功能评估的思路，就是按照统计评价的原则，对商业模式的多个功能（比如创新、经济控制、收入来源等）分别进行评估，然后再综合评分（Ayes & Finnegan，2005）。三是借鉴战略评价的思路，主要是将商业模式视同为组织战略，参照平衡计分卡的思路分别从财务、客户、内部运营、学习与成长等四个方面对商业模式进行评价（如李曼，2007；王鑫鑫，2011；项国鹏，2011）。

总的来看，商业模式评价的相关研究的确处于一个起步阶段。相对成熟的成果还很不多见。不少相关的文献也都停留在概念性框架或定性分析层面，有的甚至只是提出了一个评价思路，远未到开发出具体的评价方法体系和评价指标的阶段（如 Morris et al.，2005；Alexa，2014）。其中的主要原因，应该是源

① 不过，对于“A + T1”的耦合机制与“B + T2”的耦合机制，理论上是无法直接比较的。因为，商业模式 A 与商业模式 B 耦合的对象（技术 1 和技术 2）不同。

于商业模式概念的不一致、商业模式本身构成较为抽象以及商业模式过程活动过于复杂等基础层面的因素。由此不难推论，要想准确地评价企业的商业模式创新能力，是一个非常具有挑战性的研究课题。我们认为，NICE 框架和商业模式画布框架是目前较为可行的两种方案。

三、NICE 框架：评价商业模式创新的有效逻辑

在目前直接评价商业模式创新如此困难情境下，如果我们换个视角来探讨这个问题，或许更为有效一些。我们的观点是，如果直接评价商业模式创新行不通，那么对商业模式的测量可能是最好的参照框架。迄今为止，关于商业模式创新的实证研究非常少见，但至少有一些文献（如 Zott & Amit，2007）对商业模式的测量进行了部分开创性的工作，并运用这些测量方法完成了较为系统的实证研究。他们的方法不断被一些后续的研究所参照或重复使用（如 Zott & Amit，2008；Wei et al.，2014；程愚，2012），这至少证明了这些测量方法的逻辑和可操作性是较为可靠的。

截至目前，被较为普遍接受的商业模式的测量方法是 Zott & Amit（2007）开发的量表。他们的方法源于 Amit & Zott（2001）提出的四要素框架（见图 3－1），即新奇性（novelty）、效率（efficiency）、锁定（lock－in）和互补性（comple-

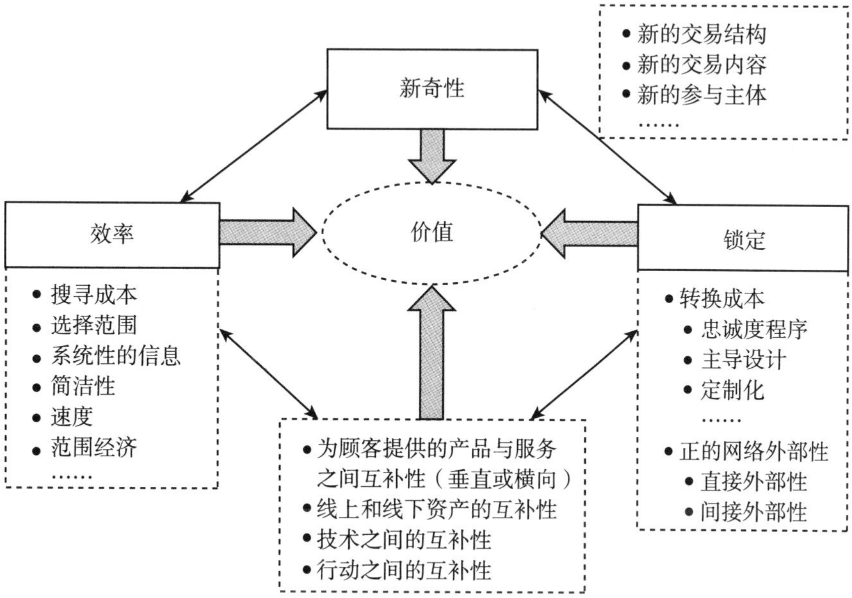

图 3－1　商业模式创新评价的 NICE 框架

mentarity），把四个词的相关字母连起来就构成了一个英文单词 NICE。因此，我们把该方法称作“NICE 框架”。在这个框架里（Zott & Amit，2010），商业模式被视为一个行动系统，不过，每个商业模式的设计主旨不同，这也决定了每个商业模式的主导价值逻辑不同。依据不同的主导价值逻辑，商业模式的组成要素被连接在了一起，形成了不同的商业模式。而决定商业模式设计的主要因素，就是行动内容（content）、行动的连联或顺序（structure）和行动的治理机制（governance）。接下来，分别论述 NICE 框架的四个要素。

在图 3－1 中，新奇性主要是指在商业模式设计过程中，会采纳新的行动、把不同行动连接起来的新方式以及不同行动的新治理方式。苹果公司就是一个典型的例子。苹果公司最初是一个以硬件生产的创新型公司，它主要制造个人电脑。但通过 iPod 的开发以及后来 iTunes 的运营，苹果公司是第一个把音乐销售纳入自己行动系统里来的电子设备公司（内容新奇性），并且把 iPod 与 iTunes 以一种前所未有的方式连接起来（结构新奇性），并推行了大量的辅助行动来使客户可以合法地下载音乐（治理新奇性）。这样，苹果公司就通过这一系列新奇性的行动组合，把自己公司创新的焦点从生产转向了商业模式。

锁定是指商业模式作为一个行动系统，应该具有一种能力把第三方（或其他利益相关者）吸附在系统中稳稳地作为系统活动的参与者。从经济学意义上讲，锁定可以解释为一种由于系统的内容、结构和治理而产生的转换成本或网络外部性。比如，微信和脸书、京东和 eBay，都是商业模式具有锁定功能的代表性案例。在脸书里，你不仅把它视为一种社交软件，当然你也会用它作社会交往，但你还会在享受友谊和便利的同时（网络外部性），花费大量的时间来设计自己个性化的主页（转换成本），这使得你很不愿意到其他社会软件提供商那里去。

互补性指的是在一个商业模式发展出来的系统中，把自己的行动与系统一起绑定要比你单独行动更有价值。以私募股权投资（PE）为例，作为普通合伙人，你把钱投到 PE 基金里的行动其实与那些急需从 PE 基金中得到融资的创业企业是高度互补的。但是，你却不会单独去找一家创业企业来考察它是不是你认为最佳的投资对象。

效率是指在一个效率导向的商业模式设计中，企业如何使用它们的行动系统来减少交易成本以获得更大的效率改善。比如，美国的西南航空去除了航空管制部门要求的空中餐饮服务，但降低了机票价格、缩短了飞行时间（内容整合)，使得它的商业模式运营起来更有效。再如，如果一家企业的内部组织活动之间拥有一个标准化连接流程（治理），那它就可以通过流程重组，把部分生产活动外包给第三方来提升运营效率。

通过上面这四个要素，我们可以发现企业设计其商业模式的主题或导向，在大多数情况下，企业在这四个方面的变革往往会导致它们的商业模式与以往相比变得不同，并且为企业创造了新价值。

四、商业模式创新评价的两个基本导向

对商业模式创新而言，核心决定因素是企业采取什么样的设计逻辑来使它的商业模式与众不同。依据 NICE 模式的思想，我们可以推论出这样一个观点：并不是所有的商业模式创新都具有可比性，只有那些设计主旨相近的商业模式才在创新方面可以比较。显然，如果一组以新奇性为设计导向的商业模式与一组以效率为设计导向的商业模式放在一起，我们其实是无法准确地评价哪一个商业模式创新程度更高或更低。但是，考虑到商业模式创新与技术创新的天然联系这一特质，我们不难理解，能够更好地将技术创新或产品创新的市场价值实现最大的商业模式具有更大的创新效果。把握了这一点，则会帮助我们在评价商业模式创新与技术创新的耦合效果时，突破产业边界、市场边界和技术集合边界，以使不同企业的商业模式创新实践有较强的可比性。

在 Zott & Amit（2007）这篇开创性的研究中，商业模式被区分为两种典型的类型，一种是新奇导向的商业模式，一种是效率导向的商业模式。这两种类型的商业模式其实也代表着商业模式创新评价的两种导向：新奇导向和效率导向。新奇导向的商业模式指的是把不同交易参与人之间的新交换方式进行概念化和应用之后形成的商业模式。比如说，吸引进来原来没有的新成员，或设计了新的交易机制等。效率导向的商业模式是能够为所有交易参与人减少交易成本的商业模式。这里减少的交易成本，可以是减少了交易过程的麻烦、降低了交易的不确定性，也可以是缓解了交易的信息不对称程度等。Zott & Amit（2007）还开发了测量这两类商业模式的量表，其中，测量新奇导向的商业模式和效率导向的商业模式的量表分别包括 13 个条目。

因此，我们认为，商业模式创新的评价可以参照 NICE 框架来实施，分别评价企业商业模式的新奇导向和效率导向，再结合互补性与效率维度，与同行的

标杆企业分别进行比较，以对自己的商业模式创新水平进行相对较为客观的评价。

第三节 商业模式画布框架方法

本节从另一个角度来讨论商业模式创新的评价，这也是应用商业模式评价逻辑的延伸，具体的方法是“商业模式画布框架”。商业模式画布源于 Osterwalder 和 Pigneur 在 2005 年发展出来的商业模式九要素理论。该理论是在综合各种概念共性的基础上提出的一种商业模式构成要素分析框架，我们简述如下。

一、商业模式九要素结构

Osterwalder 和 Pigneur（2005）将企业的商业模式构成要素归纳为四个不同维度以及九类不同的要素。其中，四个不同的维度分别是产品维度、客户维度、基础设施维度、财务状况维度，九类不同的要素按顺序分别为价值主张、客户细分、渠道通路、客户关系、核心资源、关键业务、重要合作、收入来源、成本结构，具体的对应框架及要素描述如表 3 - 1 所示。

表 3 - 1　商业模式九要素理论框架

维度	构成要素	要素描述
产品	价值主张	企业为解决客户难题和满足客户需求而提供的产品或服务；表现为：标准化/个性化的产品/服务/解决方案、宽/窄的产品范围
客户	客户细分	企业想要接触和服务的不同人群或组织；表现为：本地区/全国/国际、政府/企业/个体消费者、一般大众/多部门/细分市场
	渠道通路	描绘企业是如何沟通、接触其客户而传递其价值主张；表现为：直接/间接，单一/多渠道
	客户关系	企业与特定的客户细分群体建立的关系类型；表现为：交易型/关系型、直接关系/间接关系

续表

维度	构成要素	要素描述
基础设施	核心资源	企业使其商业模式有效运转所必需的最重要因素；表现为：技术/专利、品牌/成本/质量优势
	关键业务	为确保其商业模式可行，企业必须做的最重要的事；表现为：标准化/柔性生产系统、强/弱的研发部门、高/低效供应链管理
	重要合作	企业使其商业模式有效运作所需的供应商与合作伙伴；表现为：上下游伙伴、竞争/互补关系、联盟/非联盟
财务状况	收入来源	企业从每个客户群体中获取的收入；表现为：固定/灵活的价格、高/中/低利润率、高/中/低销售量、单一/多个/灵活渠道
	成本结构	企业运营一个商业模式所引发的所有成本；表现为：固定/流动成本比例、高/低经营杠杆

资料来源：Alexander Osterwalder，《商业模式新生代》，机械工业出版社 2011 年版。

该理论及分析框架并不只是简单罗列各构成要素，也阐明了要素之间的逻辑关系：第一，只有为客户创造价值才能获得收入来源，因此，一个良好的商业模式需要提出自己匹配的价值主张，找到对应的潜在目标客户，对这些用户分类，疏通有关的渠道，努力建立良性的客户关系；第二，无论是产品的生产还是企业价值的创造都离不开必要的基础设施，因此，一个良好的商业模式要根据自己独有的核心资源，形成配套的关键业务，与其他企业建立良性的重要合作关系；第三，基础设施的形成必然会引发成本支出，因此，需要确定不同的成本构成，增强成本的相应控制能力；第四，收入减去成本就是利润，一个合理高效的商业模式可以将收入来源和成本结构进行相互协调。

二、商业模式画布模型

商业模式画布模型是一种结构化、可视化、通用化的商业模式分析工具，由 Osterwalder 和 Yves Pigneur 于 2011 年在《商业模式新生代》一书中提出。在商业实践中，商业模式画布模型也被简称为商业模式“九宫格框架”。商业模式画布模型以商业模式九要素理论为基础，将商业模式的四个维度、九类构成要素抽象转换成为四个界面，将四个界面共同呈现在同一块画布之上（见图 3－2）。

商业模式画布是一种分析方法和思维方式，它将复杂问题简单化、纷繁要素模块化、抽象概念可视化，不但能够帮助我们分析现有的商业模式，还能够帮助我们设计未来的商业模式。

商业模式画布使得商业模式可视化，使用统一的语言讨论不同商业领域。商业模式画布不仅能够提供更多灵活多变的计划，而且更容易满足用户的需求。更重要的是，它可以将商业模式中的元素标准化，并强调元素间的相互作用。

在图 3－2 中，我们给价值主张加上了底纹，以便更直观地识别商业模式画布的四大板块。产品板块是商业模式创新与设计过程中最为重要的部分，它只包括了价值主张这一个方格。客户板块则包括了客户细分、客户关系和渠道通路三个方格。基础设施板块包括了关键业务、核心资源与重要合作三个方格。财务状况板块包括了最下面的成本结构与收入来源两个方格。形象地说，如果以价值主张的中线为轴画一条竖线的话，那么左侧的部分更偏重于理性思维，而右侧的部分则偏重于感性思维。显然，一个好的商业模式的价值主张或价值阐述，则需要很好地融合理性与感性思维。看来，商业模式设计就像人的大脑分工一样，左侧部分像左脑，主导抽象和理性思维，而右侧部分像右脑，主导形象和感性思维。

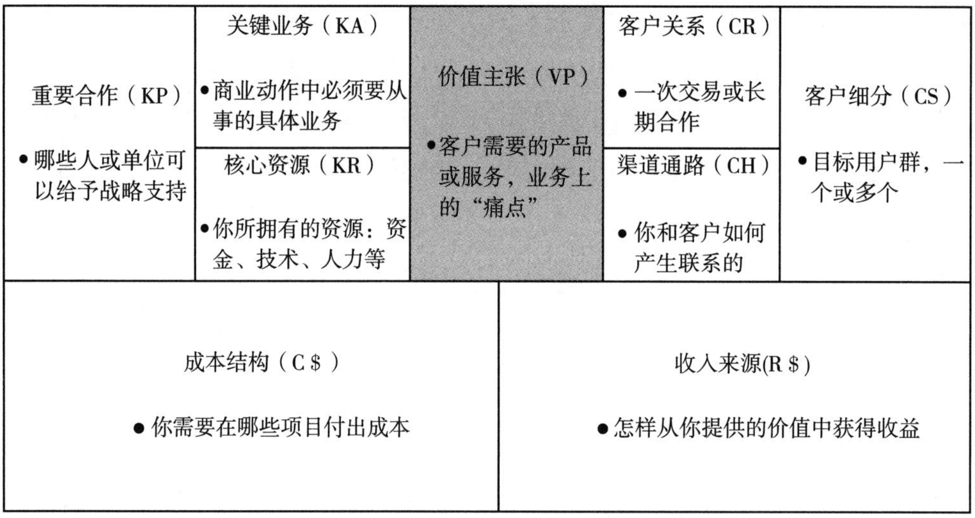

图 3－2　商业模式画布模型

资料来源：Alexander Osterwalder，《商业模式新生代》，机械工业出版社 2011 年版。

具体来说，图 3－2 中的每一个模块又包括若干内容，如客户细分部分又包括大众市场、利基市场、区隔化市场、多元化市场以及多边平台或多边市场等 5

个部分。其他的8个模块也各自包含不同的内容。而且，渠道通路本身就具有渠道类型和渠道阶段两种属性，某一类型的渠道在不同阶段其侧重点又有所不同。另外，收入来源中的定价机制又分为固定定价和动态定价两种。由此可见，商业模式的内容也相对复杂。因此，若将各模块的具体细分情况排列组合下来，尽管不会是所有的模式都是有效的，但其中有实际应用价值的商业模式组合数量将非常可观。从这个角度也说明了商业模式内容的博大精深。

商业模式画布不仅是用来描述和分析企业、组织如何创造价值、传递价值、获得价值的基本原理和工具，而且也是商业模式评估的具体参照体系。商业模式画布不仅能够帮助企业搞清楚业务运作体系、业务规则和每个模块的价值，也可以非常直观地帮助企业或分析师们形成针对性强的评价指标体系。

简而言之，商业模式画布框架对商业模式设计和商业模式创新评估的价值在于：只要你按步骤思考完九个模块方面的问题，它就可以准确地告诉你，你的商业模式是否是理性的、全面的。显然，只要是理性而全面的商业模式，当然可评估的可能性就比较大。

在商业模式画布框架中，每个模块都很重要，都需要认真思考，合理阐述，仔细评估。限于篇幅，我们以价值主张①为例，这是商业模式创新中最为重要的环节之一。很多时候，我们问自己或者团队，做这个项目或做这款产品是为了什么？估计绝大部分人的回答往往是：为了赚钱、为了赚大钱、为了完成KPI。但是，这可能不是商业模式创新过程中价值主张的最佳思考方式和最佳表述方式。这种回答更多的是以自己为中心（利己主义），不能够将要做的事情的价值和意义准确友好地表述出来，并传达给用户或利益相关者。对于商业模式创新中的“价值主张”，更多的是需要设身处地地站在客户的立场、以利他主义的角度去体验、去表述、去传达：我们能为用户解决哪些“痛点”问题，我们能为客户创造哪些实实在在的价值，我们如何让客户更舒服地享受我们的产品或服务。

由于该理论及分析框架要素类型多样，要素描述简洁，逻辑结构清晰，具有很强的可操作性，目前广泛运用于各个行业和著名企业。我们在下文也将以此分析框架为基础来评价网络直播平台的商业模式。

---

① 价值主张，也被译为价值阐述（value proposition）。

第四章　深圳洁驰公司案例：清洁生产技术的商业模式创新

本章通过深圳洁驰集团公司（以下简称“洁驰公司”）在印制电路板（printed circuit board，PCB）行业推广该公司独特的环保技术——蚀刻液再生循环系统方面的商业实践案例，深入考察了 PCB 行业的清洁生产技术创新与商业模式创新之间进行有机耦合的经验，并归纳了相应的研究发现。洁驰公司在 PCB 行业的清洁生产领域享有较高的声誉，主要原因有两个方面：一是该公司在业内率先开发了蚀刻液再生循环系统这一清洁生产技术，具有明显的技术领先优势；二是该公司成功地为蚀刻液再生循环系统这一技术设计了非常先进的商业模式，使得 PCB 行业的生产废液处理模式发生了根本性的变化，由尾端治理成功地转向了流程治理。综观洁驰公司的创新流程，是商业模式创新与技术创新成功耦合的代表性商业实践之一。

第一节　案例背景与公司情况简介

一、案例背景

PCB 是信息化、电子产品的基础行业。近年来，随着科学技术的不断发展，人们对高科技电子产品的追求越来越高，致使电子产品不断地更新换代，带动了一系列的经济增长。其中，PCB 工业作为电子行业中最重要的支撑行业之一，在电子信息产业中具有举足轻重的地位，在过去的数十年，特别是最近十年以来飞速发展。2006 年，我国的 PCB 产业规模首次超过日本位居世界之首。

PCB 行业在发展经济的同时，对环境造成了严重破坏。由于 PCB 的生产加工工序复杂，工艺流程长，资源消耗大，使用的化学品种类繁多，用量庞大，而资源的再生以及废弃物的回收利用工艺不成熟，致使污染物产生量大，包括固体废弃物、废气、废水。其中，以废水为例，PCB 行业主要排放物为含重金属废水和有机废水，具有高化学需氧量（COD）、高酸度或者碱度、含铜、镍、锡等多种重金属等特点。因此，PCB 行业通常被认为是典型的重污染行业之一。

目前，我国内地的 PCB 企业受限于技术、资金等因素，技术发展远落后于世界先进水平，产品以中低端为主。很多中小企业仍然沿用 20 世纪 90 年代的工艺和设备，产能效率低，环境代价大。随着原材料价格上涨、劳动力成本增加、人民币升值以及国家出台了一系列的环境保护政策和清洁生产标准，中国内地的 PCB 行业将面临新一轮的挑战，如何提高自身的研发能力，加快成品的转型升级，由生产中低端产品迈向中高端产品，重点解决行业发展与环境污染问题，实现 PCB 行业由工业文明平稳向生态文明转型，使 PCB 企业具备核心竞争力，PCB 行业有可持续发展的生命力，是我国 PCB 行业和企业急需解决的问题。

根据 PCB 行业的现状，洁驰公司首先提出源头治理的清洁生产理念，并开发了可行的生产工艺技术方案，设计了与该技术有机耦合的商业模式。具体来说，洁驰公司摒弃了“先污染后治理”的错误观念，从源头上对生产工艺进行改进，实现资源的循环再生，不仅减少了大量的废水排放，节省了原辅材料的使用，而且降低了生产成本。本书通过对洁驰公司实际运行情况的调查分析，探讨了 PCB 行业清洁生产工艺技术的建立及其商业运行模式的转型。

二、洁驰公司概况

洁驰公司位于深圳市，是国内具有自主知识产权的、专业从事 PCB 生产线、清洁生产设备研制和工业废液处理的高新技术企业。洁驰公司是集研发、设计、生产、安装调试及环保设施运营管理为一体的产业化生产基地。

洁驰公司自成立以来发展迅速，尤其是 2011 年初洁驰公司获得了包括深圳市德同富坤创业投资合伙企业、杭州戴乐斯投资合伙企业在内的 8 家创投公司的投资，相继并购了业内颇具实力的荣华科创等三家公司（见图 4－1），并成立了深圳市洁驰集团。洁驰公司控股公司包括深圳市洁驰科技有限公司、深圳市荣华科创线路板设备有限公司、昆山市洁驰环保科技发展有限公司和特种钛电极事业部、东莞绿洁科技有限公司等几大子公司。公司实现了线路板水平设备、蚀刻液再生循环系统、自动控制系统、特种钛电极等全方位的产品线覆盖，增强了技术和工程实力；更为重要的是，通过技术和产品的融合大大提高了 PCB 行业的制造水平，降低了成本，并真正帮助 PCB 行业实现污染的源头控制和可持续发展。

洁驰公司始终坚持以客户需求为导向，不断优化产品，创立了专注于产品开发的技术研发中心，汇集了一批国内设备制造及环保方面的资深专家。2011 年 7 月，洁驰公司搬迁到福永大洋田工业区，现有厂房面积 15000 多平方米，员工 500 多人，其中，工程师 61 人，高级工程师 12 人，科研人员比例达 22%。目前拥有 7 项实用新型专利和 4 项通过初审的专利，拥有已完成的研究项目 60 项，其中重大项目 12 项，30 项科研项目已经应用于生产，具有战略发展前景的储备项目 9 项。

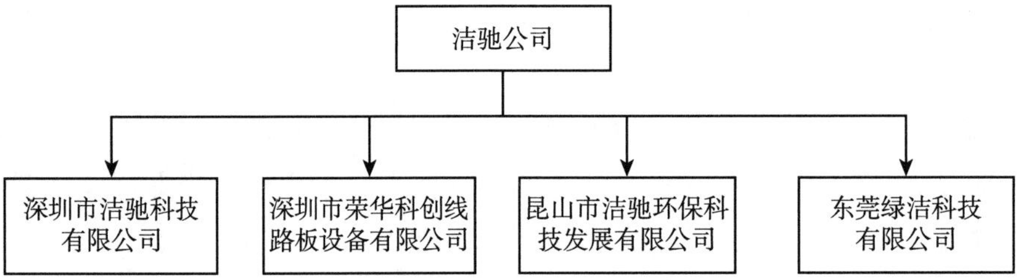

图 4－1　洁驰公司子公司一览

近年来，洁驰公司凭借雄厚的技术实力、优秀的团队、稳定的产品质量、成熟先进的销售体系、尽善尽美的售后服务，赢得了大批优质客户的青睐。洁驰公司专注于建立体系完善的售后服务队伍，这也将洁驰公司与其他类似公司区别开来。环保产业作为保护环境、实施可持续发展战略的重要物质基础和技术保障，是国民经济的重要组成部分，也是洁驰公司在未来较长一段时间的企业发展中具有潜力的新增长点。

三、洁驰公司子公司简介

（一）深圳市洁驰科技有限公司

深圳市洁驰科技有限公司是一家专业从事 PCB 生产企业酸性、碱性、微蚀蚀刻废液处理与循环利用设备研制的高新技术企业。公司是集研发、设计、生产、销售、安装调试及环保设施运营、管理、服务为一体的专业化生产基地，并且拥有一批国内尖端环保工程技术人员和资深专家。公司2013年度共有员工206人，其中，具有大专以上学历人员63人，占员工总数的30.58%。

洁驰科技有限公司也是洁驰公司的主体部分，于2005年底筹办，2006年底正式成立。自成立以来，它研制开发了具有自主知识产权的、多级补偿错层萃取的“新型氨性蚀刻液再生循环技术”和“酸性蚀刻液循环再生技术”，实现了将PCB生产企业蚀刻工序产生的碱性、酸性蚀刻废液通过萃取、反萃取、电沉积和电解等工艺处理，提取、分离蚀刻废液中的重金属及氨、硫酸等污染物质，并根据蚀刻生产线的要求向蚀刻液添加特殊试剂以调整组分，使处理后的蚀刻液能够返回蚀刻工序进行线路板的生产，实现了蚀刻液全闭路循环的无害化、资源化再生利用，符合国家清洁生产和循环经济的可持续发展战略要求，具有能耗低、再生液质量稳定、自动化控制水平高、铜回收纯度高质量好、无氯气产生、一级氨水洗液循环再生、有害物质零排放等特点。从源头上消除了污染物的产生，实现了清洁生产和资源高效利用。

深圳市洁驰科技有限公司积极组织科研人员攻关，经过三年的努力，取得了多项发明成果。2012年6月27日和11月14日，中华人民共和国国家知识产权局先后为洁驰科技有限公司颁发了2项发明专利证书，这也标志着洁驰科技有限公司的技术得到了国家的认可。

就经济效益而言，公司的蚀刻液循环再生系统从2006年起就已经在昆山、淮安、江阴、惠州、惠阳、深圳、东莞、江门、江西、浙江等地的多家PCB生产企业安装运营并取得良好效果，为PCB企业实现了清洁生产并创造了巨大的经济利益。中国环境保护产业协会水污染治理委员会、联合国工业发展组织国际环境监督管理机构等通过实地考察和组织专家评议后，一致认为该技术达到国内外领先水平，建议政府主管部门和相关行业协会予以大力支持，并在电路板行业中推广应用，这也为洁驰科技有限公司的发展奠定了坚实的基础。

（二）深圳市荣华科创线路板设备有限公司

深圳市荣华科创线路板设备有限公司（以下简称“荣华科创”）成立于2005年，自公司成立以来，荣华科创已打造出一个集研发、设计、制造、安装和售后服务为一体的专业PCB线路板设备制造商。通过不断的资源引进和强大的产品研发能力，荣华科创的 PCB 水平式湿制程设备得到了完善与改进，公司持续成为 PCB 设备行业革新的佼佼者。

随着全球 PCB 市场的需求及各种面板行业的发展，荣华科创也在不断改造和创新，现已发展为具备相当技术实力及生产规模的专业厂家。尤其是 2011 年与洁驰科技有限公司有效整合后，荣华科创拥有了更大的发展机遇和平台。

荣华科创不仅拥有雄厚的技术力量和精良的机械加工能力，并集中综合操作确保在每一个制造流程中都能达到高质量。高性能、高效率和卓越的品质是公司持续追求的目标。荣华科创的产品品种也非常丰富，比如其水平湿制程设备就有以下生产线：显影生产线、蚀刻生产线、磨板生产线（包括火山灰磨板机）、成品清洗生产线、喷锡前/后处理生产线、内层 DES 生产线；外层 SES 生产线；抗氧化生产线、水平棕化生产线、水平沉银生产线；柔性板生产线、钢板显影/蚀刻及退膜生产线等。其单机系列主要有：单/双门烤炉、隧道炉、铜粉/锡粉/板粉过滤器、开药缸、储药缸、ORP 酸性蚀刻添加器、废气净化塔等。

（三）昆山市洁驰环保科技发展有限公司

昆山市洁驰环保科技发展有限公司（以下简称“昆山洁驰环保”）成立于 2010 年，隶属于洁驰公司。公司以 PCB 行业的环境工程、废液中有色金属循环再生利用为主要业务，是集研究开发、工程设计、设备制造、安装调试、设施运行为一体的高新技术化产业基地。

昆山洁驰环保已与众多线路板厂、电镀厂等企业建设了配套的化学溶液处理工程，使化学药水中的铜、银、金、铅、锡、镍等贵金属实现资源再生利用，药水得到循环再生使用。其开发的氨性蚀刻液循环再生系统、微蚀蚀刻液循环再生系统、酸性蚀刻液处理系统、硝酸退镀液再生循环系统、退锡水在线循环系统、中水回用系统、工业污水处理技术等环保设备为业界设定了新的更高标准，为各界用户从源头上控制了污染物的产生，实现了循环经济、节能减排、清洁生产，降低了生产成本，提高了各界用户的工作效率和核心竞争力。

就运作团队而言，昆山洁驰环保拥有一支技术精湛、经验丰富的团队，汇集了一批国内相关方面的资深专家；公司借助国际互动科技能力，运用了新的技术，针对国际新的环保钙盐，总结了国内外对 PCB 生产厂家的各项蚀刻液处理措施，推出了拥有隔膜萃取等技术的蚀刻循环再生系统，该系统实现了蚀刻工序污染物零排放，响应国家发展循环经济、节能减排、清洁生产可持续发展的发展理念。

第二节　中国 PCB 行业发展历程与清洁生产问题

一、我国 PCB 行业发展状况

印制电路板（PCB），是指按照预先设计的电路，利用印刷法，在绝缘基板的表面或其内部形成的用于元器件之间连接的导电图形的技术，但不包括印制元器件的形成技术。形成印制线路的板称为“印制电路板”。随着科学技术的发展，我国的电子信息行业也迅速成长起来。1956 年我国成功地制作出了第一块单面印制电路板，并运用在晶体管收音机上，这意味着我国内地在 PCB 行业迈出了坚实一步。1964 年中国内地开始研制并生产多层板，同时大批量生产单面印制板，小批量生产双面孔金属化印制板。到了 20 世纪 80 年代我国实行改革开放，大批的 PCB 行业投资商纷纷涌向我国内地合资、独资办厂，使我国 PCB 产量迅猛增加。2006 年产值达 128 亿美元，PCB 产业规模首次超过日本位居世界首位。2012 年我国 PCB 行业总产值已超过 260 亿美元，占全球市场份额的比例超过 40%，正逐渐成为全球 PCB 产业的生产中心和技术发展最活跃的国家。

有统计数据显示，2015 年全球排名前十强的 PCB 企业名单依次为日本的旗胜（Nippon Mektron）、中国台湾的臻鼎（ZDT）、美国的迅达科技（TTM）、中国台湾的欣兴电子（Unimicron）、日本的住友电工（Sumitomo Denko）、中国台湾的华通（Compaq）、中国台湾的健鼎（Tripod）、韩国的三星电机（SEMCO）、韩国的永丰集团（Young Poong Grp）、中国台湾的瀚宇彩晶（HannStar）。这个排名与五年前的 2010 年有了较大的变化。

从表 4－1 中的数值可以看出：在 2015 年全球 PCB 企业的百强中，中国大陆企业的数量最多，为 35 家，这一数字在 2010 年为 29 家，五年间，中国大陆又有 6 家企业跻身百强行列。第二名是中国台湾，2015 年为 23 家，2010 年为 29 家，在百强数量上略有减少。第三名是日本，2015 年为 20 家，2010 年为 25 家，减少了 5 家。韩国和美国分居第四、第五位，分别为 13 家和 6 家。2015 年，中国台湾的 PCB 企业平均规模最大，其次是美国，之后是日本、韩国和欧洲；平均规模最小的是中国的 PCB 企业。由此可见，我国大陆的 PCB 企业规模和国外企业还有大的差距。

表 4－1　　2015 年全球 PCB 百强企业区域分布统计表

国家/地区	百强企业数（家，2015）	百强企业数（家，2010）	总产值（亿美元，2015）	总产值（亿美元，2014）	年增长率（%，2015）	产值占百强比例（%，2015）	企业平均规模（亿美元，2015）
中国	35	29	83.32	77.76	7.2	16.48	2.38
中国台湾	23	29	171.65	170.93	0.4	33.95	7.46
日本	20	25	120.59	114.75	5.1	23.85	6.03
韩国	13	11	66.63	72.97	－8.7	13.18	5.13
美国	6	7	43.27	44.42	－2.0	8.56	7.21
欧洲	4	5	12.40	11.49	7.9	2.45	3.10
亚洲其他	3	3	7.69	7.81	－1.5	1.52	2.56
总计	104	109	505.55	500.13	1.1	100	4.86

资料来源：本表中数据引自 http：//www.pcbinfo.net/InfoShow.asp？cls = 100&ID = 206925，访问日期，2016 年 11 月 26 日。

注：表中中国的数据包括中国内地和中国香港特别行政区的企业。

二、我国 PCB 行业清洁生产实施过程中存在的问题

2003 年国家颁布实施《中华人民共和国清洁生产促进法》，标志着我国进入依法推行清洁生产的新阶段。近年来，在政府陆续出台系列政策对环保要求越来越严的情况下，我国 PCB 行业企业对环境污染问题也越来越重视，不少企业开始重视清洁生产问题，并在企业的生产过程中采取相应的措施、安装相应的设备来减少工业“三废”排放导致的环境污染。但我国 PCB 行业的清洁生产在落实环节还存在着较多的问题，归纳起来，主要有如下四个方面：

（一）目前国内处理 PCB 废水的做法依然是以末端治理为主

所谓末端治理，就是在 PCB 污水产生后，PCB 厂家转卖给专业处理厂进行硫酸铜回收。后者采取分散运输、集中后采用制取硫酸铜、海绵铜的工艺处理，

该工艺仅将铜元素回收利用，而对氨、氮、硫脲等元素只采用中和处理后排放。这种处理过程，既造成资源浪费，又产生严重的二次污染。同时，废蚀刻液在转移的过程中存在着跑、冒、滴、漏等多点二次污染危险。另外，由于蚀刻液属危废，含铜高，具有较高的经济价值，是各地环保部门的严控废物，废液的处置已存在多年的利益链，该废液的管理因利益链存在而造成混乱，各地已产生了不同程度的新污染源。

（二）清洁生产意识没有真正落地

在 PCB 行业快速采用清洁生产技术的过程中，最核心的路径是抓好生产过程中的废水处理回用率以节约能源，争取实现 PCB 板生产过程中的铜蚀刻液达到零排放标准，并使处理后的铜蚀刻液实现循环使用，这就从根源上减少了污染性的工业废水排放量。但从我国企业实施清洁生产的现状来分析，尽管不少企业提供了清洁生产的报告，但在经营理念中时刻保持着清洁生产意识、切实落实清洁生产要求的企业并不多。而国外对清洁生产的实施力度和范围都很大，生产过程中资源浪费明显减少，提高了废水的回用率，回收废弃物中的有用资源，减少了产品的生产成本。

（三）PCB 生产过程中的环保设备质量差强人意

在我国 PCB 生产过程中，企业所使用的环保设备普遍质量不高，自动化程度低。在环保设备的销售过程中，激烈的低价竞争导致设备质量越来越差，这就必然使得环保设备在处理工业废水过程中高能耗、低稳定性，不仅影响废水处理效率，而且影响 PCB 企业正常生产的运行。

（四）PCB 企业的废水处理业务管理不专业

在我国相当一部分的 PCB 生产企业中，企业管理层对工业废水的污染问题缺乏应有的认识，在操作层面，从事废水处理业务的操作人员素质普遍不高，废水处理的专业技术人员不仅数量少，而且技术水平远远不够。从企业总体层面来看，企业的废水处理系统满足企业日常生产运行的应变能力较低，无法保证废水处理系统的稳定正常运行。

第三节　洁驰公司对 PCB 清洁生产技术的研发

洁驰公司针对国家实行的清洁生产政策，结合 PCB 行业的运行现状，提出从源头治理的理念，实现碱性蚀刻液、酸性蚀刻液、前处后微蚀液、电镀硝酸退镀液等废液的在线循环再生利用，百分之百回收废液中的铜离子。我们将此工艺技术命名为“蚀刻液再生循环系统”。这种工艺技术不仅减少了 PCB 行业末端废水的排放量，而且节省了生产过程中原辅料的使用，更是对传统的 PCB 工业废液处理技术的一种替代性的升级换代，是 PCB 工业走向“节能减排”的重大革新与进步①。

一、碱性蚀刻液在线循环再生工艺

碱性蚀刻液循环再生系统是通过高效萃取剂使废蚀刻液中的铜离子与蚀刻液进行无损分离，保持原有的化学成分，然后通过有效处理等使其成为具有稳定蚀刻性的再生子液重新返回工厂蚀刻线；同时通过电解液与萃取剂进行反萃，使铜离子与电解液结合，再对含铜离子的电解液进行电积还原，生产高纯度、高附加值的副产品阴极电解铜。具体工艺流程如图 4 -2 所示。

二、酸性蚀刻液在线循环再生工艺

酸性蚀刻液循环再生系统主要包括四个组成部分：阴离子膜电解取消氧化剂循环系统、阳离子膜电沉积提铜循环系统、氧化性气体和酸雾吸收系统、再生液调配监控系统。具体工艺流程如图 4 -3 所示。

三、微蚀液在线循环再生工艺

在 PCB 行业生产过程中，面对可能产生的蚀刻液污染问题，前处理是非常重要的环节，一般采用药水来进行粗糙化，但当铜离子过高、槽液老化、没有蚀刻能力时微蚀液就要更换，而直接排放不仅造成资源的浪费，而且会产生严重的环境问题。因此，开发微蚀液在线循环使用技术成为业内的关注点。

依据李建光（2010）②，在 PCB 板生产的微蚀液处理流程中，工业废液排放

---

① 本节以下有关技术的内容，参阅了李建光：《印制电路清洁生产技术研究》，中南财经政法大学学位论文，2014 年；石军伟、宋建强：《深圳洁驰公司清洁生产技术创新调研报告》，中南财经政法大学现代产业经济研究中心，2014 年。

② 李建光：“印制电路板行业环保重大技术创新项目”，《印制电路信息》，2010 年 11 月10 日。

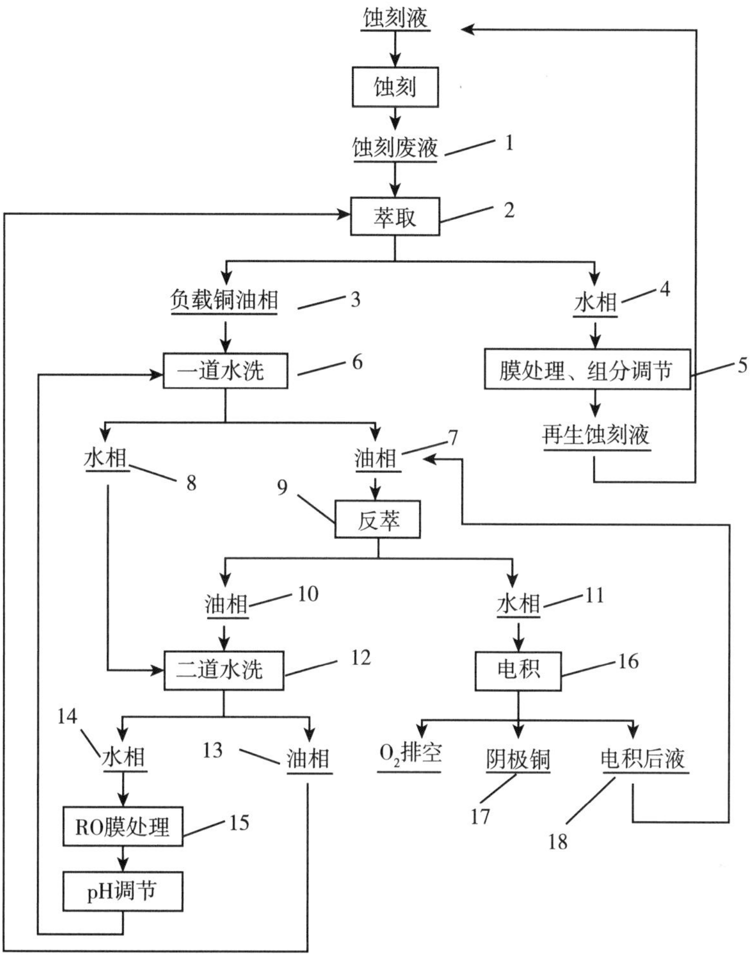

图4－2　碱性蚀刻液在线循环再生工艺流程图

后收集起来，然后交给有处理资质的厂家进行回收处理。处理工艺一般有两种方法：一是置换法，向其中投入工业铁片，利用铁的活性将铜置换出来。二是中和法，向微蚀液中投加电石渣或片碱，使其pH值为碱性从而产生氢氧化铜沉淀，该方法在反应过程中会消耗大量的碱，反应放热危险，中和后废液中会含有大量的盐而使水质的硬度增加。

洁驰公司研究的工艺主要目的在于提供一种印制电路板微蚀液在线循环装置和方法，其装置运行时不但可以连续自动化，同时能有效地提取微蚀废液中的铜离子，并不破坏其有用组分，经过调节循环再利用①。具体流程如图4－4所示。

① 李建光：“印制电路板行业环保重大技术创新项目”，《印制电路信息》，2010年11月10日。

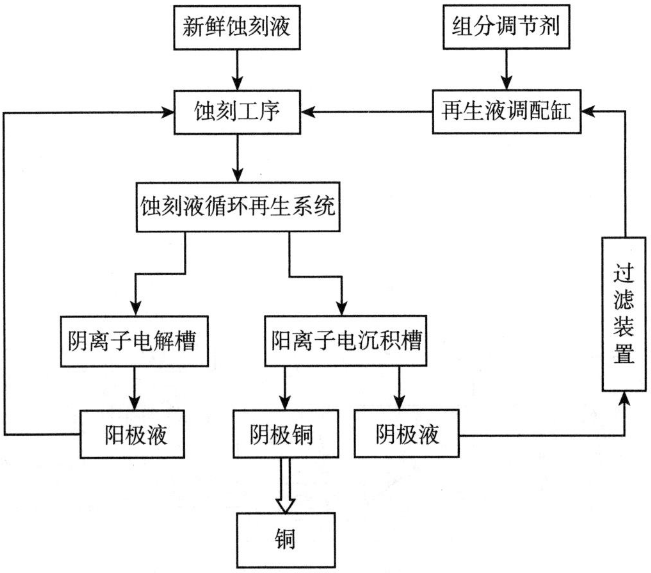

图 4-3　酸性蚀刻液在线循环再生工艺流程图

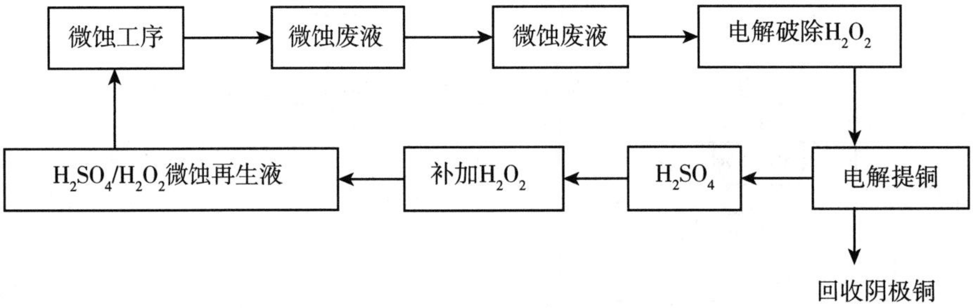

图 4-4　微蚀液在线循环再生工艺流程图

在这项工艺技术中，洁驰公司采用自动系统来实现整个在线循环控制。在印制电路板行业中，采用 H_2SO_4/H_2O_2 体系的微蚀刻生产线，排放的微蚀废液中含有 H_2O_2、H_2SO_4、Cu^{2+}。为实现其再生利用的目的，首先采用分段电解的方法来将 H_2O_2 的浓度降低到 2 克/升以下，就是设定每段电解时间，当时间到达时电磁阀启动，将溶液自动排入上述电解槽内，再进行分段电解使铜降至 5 克/升，当到达设定时间后电磁阀启动，将电解液自动排入上述再生液槽内储存，当生产线上的感应探头发出信号时系统将自动启动，同时向生产线蚀刻机内添加与排放体积相同的再生液、H_2O_2 和稳定剂，从而达到生产平衡①。

① 李建光："印制电路板行业环保重大技术创新项目"，《印制电路信息》，2010 年 11 月10 日。

四、硝酸退镀液循环再生系统

硝酸剥挂废液处理系统可使电镀挂具退镀工序成为清洁生产工艺，在技术上使该工序处于退镀的最佳状态，使退镀速度最高，污染最小；在物料流动上大量减少使用总量，仅消耗少量硝酸调节溶液酸度，物耗总量减少85%以上；在产出结果上变有危害的大量液体废物为数量较小的无污染的固体商品——金属铜化合物，它可以为冶金、材料加工及化工行业直接受用，其价值稳定，可大幅提高PCB企业的副产品收益；在成本上使PCB退镀工序的总成本（包括添加剂消耗、电力、设备维护等）比原来（退镀液消耗、电力、水和废水处理费等）降低了75%以上，在环保上使挂具退镀这个倍受关注的危险废液工序成为一个无废液产生的清洁生产工艺和无污染危害的工序。具体的硝酸剥挂废液处理系统的流程如图4－5所示。

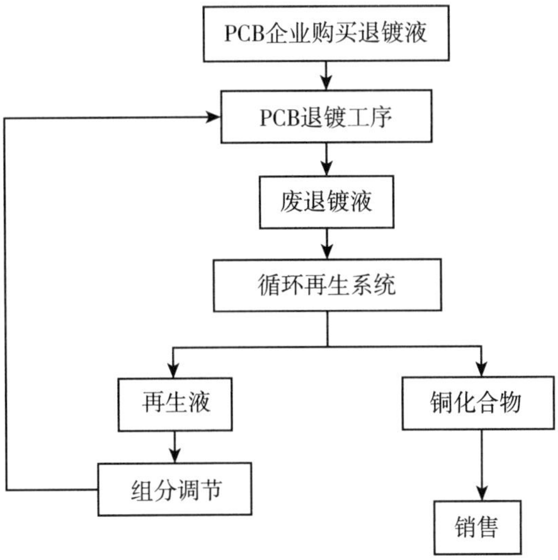

图4－5　硝酸剥挂（退镀）废液循环再生系统

对比于常规的处理方式（见图4－6），传统的生产硫酸铜、氯化铜、海绵铜工艺乃是对废硝酸剥挂废液进行“杀鸡取卵”的处理方案，即破坏原硝酸剥挂废液的组分，且运输中存在二次污染，使得硝酸剥挂废液的有用成分如硝酸等成为污染物，加上铜提取过程无法避免将含铜废水一起被排放，对区域性的水体造成了严重的二次污染。而新研发的工艺则能达到系统废液回收率接近100%，铜回收率达100%。

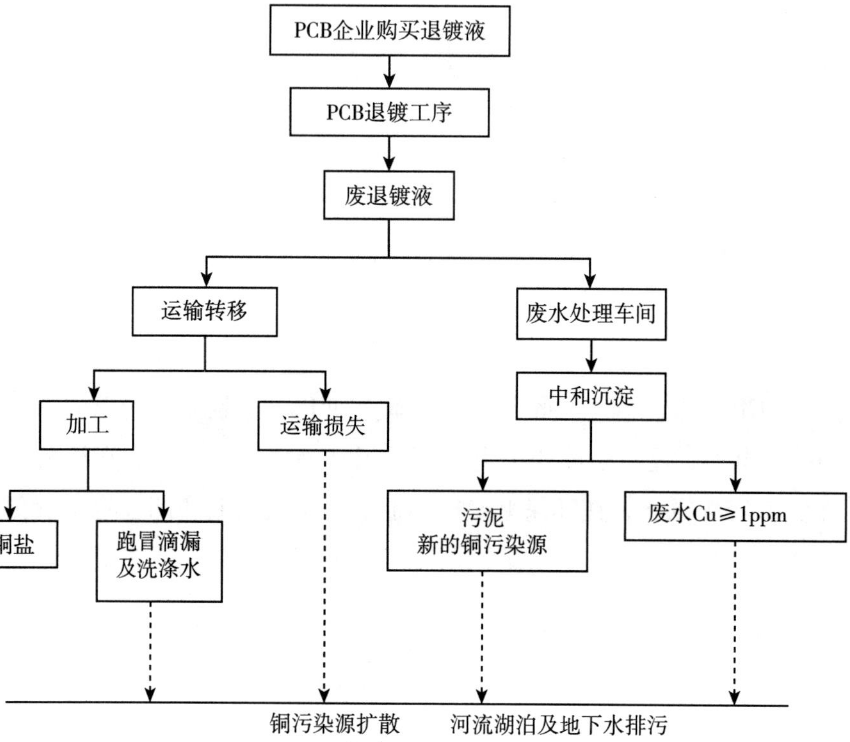

图 4－6　传统硝酸剥挂（退镀）废液处理方法

五、小结：技术创新孕育了商业模式创新的战略基因

通过对洁驰公司开发的 PCB 板生产的“蚀刻液再生循环系统”技术进行了较为系统的分析和阐述后，我们不难发现，“蚀刻液再生循环系统”技术具备商业模式创新所需要的新奇性和效率导向的特征，它不仅提高了 PCB 板生产过程中的工业废液处理效率，而且对传统的 PCB 板工业废液的技术流程和模式带来了根本性的改造。通过上述四个方面的对比，我们可以认为，在洁驰公司的“蚀刻液再生循环系统”技术创新过程中，其实从最初的技术工艺设计阶段，洁驰公司不仅采取了开放式的思维，而且从整个 PCB 行业的工艺生产流程变革的战略层次对本项技术进行了全局性思维。比如，PCB 行业的传统废液处理模式是“末端处理”流程，而洁驰公司的“蚀刻液再生循环系统”技术却是“在线嵌入”工艺流程模式，这在很大程度上不仅改变了 PCB 工业废液的处理技术，而且极大地改变了技术的应用流程方式，这无疑需要一个全新的商业模式来匹

配新的技术。这也为新的商业模式创造了新奇性与效率基础。但是，从前文的理论分析部分，我们可知，只有新的技术与新的商业模式形成了有效的耦合关联，这项新技术才能在市场上获得巨大成功。通过对用户面临的困难、行业需要的价值主张和政策导向的系统研究，洁驰公司在技术创新的起始阶段，就已经嵌入了这项技术的商业模式创新的基因，从而为有效耦合商业模式创新奠定了耦合关联的内在基础。这也使得洁驰公司在推广本项技术过程中，采用了当时最为先进、最具新奇性的商业模式。我们在下一节详细介绍洁驰公司的商业模式创新实践。

第四节　洁驰公司商业模式创新与技术创新的耦合实践

在本节，我们集中阐述洁驰公司为推广“蚀刻液再生循环系统”这一技术而在商业模式设计方面作出的创新实践，以探讨其商业模式创新如何与技术创新进行耦合的过程。

一、清洁生产技术的运营逻辑变革

在传统的PCB工业废液处理流程中，PCB生产企业（以下简称PCB公司）与废液处理企业（以下简称环保企业）之间的关系模式其实是一种简单的线性交易模式。PCB公司的工业生产活动产生了副产品——PCB蚀刻废液，对环境形成了直接的污染，受环保政策的规制约束，PCB公司必须对蚀刻废液进行处理，达到环保标准才能够排放。但从上文分析我国PCB公司的状况时可知，我国的PCB公司平均规模都不大，在蚀刻废液的处理方面很难单独建立专业的处理系统。因此，比较普遍采用的措施是购买环保企业的废液处理业务，将PCB蚀刻废液在生产工艺流程完成后收集起来，交由环保企业进行专业化处理，PCB公司为此付费，环保企业收取工业废液处理费。因此，在PCB公司与环保企业之间，是一个关于蚀刻废液处理业务的单向、线性交易关系（见图4－7）。

图 4-7　PCB 公司与环保企业的传统交易模式

由于环保政策作为一项强规制因素，PCB 公司不得不付费购买专业环保服务，因此，这种交易模式由于政策规制的硬约束而变得有利于环保企业。显然，如果环保企业不卖废液处理业务，那么 PCB 公司就必须关门歇业。在这样的交易模式下，PCB 公司关于蚀刻废液处理业务的定价权是相对较弱的。如何寻找一个更合理的蚀刻废液处理方案，可能是 PCB 公司非常想突破的“痛点”问题。

洁驰公司设计的新商业模式正是击中了传统商业模式下 PCB 公司作为蚀刻废液处理业务的买方所经受的痛苦——如何让企业摆脱蚀刻废液处理业务带来的巨大压力。这种压力，不仅是经济上的成本压力，更主要是环境保护这一根本的社会责任压力。比如说，蚀刻废液在处理过程中，如果在收集、运输、处理过程中存在着较大的跑、冒、滴、漏问题，那么环境也一样会被污染。在我们的访谈过程中，有一位受访对象是这样描述深圳的 PCB 板生产企业经受的环境保护压力的：

洁驰公司成立的初衷是面对珠三角，这是因为珠三角是最早生产 PCB 板的地区之一，后来生产 PCB 才慢慢扩展到长三角，再到现在的西部地区、重庆以及长江以北的地区。PCB 板虽然是高污染行业，但是早些年间（20 世纪 90 年代初）并没有引起重视和关注，这是因为前期污染的危害显现不出来。PCB 板的高污染真正引起关注是在 90 年代末期，环保问题引起了政府的注意，当时政府处理的方式主要是末端处理，即集中将废液收集起来进行处理。但是此过程会出现大量的问题，比如说在废液的收集运输过程中很有可能会出现泄漏，因此存在很大的安全隐患等，而且如果企业自行承担废液处理的费用，成本会非常高，基于此，很多企业未进行提炼。

目前深圳的 PCB 板生产主要集中在深圳沙井，深圳市政府有一些规划，将 PCB 板生产从区内移到区外，再到后来呢政府就画“圈”，将 PCB 重污染厂商和其他产业集中到一起。这个过程中也有很多的措施，经历的时间也是比较长的。举一个非常小但是典型的例子，这个例子是关于近海污染的。沙井蚝是在沙井地区产的一种比较有特色的生蚝，以前的价格是 5 元到 6 元一只，现在的价格是 10 元钱 5 只到 6 只，就是这个样子都没有人买，为什么会出现这样的情况呢？

这个就要说沙井蚝的一种特性，就是其对于重金属的吸附性，其天生对于重金属具有偏好性，深圳的环保部门将沙井蚝进行重金属检测，结果发现沙井蚝的重金属含量严重超标，结果导致人人“见蚝生畏”，不敢吃了。那时，导致这些水域污染的一个很重要的原因就是 PCB 板的行业污染。

在这样的时代背景下，PCB 公司对工业废液处理的价值主张（“痛点”问题）其实有二：一是如何做到真正的环保无污染；二是如何最大限度地降低工业废液的处理成本。洁驰公司通过系统地分析客户面临的核心问题与现实需求，围绕其开发的“蚀刻液再生循环系统”技术，围绕客户的业务流程特征和需求独特性，精心设计其技术应用流程方案和商业模式。第一个技术应用流程变革就是把蚀刻废液的处理流程重心前移，由“末端处理模式”变革为“在线嵌入模式”，这样重心前移的处理模式，避免了蚀刻废液的收集、运输和处理三个环节相互分离的现实问题，实现了蚀刻废液即时产生，即时处理，最大限度地防止了蚀刻废液的跑、冒、滴、漏问题，真正实现了从源头上对环境的最大保护。这从商业模式创新的视角来看，就是使价值网络中的 PCB 公司与环保企业之间的关系治理方式发生了变化，由原来的“生产—治污分离”模式，过渡到“边生产边治污”的模式，从而很大程度上拉近了 PCB 公司与环保企业之间的物理距离与心理距离。在访谈过程中，也有访谈对象谈到了这一划时代意义的转变：

洁驰公司是在 2007 年正式成立，近年来发展势头也是比较猛。李总在 2007 年之前就在其他公司做过技术研究，比如说早期是碱性蚀刻技术，那么目前也会有酸性蚀刻技术；以前的末端处理是在尾层处理，而现在是在源头层进行处理，将洁驰公司生产的大型环保设备直接连接到机器设备上面，然后将机器运行过程中产生的废液收集起来进行在线处理。

经过这样一个在技术应用流程上的变革，PCB 公司的生产流程发生了明显的改变，并且与环保企业之间的关系也不再是单纯的线性单向的交易模式，而是变成一种相互嵌入式的业务交互模式（见图 4－8）。双方的资源、技术知识、资产、关系网络等耦合要素形成了大量的交互式布局，这在很高的程度上提升了洁驰公司商业模式创新与技术创新的耦合水平。

二、收入与盈利模式的变化

收入如何产生是商业模式组成要素中的核心部分，这不仅涉及收入模式的

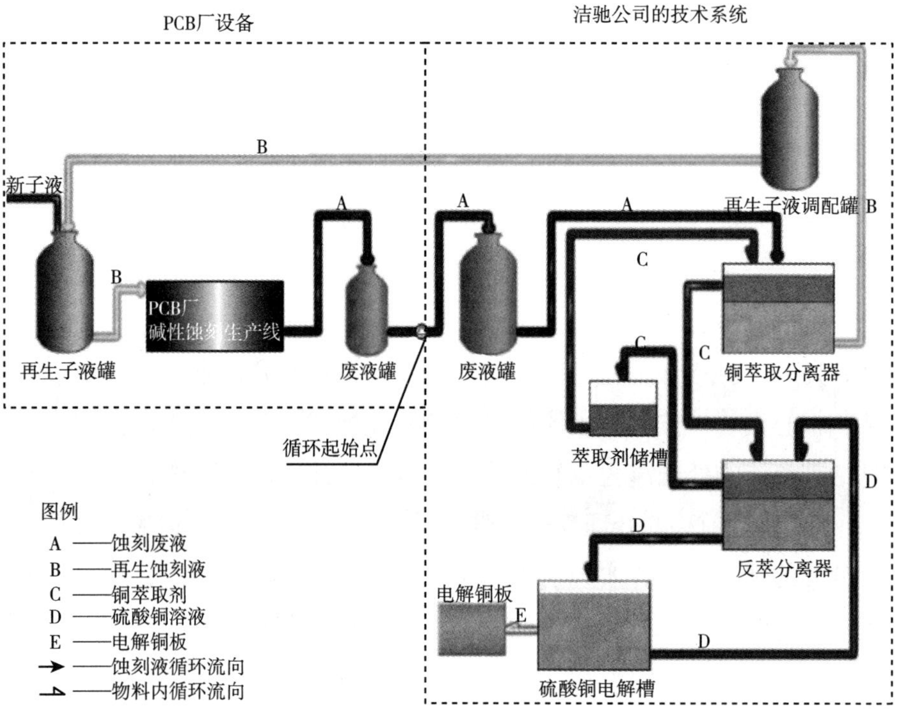

图4－8 洁驰技术系统在PCB生产中的应用流程

构成，而且还涉及公司的盈利方程和成本收益模块结构。所以，在洁驰公司的商业模式创新过程中，非常重要的一个内容，就是它的收入模式是怎样变化的。相对于传统的工业废液处理业务的商业模式中，环保企业只是收取废液处理费作为收入来源，PCB行业的蚀刻废液为洁驰公司的收入模式提供了一个新的选择。正如前文所述，在PCB板的蚀刻废液中，含有硫酸铜、海绵铜等铜元素和其他多种重金属元素，这一方面使得这样的蚀刻液对环境造成非常严重的重金属污染，因此必须严控；但另一方面这也为环保企业提供了一条创造收入的途径，就是通过一定的工艺处理，将铜元素最大限度地回收利用（增加了原商业模式中的新奇性因素和互补性因素）。因此，图4－7中的PCB公司与环保企业的交易模式在这里得到了明显的改革，从原来的单一、线性交易模式变成了多元、双向的网状模式。从价值实现的视角来说，洁驰公司构建了一个新的价值网络。具体见图4－9。

结合图4－8和图4－9，我们可以看出洁驰公司技术创新与商业模式创新的耦合过程。由于新技术的使用，原来的传统商业模式根本无法适应新技术的要求，因而无法与之实现耦合，必须进行根本性的商业模式创新。在新的商业模

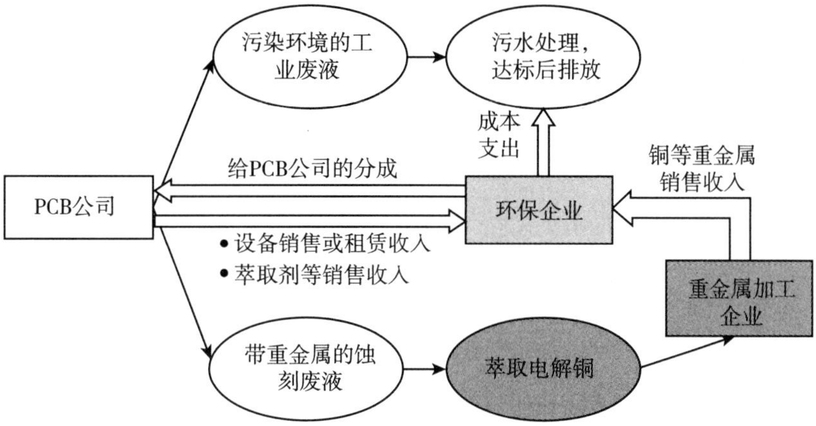

图 4-9　洁驰公司的收入模式与盈利模式

式中，PCB 板的蚀刻废液不再是单一的污染环境的工业废液，而是被依据新技术组合区分为了两类：第一类是基本意义上的污染环境的工业废液，第二类是带有重金属元素的蚀刻废液。第一类废液，环保企业是必须投资设备、建厂，付出成本进行处理，达到环保标准后即可排放。这类废液的处理，除产生环保这一社会效益外，不会直接给环保企业带来经济收益。

第二类废液是新的商业模式设计中的关键。这类蚀刻废液通过化学流程，可以萃取出在工业各领域应用广泛的电解铜或其他重金属，这可以卖给重金属产品加工企业获得比废液处理业务费更高水平的销售收入。这样，洁驰公司的新商业模式中，销售收入的来源其实包括两部分：一部分是电解重金属带来的收入，另一部分是从 PCB 公司得到的收入，主要是萃取设备的销售或租赁费加上萃取剂等原辅料的销售收入。电解重金属带来的收入，一部分可以用来弥补或补贴工业废液处理业务的成本，另一部分用来和 PCB 公司按一定比例分享。这是因为，PCB 公司在了解了蚀刻废液的电解价值后，也不会单纯地将其视为普通工业废水，而会在环保企业中进行拍卖式销售，并进而选择环保企业作为合作伙伴。也就是说，环保企业之间，在蚀刻废液的市场份额的争夺会由于 PCB 公司的选择而变得激烈。因此，合理的收益分享机制，是环保企业维护收入模式和盈利模式的核心手段和必要前提。

当然，传统模式下，环保企业在处理 PCB 蚀刻废液时，也会提炼其中的重金属并创造销售收入。但在旧的商业模式下，环保企业的成本包括了集中建厂的成本、废液运输成本、化学处理成本、设备采购与维护成本等方面，这是一个重资型的业务运营模式。如果 PCB 公司意识到重金属的价值，而选择更有竞争优势的对手企业（如洁驰这样的采用新商业模式的企业），采用传统商业模式的环保企业将迅速变得毫无竞争力，而陷入经营困难的境地。这就是没有收益分享机制的传统商业模式的致命弱点。

三、耦合要素：资源的交流模式

在 Johason et al.（2008）的经典商业模式框架中，资源的流动性和关键资源是商业模式要素的重要内容。洁驰公司的商业模式创新，也通过关键资源这类耦合要素，提升了与技术创新的耦合程度。新的技术工艺与传统集中处理的技术工艺的最大不同，就是废液处理资产不再是集中建设，而是依客户（PCB 公司）的需要而嵌入客户的生产流程中，呈现出分布式建设的格局。这就需要环保企业进行针对性的商业模式创新，来匹配技术创新的现实需求。

在洁驰公司的新商业模式中，关键资源在有形资产方面主要是废液处理设备。这是一类技术复杂程度高、投资规模大、回收期长的资产，对普通的 PCB 公司而言，如果一次性购买将是一个财务压力非常大的投资。在当前的中国，很少有 PCB 公司具备这样的实力。因此，洁驰公司综合借鉴了公共设施项目的 BOT（build - operate - transfer）模式和 BOO（building - owning - operating）模式的经验，重点采用 BOO 模式来解决这个难题。具体来说，洁驰公司的 BOO 模式做法如下：

洁驰公司作为技术依托单位，首先全额投资废液处理设备并提供技术支持，PCB 公司作为清洁生产法定单位从事 PCB 板生产。双方合作帮助 PCB 公司“节能减排、清洁生产”，减少 PCB 公司的投资压力。简而言之，就是环保企业提供废液处理设备，PCB 公司提供 PCB 板生产线，共同组建一个符合环境保护标准的无污染 PCB 生产线，其中的废液处理作为双方投资的合作项目。双方综合利用 PCB 生产线上的废液处理项目所产生的增值收益部分，分享“节能减排、清洁生产”所产生的收益。

这样的资源流动模式，不仅解决了 PCB 公司的投资困难问题，而且深化了洁驰公司作为环保企业与 PCB 公司之间的业务联系，直接创造了竞争对手企业难以克服的市场进入壁垒。洁驰公司在废液处理设备投资方面的 BOO 模式，符合国家鼓励社会上民间资金投资环保产业的政策导向，因而得到了政府与 PCB 公司的大力欢迎。这种模式的应用，不仅使得印制电路板制造企业大大减少了危废液体的排放量，而且能够保证蚀刻液100%循环回用，取代了印制电路板制造企业此前每月的蚀刻液采购量，为PCB公司大大节约了生产成本，切实增加了生产企业的收益。

对洁驰公司来说，以废液处理设备的分布式投资建设为依托载体，洁驰公司通过新的商业模式为它与PCB公司之间嵌入了效率导向（降低PCB公司的成本和交易障碍）、锁定（设备一经投资，一般不会轻易撤除）和互补性因素（蚀刻废液与阴极铜作收入来源同时发生），使得它的技术创新系统和商业模式创新系统得到了有机统一，实现了有效的耦合。

四、信息交流机制：人力资源、技术知识与关系网络

在商业模式创新与技术创新的耦合过程中，信息交流机制是推动两者耦合程度的重要力量。在洁驰公司的商业模式创新与技术创新过程中，由于拥有共同的蚀刻液处理设备作为依托平台，洁驰公司的技术创新和商业模式创新所需要的知识和信息，非常方便从公司内部各部门进行交流与整合。此外，由于PCB板生产企业和其他合作伙伴的加入，洁驰公司的每一条蚀刻液处理设备生产线都将变成外部知识和内部知识的连接载体，大大方便了公司内部与外部技术创新知识和信息的高效整合。随着业务规模的扩大和市场层次的加深，洁驰公司将变成一个PCB行业清洁生产的技术服务中心和PCB蚀刻废液设备投资中心，这将形成一个非常强大的清洁生产技术关系网络。这类关系网络将是推动洁驰公司商业模式创新与技术创新有效耦合的重要的信息交流机制。

第五节　洁驰公司商业模式与技术耦合创新的现实成效

洁驰公司的新商业模式，使得该公司的清洁生产技术已在富士康集团、台塑集团南亚电子、胜宏电子、五洲电路等三十多家印制电路板企业成功推广应用，改变了印制电路制造行业的污染状况，产生了显著的社会和经济效益。在本节，我们以厦门某企业为例，来印证洁驰公司商业模式与技术耦合创新的现实成效。

一、企业概况

厦门某PCB生产企业（以下简称M公司）位于厦门火炬高新区（翔安）产业区，全厂占地面积约2500平方米，建筑面积10000多平方米，全部采用引进高精密设备生产。M公司拥有生产单面板的半自动生产线两条，全自动生产线一条，铝基板生产线一条，碳膜生产线一条（筹建中），以及专为客户打样及小批量生产的数控机两台。

M公司的主要产品工艺包括松香、无铅喷锡、抗氧化（OSP）等各类线路板。M公司的主要产品为印制线路板单面板、双面板和多层板，多层板的内层线路委托外企业加工，公司仅从事多层板的外层线路制作，具体见表4－2。

表4－2　　M公司的PCB产品一览表

产品名称	设计生产能力	备注
PCB单面板	72万平方米/年	
PCB双面板/多层板	14.4万平方米/年	多层板仅加工外层线路
散热结构体	360万套/年	双面板与铝质安装面组合，其中PCB双面板用量6000平方米/年

M公司的两条酸性蚀刻线每年消耗酸性蚀刻液的量为180000升，次氯酸钠63000升，盐酸108000升，由此而产生的含铜废液量为351方/年。

二、运行现状

M公司于2013年1月引进了深圳市洁驰科技有限公司研发的酸性蚀刻液在线循环再生工艺，对酸性生产工艺进行清洁生产改造。该项目被国家评为“国家重点环保示范工程”和“国家重点环境保护实用技术A类”，联合国工业发展组织国际环境资源监督管理机构已将该技术作为在全球印制电路行业推荐产品。

工业和信息化部及科学技术部联合发布的《国家鼓励发展的重大环保技术装备目录（2011年版）》、国家发展和改革委员会和环境保护部联合发布的2010年第6号公告，将该技术纳入当前国家鼓励发展的环保产业设备（产品）目录。中华人民共和国环境保护标准之《清洁生产标准　印制电路板制造业（HJ450－

2008)》规定蚀刻须有自动添加循环再生系统。该项目的主要生产设备见表4－3。

表4－3　建设项目主要生产设备一览表

序号	系统名称	设备名称	规格	单位	数量
(1)	电解段	ACS缸	2196×1185×1380mm	个	1
		酸性电解槽	2195×1185×1380mm	个	4
		高频开关电源	3500A/24V	台	1
		阳极盒	924×58×1059	个	56
		钛阳极板（析氯）	957×660×2mm	块	56
		钛阴极板	977×700×2mm	块	48
		钢化玻璃盖	644×967×8mm	块	3
		钢化玻璃盖	977×967×8mm	块	8
(2)	出铜段	洗铜缸	1195×1185×1350mm	个	1
		出铜托盘	1500×1185×100mm	个	1
		电动葫芦	SSDHL0.5－01S	台	1
		龙门架	17000×2200×3640mm	个	1
(3)	抽药段	卧式耐酸碱泵	150W/AC220V	台	3
		卧式耐酸碱泵	250W/AC220V	台	6
		卧式耐酸碱泵	0.75kW/AC380V	台	1
		卧式耐酸碱泵	2.2kW/AC380V	台	3
		卧式耐酸碱泵	3.75W/AC220V	台	6
		立式耐酸碱泵	2.2kW/AC380	台	1
		立式耐酸碱泵	3kW/AC380	台	1
		片碱添加缸	1155×930×895mm	个	1
		四芯过滤器	540×320×993mm	台	2
(4)	废气处理段	废气处理塔	1600×2820mm	套	1
		废液冷凝回收器	400×400mm	套	1
		玻璃钢风机	AC380V 5.5kW 田螺式	台	1
		溶解吸收缸	2090×1570×1600mm	个	1
		吸收缸	1625×1575×1524mm	个	1
		射流器		个	4

续表

序号	系统名称	设备名称	规格	单位	数量
(5)	电控段	电控柜	1600×800×400mm	套	1
		总电箱	1000×700×250mm	套	1
(6)	储液段	塑胶水塔	10000L 白色 PE	个	2
		塑胶水塔	2000L 白色 PE	个	2
		废液收集缸（PVC）	650×500×600mm	个	1

本项目运行的基本生产工艺数据如下：

第一，铜离子来源于酸性蚀刻废液。废液年循环量为600t（比重1.215，即约494m^3），废液中铜离子浓度约为120g/L，含铜量约为59.28t/a。而最开始投入的新蚀刻液的量约2t（比重1.265，即约1.58m^3），浓度为140g/L，含铜量约为0.22t/a，则系统的总含铜量为54.56t/a。消耗铜的形式包括蚀刻线铜板带出（约蚀刻废液的10%，即含铜量为5.43t/a），电解系统中的单质铜以及出铜时带出的电解液（约8t/a，铜离子浓度为30g/L，即含铜量为0.23t/a）。每年生产的单质铜为48.48吨。

第二，过程中产生氧气可回收利用。根据阴极室产铜与阳极室产氧气的质量比约为4∶1，可得到每年产氧气的量为12吨，即为378750mol。收集到的氧气用于阴离子膜的溶解吸收，即在阴离子膜电解回收系统中充当氧化剂的作用。以每天的废液循环量为1000L计，则每年为360m^3，20g/L的一价铜离子被氧化成二价铜离子；转移的电子数为360000×20/64=112500mol，理论上需要56250mol的氧气作为氧化剂，而由第二点提供的氧气量可知，足足是需求量的6.7倍。

第三，阴离子膜电解回收系统中的阴极室，是一个辅助的作用。它是在产生的氧气不足或射流吸收出现问题时，才采用的一种提高蚀刻液ORP的途径。

三、结果评价

（一）经济效益

新增的酸性蚀刻废液再生循环利用工艺每年可回收蚀刻液600吨，回收铜约49吨。同时，蚀刻药水的循环利用，降低了原料采购成本，减少了蚀刻废液处理费用。该技术工艺设备总投资304万元，采用BOO商业模式，由技术工艺拥有方洁驰公司全部负责，PCB 厂方 M 公司无须承担这笔费用。本项目每年产生的铜产品折合市场收益约 270 万元，利润总额约为 206. 46 万元，上交所得税 52 万元，净利润为 154. 46 万元，总投资收益率为 67. 91%，项目资本金净利润率 50. 8%。项目经济效益明显。

（二）社会效益分析

新工艺实现了蚀刻液在线处理零排放的清洁生产系统，同时也减少了二次运输有可能造成的环境污染和对人员的直接伤害，达到了清洁生产的要求，彻底解决了国内 PCB 行业中产出的大量危险废蚀刻液的污染源及其扩散问题。具体而言，社会效益包括如下四个部分：

第一，大量危险废物转变为循环再生资源和固体商品——金属铜；

第二，采用蚀刻液循环再生机后 PCB 企业的使用成本和处理成本下降并产出有价值的副产品铜；

第三，有利于我国 PCB 行业的可持续发展和提高国际竞争力；

第四，提高线路板制造企业的社会形象，降低了企业经营成本和风险等。

（三）环境效益分析

新工艺采取的废水、废气、噪声等污染治理及清洁生产等措施，达到了有效控制污染和保护环境的目的。新工艺环境保护投资的环境效益表现在以下方面：

1. 废气治理环境效益

新工艺在酸性蚀刻废液处理过程中产生的盐酸雾通过现有的洗气塔处理后，经 16. 3 米高排气筒排放。蚀刻废液处理过程中产生的废气通过新建的洗气塔处理后经 15 米高排气筒排放。盐酸雾去除率为 95%。上述治理措施合理可行，效果可靠，排放的各污染物浓度均满足相应排放标准的要求。

2. 废水治理环境效益

新工艺产生的废水经企业自建的污水处理场处理后，排入翔安污水处理厂处理，达标后排入厦门同安湾海域。根据现有项目竣工验收报告，企业产生的污废水经污水处理场工艺处理后可达标排放。

3. 噪声治理的环境效益分析

本项目噪声污染防治措施的落实将大大减轻噪声污染，对厂界的声环境影响较小，均在环境容许的范围内，有较好的环境效益。

4. 固废治理的环境效益

项目产生的危险固废物委托有资质单位处理，各固体废弃物均能得到有效处理，且处理方法得当，固体废物实现零排放。

（四）洁驰公司的技术创新绩效

行业领先的商业模式创新给洁驰公司的技术创新带了非常大的贡献，可以说如虎添翼。从上述经济效益、社会效益和环境保护效益等企业综合绩效来看，洁驰公司把技术创新与商业模式创新高效地耦合在一起，既推进了企业市场的快速健康扩张，也推动了企业持续不断的技术进步。

1. 持续不断的技术创新业绩

在创新性商业模式的协同作用下，洁驰公司的技术创新得到持续不断的推进。我们以专利为代理指标来考察洁驰公司的技术创新情况。需要说明的是，企业的专有技术所蕴含的价值与专利技术相比可能一点也不差，但由于涉及商业秘密而无法统计，所以，仅以专利为统计指标可能无法完全反映洁驰公司的技术创新情况，只能反映相当的一部分。专利一方面包括商标、技术的专利，另一方面还包括著作权等知识产权。洁驰公司获得了较多的专利证书，这些专利一方面是公司技术得到认可的标志，另一方面也是洁驰公司以后发展的重要无形资产。我们对洁驰公司自 2007 年成立至 2013 年间的专利情况进行统计，相关专利情况如表 4－4 所示，专利一共 16 项且均为国家专利，其中，2008 年获取专利 3 项，2010 年获取专利 2 项，2011 年获取专利 2 项，2012 年获取专利 6 项，2013 年获取专利 3 项。

表 4－4　2008—2013 年洁驰公司获得专利一览表（按授权时间）

年份	2008	2009	2010	2011	2012	2013
外观设计	1	0	0	0	0	0
发明专利	0	0	0	0	2	0
实用新型	2	0	2	2	4	3
著作权	0	7	0	0	0	0
合计	3	0	2	2	6	3

数据来源：洁驰公司官方网站。数据可能因企业未披露而不完全。

从专利类型来看，公司专利主要侧重于实用新型专利，在所有 16 项专利中，有 13 项专利为实用新型专利，外观设计和发明专利仅占 3 项。就专利获取时间而言，2008 年获得专利认可 3 项，2009 年没有专利认可，而 2012 年获得专利 6 项，2013 年刚过去半年其就获得了 3 项专利。从时间走势上看，洁驰公司在

2012 年以后获得的专利数量呈现递增趋势，这从侧面反映出公司进一步提高了技术创新和知识产权意识。在著作权登记证书获得方面，2009 年公司获得的著作权证书多达 7 项，而从 2010 年至 2013 年间公司未披露新的著作权证书。具体 7 项著作权证书如表 4 – 5 所示。

表 4 – 5　　2007—2013 年洁驰公司获得著作权证书

证书名称	2008 年	2009 年
多级补偿错层萃取分析软件 V1.0	×	√
微蚀液循环再生系统 V1.0	×	√
线路板磨板机水循环回用系统 V1.0	×	√
有害液体成分分析系统 V1.0	×	√
有害液吸收循环控制系统 V1.0	×	√
脱硫废水净化控制系统 V1.0（碱性）	×	√
铜回收纯度过程控制系统 V1.0（酸性）	×	√

数据来源：洁驰公司官方网站。

2. 洁驰公司荣誉获得情况

一个公司能够获得国家或者省市的认可，很重要的一个指标就是政府颁发的荣誉证书。因此，从某种程度上来说，通过公司获得的荣誉称号也反映了公司和政府之间的关系和被认可程度。

我们对洁驰公司自 2007 年到 2013 年间获得的国家、区域、地市政府的荣誉称号进行总结（具体见表 4 – 6），发现洁驰公司自 2009 年开始获得国家级证书，在 2011 年获得联合国颁发的证书，并且成为全球物资再生基金会理事单位。

表 4 – 6　　2007—2013 年洁驰公司获得的各类荣誉称号

年份	2009	2010	2011	2012	2013	未知年份
国家级						
1	电路板蚀刻液循环再生系统工程证书	线路板氨性废蚀铜液循环使用技术证书	联合国证书	中国环境保护产业协会会员证书		全球物资再生基金会理事单位
2		中国环境保护产业协会水污染治理委员会委员证书				中国印制电路行业协会（证书号：964）

续表

年份	2009	2010	2011	2012	2013	未知年份
省级						
						广东高科技产业商会理事
地市级						
1		深圳市高新技术企业证书	高新技术企业证书	深圳市环境保护产业协会会员证书	深圳市环境保护产业协会会员证书	深圳市线路板行业协会
2					深圳市环境保护产业协会会员证书	深圳市高新技术产业协会会员证（证书号：2439）

资料来源：洁驰公司官方网站。

四、小结与评论

综上所述，新技术工艺在经济、社会与环境中都具有显著的效益，符合PCB行业清洁生产的技术要求。其商业模式强调从源头上控制蚀刻废液对环境的污染，使PCB行业真正落实国家有关节能减排、发展循环经济、有害物质零排放、资源化再生利用等目标和政策，与洁驰公司的技术特征形成了良好的交互作用。总体看来，洁驰公司的新技术工艺是我国PCB行业降低生产成本、增加经济收入、提高企业竞争力、走可持续发展之路的必然选择。洁驰公司的新商业模式也是我国PCB行业清洁生产技术广泛推广的先进代表。洁驰公司之所以迅速地成为PCB行业有影响力的企业，正是得益于该公司在商业模式创新与技术创新之间寻找到最佳的耦合创新机制。

第五章　商业模式评价：以网络直播平台企业为例

网络直播平台作为一种在互联网经济大背景下形成并快速发展的产业形态，近几年迎来了爆炸式的发展，无论是用户数量还是行业规模都快速增长。网络直播平台兼具内容传播载体、场景应用工具、技术集成平台等多重属性，在某种程度上创新了人们生活娱乐的方式，也拓宽了企业经营发展的商业模式思维。但是，随着越来越多的企业和资本进入网络直播领域，网络直播平台之间的竞争日益激烈。当前网络直播平台之间的竞争不仅局限于产品、资金、技术这类表象化的比拼，更聚焦于商业模式这类深层化的较量。

当前有关网络直播平台商业模式的研究主要从内容方面入手，侧重于商业模式的定义概念、构成要素概念模型、现状分析等内容的研究，而商业模式评价研究相关的文献资料相对较少，是商业模式研究的薄弱紧缺环节。从研究行业来看，目前商业模式评价研究（如 Zott & Amit，2007）的领域主要是传统行业，几乎没有对网络直播平台商业模式做过评价研究。从这个视角来看，本章应用第三章的耦合效率评价的商业模式创新导向框架，对网络直播平台的商业模式创新活动进行评价，不仅在商业模式理论研究领域方面进行了扩展，还在行业研究领域进行了拓宽。

第一节　网络直播平台概述

网络直播平台作为近年来快速兴起和发展的新兴事物，其定义尚未形成理论上的共识，一方面，不同研究者从不同视角对网络直播平台给出了不同的定义；另一方面，随着网络直播平台爆炸式的发展，其定义的外延也在不断拓展。

鉴于上述情况，本章基于传播学的角度给出网络直播平台的定义，基于中国网络直播行业协会的分类标准来界定网络直播平台的类型。

一、网络直播平台的定义

目前，网络直播平台还没有准确唯一的定义界定，为便于研究，本章参考了传播学关于网络直播的定义给出网络直播平台的定义。

网络直播是一种具有双向流通过程的信息网络发布方式，这种发布方式对事件的发生以及后期时间的发展过程进行实时制作，对相关信息实时发布，具有很短的时滞。现场直播、演播室访谈式直播、文字图片直播、视音频直播或由电视（第三方）提供信源的直播都是其具体的表现形式。这种信息传播方式具有海量存储、快捷查找的优点①。

网络直播平台就是基于网络直播的形式而产生的一种以互联网为媒介，以直播软件或网站为依托，进行内容传播的，双向互动、场景应用的一种技术集成载体。

二、网络直播平台的类型

我国的网络直播平台虽然起步时间短，但是发展迅速，已经形成了各种类型的网络直播平台。根据中国网络直播行业协会的分类标准将网络直播平台分为四类：泛娱乐直播平台、游戏直播平台、垂直直播平台、版权直播平台。

泛娱乐直播平台，直播内容以综艺秀场等娱乐节目为主，面向全民用户，用户门槛低，节目的互动性强，主播构成以职业主播、网红直播、明星主播为主。

游戏直播平台，直播内容以游戏赛事和游戏讲解为主，主要面对游戏玩家，用户粘性较高，观看时间较长，主播构成以游戏玩家、游戏解说以及其他游戏爱好者为主。

版权直播平台，直播内容以版权方的版权节目为主，面向全民用户，用户以观看为主要形式，互动频率较低，因此主播的参与占比较小。

① 王松："我国网络直播平台发展中的问题与对策研究"，《企业改革与管理》，2017 年第 6 期。

垂直直播平台，直播内容涉及各个方面，是将直播手段与其他行业领域相结合的直播业态，主要的表现形式为“直播＋电商”“直播＋教育”“直播＋旅游”等，该类直播平台主要面对特点领域的目标客户，主播构成以各个垂直领域的关键意见领袖（KOL）为主。

虽然网络直播平台有多种类型，但随着用户数量不断增加，需求日益多样，单一类型的直播平台已经难以满足用户的需求，网络直播平台正在逐步打破原有的类型划分，不断丰富节目内容和直播形式，向着综合化的方向发展。

三、网络平台的价值链解析

本节将采用波特（Porter，1985）的价值链理论①，对网络直播平台商业模式的价值链进行研究，从基础活动和辅助活动两个方面展开分析，力求描绘出网络直播平台商业模式价值链的全貌。

（一）基础活动

第一，进向和去向物流。进向物流是指原材料、生产设备等由供应商流入至企业内部的活动；去向物流是指产品或服务由企业内部流出到客户的活动。网络直播平台的进向物流与去向物流都是借助互联网技术，依靠平台本身来完成，平台从直播内容提供方获得的内容资源，通过节目同步录制、信息采集转换、数据解码分发等技术手段，上传到直播平台供用户观看。这是网络直播平台与传统制造业企业的显著不同，它省去了传统制造业库存、仓储、搬运等的相关环节，极大地提高了进向物流和去向物流的效率。

第二，生产运营。生产运营在网络直播平台的价值链中处于核心地位，直播平台涉及生产的活动很少，更多的是涉及运营。网络直播平台的运营复杂且宽泛，最终目标是通过运营提升平台核心竞争力，创造更多的价值。直播平台的运营分为四类，分别是内容运营、活动运营、用户运营、市场运营，直播运营的形式多种多样，主要表现为优化直播内容、拓宽应用场景、完善平台技术、增强用户活跃度、培养用户付费习惯等诸多方面。

① 1985年，在哈佛大学任职的迈克尔·波特教授首次正式提出价值链的概念，经过各种各样的演化发展被广泛地运用在企业管理领域，价值链被认为是以企业内部价值活动为核心所形成的价值体系，通常基本活动和辅助活动组成了企业的价值活动。内外向物流和市场营销以及生产经营是基本活动的主要组成部分；辅助活动主要涉及企业基础制度、人力资源管理、技术开发、采购，上述价值活动共同构成了企业的一般价值链。

第三，市场营销。市场营销在网络直播平台的价值链中起到促进价值传递的作用，负责引导用户参与各类直播节目，并且为用户参与直播提供渠道通路。目前，网络直播平台的市场营销主要通过线上通路和线下通路两条渠道来完成，线上通路主要通过互联网对平台及节目进行宣传推广，并制作平台的PC端和移动端供用户使用；线下通路主要通过开展线下地推以及举办线下活动吸引目标用户关注直播平台、参与直播节目。

第四，服务。服务在网络直播平台的价值链中起到保值增值的作用，好的服务能够优化用户体验，增强用户粘性，提升用户满意度，从而实现产品的保值增值。网络直播平台的服务有着同步性、连续性、多样性的特点，首先，直播平台的用户在参与直播的同时，服务活动就会随之发生，服务与直播活动同时进行；其次，直播的持续时间相对较长，服务活动必须随时跟进，连续不断；最后，直播内容领域丰富，应用场景多元，垂直细分专业，用户群体不同，这就极大地增强了服务活动的多样性，对服务活动提出了更高的要求。

（二）辅助活动

第一，基础制度。企业基础制度在网络直播平台的价值链中起到制度保障的作用，主要涉及平台相关财务会计、日常管理、奖惩激励等一系列基础性的制度规章。虽然企业基础制度不能够直接创造价值，但是它支撑了价值链的有序运转。

第二，人力资源管理。人力资源管理在网络直播平台的价值链中起到人才保障的作用，其主要管理对象包括节目主播、平台技术人员、运营人员。尤其是直播行业内容资源、头部资源竞争日益激励，优质主播显得尤为稀缺和重要，主播资源的形成离不开人力资源管理活动对主播的招聘、雇佣、培训以及良好的薪酬制度、打赏分成机制，与此同时，优秀的技术人员和运营管理人员也需要通过人力资源管理来培养输送。

第三，技术开发。技术开发在网络直播平台的价值链中处于技术保障的地位，技术开发贯穿价值链的始终，价值链上其他每一个环节都不能缺少技术开发的帮助，尤其是直播平台的基本活动（生产运营、进向物流、去向物流、服务）更是依靠众多互联网信息技术来实现，完善平台技术已经成为平台的关键业务之一。同时，由于上述技术开发的重要性以及互联网直播技术的快速更新迭代，也对平台的人力资源管理和企业基础制度提出了更高的要求。

第四，采购。采购在网络直播平台的价值链中发挥资源保障的作用，与传统制造业不同的是，网络直播平台的采购对象以内容、技术、服务采购为主，以机器设备采购为辅。一方面，平台向直播内容提供方进行内容资源的采购；另一方面，平台向周边服务提供商进行技术服务、机器设备的采购。完成采购活动之后，将所采购的内容资源、技术服务、机器设备投入企业价值链的生产运营环节中去，形成最终产品。

（三）价值链描述

我们可以用图5－1对网络直播平台的价值链进行描述，以便读者有一个清晰的认识。价值链分析的意义在于：一方面，能够帮助企业分析自身价值实现的过程，有利于企业清楚认识到哪些活动能够提高客户价值，哪些活动能够降低生产成本，从而不断改善自己的价值链体系；另一方面，企业个体的差异性，使得每个企业的价值链都不相同，价值链理论能够帮助企业找到自己在价值创造过程中的“关键环节”，正是这些“关键环节”使得企业形成了自己的竞争优势，也正是这些“关键环节”才真正为企业创造了价值①。

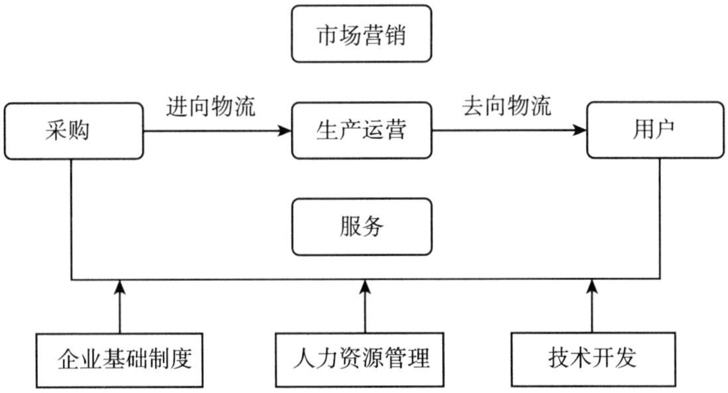

图5－1　网络直播平台价值链

首先，在网络直播平台的价值创造中，生产运营发挥核心作用，市场营销促进价值传递，服务实现保值增值，这三项活动构成价值链的主体；其次，进向物流和去向物流借助互联网技术，依靠自身直播平台完成了从原材料到产品再到用户的传递；最后，企业技术制度、人力资源管理、技术开发、采购虽然不能够为企业直接创造价值，但是支持了价值链的运行，起到了保障作用。

① 迈克尔·波特著，陈小悦译：《竞争战略》，华夏出版社2005年版。

第二节　网络直播平台的发展概况

一、发展历程与时代背景

随着互联网经济的快速发展，尤其是近年来移动互联网的快速普及，基于互联网衍生出了大量的企业、产业、行业，它们从衣、食、住、行、购等各个方面改变着人们的生活方式，也改变着企业的发展方式。

网络直播平台就是在这样一个大背景下衍生出来的一种新的产业形态。网络直播平台在传播形式上，实现了内容的生产制作与用户的观看体验同步进行，并且内容生产者与内容的受众可以实时互动交流；在内容类型上，实现了多种类型内容的覆盖，并且可以将网络直播与其他行业结合拓宽应用场景。

网络直播平台最早起源于20世纪90年代国外的社交类直播间，在国内兴起的时间为2000年以后，早期的典型代表有YY、六间房等①。但网络直播平台在国内早期发展速度缓慢，参与人数较少，尚未形成产业规模，直到2016年以后才迎来井喷式、爆炸式的发展。

但是随着网络直播平台数量迅速增加，用户规模增速放缓，内容资源日益稀缺，运营成本不断上升，网络直播平台之间的竞争日趋激烈。如何在众多平台中脱颖而出，实现平台的持续健康发展，这离不开企业的经营管理，更离不开企业商业模式的先进性。彼得·德鲁克先生作为一名管理学家，在其著作中提到，相较于产品之间的竞争，这个时代企业之间竞争的关键在于商业模式之间的竞争②。

所以，全面梳理、仔细分析、准确评价网络直播平台的商业模式，有助于网络直播平台发现其采用的商业模式的优缺点，不断进行自我修正；能够帮助网络直播平台借鉴同行商业模式的优点和长处，快速适应市场竞争；能够帮助网络直播平台形成核心竞争能力，集聚深层发展动能，实现持续健康发展。

---

① 方宇荣:《网络直播平台的现状和发展研究》，北京交通大学，2016年。
② 彼得·德鲁克:《管理的实践》，机械工业出版社2006年版。

二、我国网络直播平台的基本概况

（一）用户及行业规模

根据《中国互联网视听行业发展报告（2017）》，网络直播平台近几年在我国迎来爆炸式的发展，截至2017年底，网络直播平台服务数量已经超过500家，市场规模突破400亿元人民币。中金在线的研究报告预估，到2020年我国网络直播平台的市场规模将达到上千亿元人民币。艾媒咨询2015—2019年中国网络直播用户规模及预测的数据显示（见图5-2），2017年中国网络直播用户规模达到3.92亿人，较2016年增长26.5%，至2018年预计用户规模达到4.95亿人。

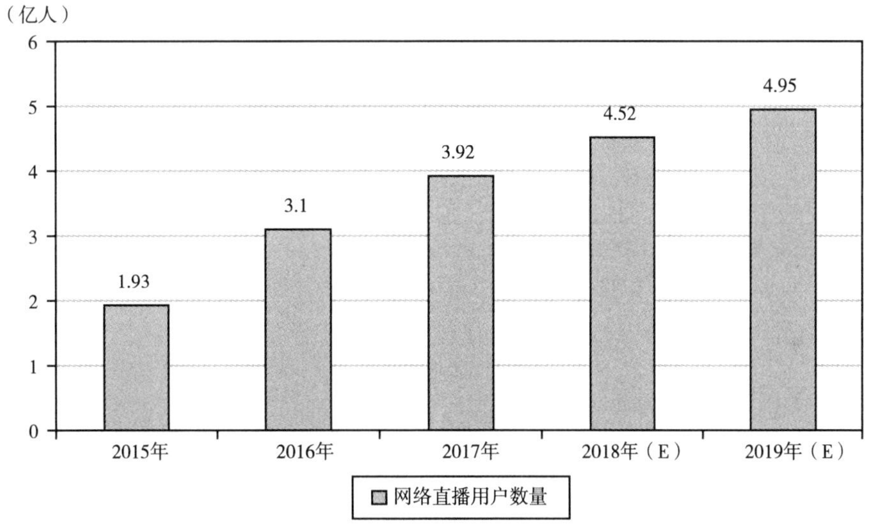

图5-2　中国网络直播用户规模及预测：2015—2019年①

从上述数据我们可以看到，一方面近几年我国网络直播平台的用户规模正在不断增加，另一方面用户的同比增幅也在逐步放缓。

（二）宏观政策环境

政府部门对于网络直播平台的监管力度从2016年以来不断加强，密集出台了各种网络直播管理政策，见表5-1。这些政策和监管措施从企业资质要求、平台设置备案、内容审核发布、从业人员实名制等多个方面对网络直播平台提出了更高的要求，也强化了对违规违法直播平台的惩处力度，促进了直播行业

① 数据来源：艾媒咨询（iiMedia Research）。

的发展由野蛮式增长走向规范。

表 5－1　2016—2017 年针对网络直播平台的政策及监管行动

政策及监管时间	相关部门	政策名称或监管内容
2016 年 4 月	北京市文化局	《北京网络直播行业自律公约》
2016 年 7 月	文化部	《关于加强网络表演工作的通知》
2016 年 9 月	广电总局	《关于加强网络视听节目直播服务管理有关问题的通知》
2016 年 11 月	国家网信办	《互联网直播服务管理规定》
2016 年 12 月	文化部	《网络表演经营活动管理办法》
2017 年 7 月	国家网信办	自 7 月 15 日起，所有互联网直播企业需向其所属互联网信息办公室备案登记
2017 年 4 月	国家网信办	会同有关部门关停 18 家涉嫌传播色情内容的直播企业
2017 年 5 月	文化部	关闭多达十家网络平台，并对 48 家经营单位进行行政处罚，3 万多家直播间被关闭
2017 年 6 月	文化部	对 50 家主要网络表演经营单位进行集中检查，查处了 30 多家内容违规的表演平台

资料来源：根据公开资料汇总整理。

（三）融资状况进度

通过归纳整理，截至 2017 年我国典型网络直播平台的融资进度如表 5－2 所示，可以看到随着 2016 年以来网络直播平台的爆炸式发展，各路资本热情高涨，纷纷逐鹿直播领域。就融资规模而言，当下我国互联网直播平台的融资规模都非常庞大，动辄近十亿元人民币的投入；就这些投资主体而言，既有传统互联网巨头的身影，也有天使投资基金、机构投资者、其他各类民间资本的参与；就投融资进程而言，目前我国互联网直播平台的融资大多数还在起步阶段，主要集中在上市以前的 A 轮，已经上市的网络直播平台或相关企业只有欢聚时代一家。

表 5－2　我国典型网络直播平台融资情况

平台名称	时间	轮次	融资金额	投资主体
熊猫直播	2016 年 9 月	A 轮融资	6.5 亿元人民币	乐视领投
	2017 年 5 月	B 轮融资	10 亿元人民币	兴业证券兴证资本领投
花椒直播	2016 年 10 月	A 轮融资	3 亿元人民币	首建投投资、360 投资

续表

平台名称	时间	轮次	融资金额	投资主体
虎牙直播	2017 年 5 月	A 轮融资	7500 万美元	中国平安保险海外（控股）有限公司领投
快手	2017 年 3 月	新一轮	3.5 亿美元	腾讯领投
映客直播	2015 年 11 月完成	A 轮融资	1000 万元人民币	赛富基金、金沙江创投、紫辉创投等
	2016 年初	A + 轮融资	8000 万元人民币	昆仑万维领投
斗鱼直播	2016 年 3 月	B 轮融资	1 亿美元	腾讯出资 4 亿元人民币领投，红杉资本和南山资本跟投
	2016 年 8 月	C 轮融资	15 亿元人民币	凤凰资本、腾讯领投
	2017 年 11 月	D 轮融资	金额暂未公布	招银国际
易直播	2016 年 3 月 25 日	A 轮融资	6000 万元人民币	不详
欢聚时代	已经上市	—	—	已经上市

资料来源：根据公开资料整理。

第三节　利益相关方与盈利模式分析

网络直播平台商业模式的利益相关方，主要包括直播内容提供方、周边服务供应商、直播平台、用户四大类，这四类利益相关方在商业模式中扮演着不同的角色，基于上述利益相关方也产生了相应的盈利模式，本节就从利益相关方和盈利模式两个方面展开讨论。

一、利益相关方分析

（一）直播内容提供方

网络直播平台作为一个传播载体，它的内容从何而来，直播内容提供方有哪些？总的来说，网络直播平台的直播内容提供方目前有四类，分别是明星主播、UGC（用户生产内容）提供者、PGC（专业生产内容）提供团队、版权运营方，每一类直播内容提供方的表现形式和优缺点各不相同。

第一类是明星主播。明星主播作为直播内容提供方之一，其表现形式为明星在相应直播平台开设直播节目，通过直播平台与粉丝用户进行互动交流。明星主播的优势在于明星本身具有广泛的粉丝基础和较高的吸睛能力，能够在短期内为直播平台带来大量的用户流量，增强平台的曝光率，具有很强的广告效应和示范作用。但是由于直播节目消耗时间较长，明星主播无法保证稳定的直播频率；同时，邀请明星主播成本巨大。因此，明星主播作为直播内容提供方更主要的作用在于宣传推广，而不是日常直播内容供给。

第二类是 UGC（用户生产内容）提供者，主要由职业主播、网红主播、KOL（关键意见领袖）等群体组成，他们本身是直播平台用户，但逐渐将网络直播作为一种职业，将用户打赏作为一项收入来源。虽然与明星主播相比，他们的影响力和吸引力欠缺，但是他们的优势在于每一个相应的直播节目都有自己的特色，也都有对应的用户群体，同时能够保障长时间连续在线和稳定的直播频率，能够为直播平台提供稳定的内容供给；但是 UGC 内容提供方无法完全保证直播节目的品质，直播内容良莠不齐，同质化、庸俗化的现象十分突出。

第三类是 PGC（专业生产内容）提供团队，主要是指一些专业生产内容团队，通过专业制作，为直播平台提供优良的直播节目。随着网络直播平台竞争不断加剧，用户需求品味不断提升，为了实现内容升级、维护用户规模、培养用户付费习惯，各直播平台陆续引入专业生产内容团队。对于直播平台而言，引入专业生产内容团队好处是显而易见的，不仅能够培育良好的直播氛围，提供优质的直播节目，更能够整合各方资源，完善企业产业链条，将内容核心控制权把握在平台自己手中。但是专业生产内容团队资源稀缺，节目制作周期长、成本耗费高，需要精准地把握用户需求，这些也为直播平台提供了更高的要求。

第四类即版权运营方，这类直播内容提供方主要向直播平台提供版权授权，得到授权以后直播平台才可以直播其相关节目，以体育赛事、综艺节目、演唱会直播为主要表现形式。版权运营方提供直播内容的优势在于节目的受众广泛，有大量的粉丝或球迷，直播相关节目能够迅速为平台带来巨大的用户流量；同时，版权运营方提供直播内容一般具有独家性、时效性、权威性，因此能够帮助直播平台快速形成内容垄断优势，提升平台的竞争力。但是版权运营方提供直播内容费用较高，部分独家直播授权竞争激烈，难以获得。

（二）周边服务提供商

网络直播平台作为一个互联网企业，与其他企业一样，离不开其他企业的周边服务，主要表现为硬件服务提供商和技术服务提供商。通过这些服务提供商的辅助，网络直播平台才得以保障自己顺利运营。它们在网络直播商业模式中的作用分析如下：

第一，硬件服务提供商，主要为直播平台提供硬件设备支持，涵盖了节目同步录制、信息采集转换、数据解码传输等直播的各个环节，比如节目同步制作设备、视频音频解码传输设备、数据采集转换设备等。网络直播平台在节目直播中小到一个摄像头，大到专业编码器都离不开硬件提供商的支持与服务。随着直播用户对节目品质需求的不断提高以及科技的快速发展，VR 直播、机器人直播、360 度全景直播等一系列新的直播形式开始应用，对硬件提供商提出了更高的服务要求。

第二，技术服务提供商。随着网络直播的快速发展，应用场景的多元化，为了应对各类复杂的技术问题，不断提升用户体验，快速响应市场变化，降低企业的基础建设成本，将直播平台的主要精力放在关键业务上，众多网络直播平台都会向外寻求技术服务提供商，为它们解决专业的技术问题。目前主要的技术服务提供商有带宽服务提供商、云计算服务提供商、检测审核技术提供商、第三方支付服务提供商，这些技术服务提供商都有各自所擅长的领域，能够解决网络直播平台不同的技术问题。

（三）平台用户

网络直播平台的用户不仅是直播内容的主要受众，也是直播平台的主要利润来源，目前以 B 端用户和 C 端用户进行区分，B 端用户指企业客户，C 端用户指个人用户。两类用户在用户特征、用户需求、用户规模等各个方面都有差异。

就 C 端用户而言，个人用户使用网络直播平台以观看直播节目获得内容信息和娱乐享受为主。《中国互联网络发展状况统计报告》是中国互联网络信息中心（CNNIC）发布的实时数据，从报告中可以发现，截至 2017 年 7 月网络直播用户共 3.43 亿户，占网民总体的 45.6%，目前个人用户毫无疑问是当前网络直播平台的用户主体。

根据艾媒咨询（iiMedia Research）2017 年第三季度中国在线直播平台的用户画像调查的部分数据显示，截至 2017 年第三季度，一线城市居民数量占比达 51.6%，同时一线城市以下地区用户占比也将近五成；另外，男性为中国在线直播平台的主要用户，占比69.4%；用户年龄多分布于18～30岁，占比73.3%[①]。

虽然个人用户体量庞大，但是对于直播平台而言也产生了部分的负面影响：第一，庞大的个人用户数量导致平台的运营成本，尤其是带宽成本急速上升，根据业内公开数据显示，主流直播平台每月带宽成本就达到3000万元人民币；第二，个人用户的收看习惯导致人气直播签约与分成成本过高，摊薄了直播平台的利润；第三，直播平台对个人用户的主要营收路径是打赏分成、会员服务、虚拟道具，但相关的付费习惯尚处于培育阶段，以上原因导致个人用户不足以支撑平台的持续火爆，因此部分平台开始开拓B端企业客户。

就B端客户而言，企业用户使用直播平台的目的与表现形式具有多样性，概括起来分为两大类：第一类是引流促销，这类企业用户以电商企业和游戏运营商居多，目的是通过直播平台进行广告推广，依靠平台庞大的用户流量吸引注意力，从而达到促销的目的；表现形式主要是在直播平台页面以及直播节目中植入企业的宣传广告。第二类是场景拓展，这类企业用户则涉及各行各业，目的是将直播这种传播形式与各自行业相结合，覆盖更多目标观众和潜在客户群体，通过直播促进相关行业的发展；表现形式是专业化垂直细分领域的直播，比如"直播+教育培训"、"直播+旅游"、"直播+商务发布会"等。

相对于C端用户，B端用户更容易实现商业化，它不需要直播平台投入大量资源签约网红主播、明星主播，降低了平台的沉没成本；并且有针对性地对垂直细分领域用户进行直播能高效利用带宽成本，实现企业、用户、平台的共赢。

（四）网络直播平台

网络直播平台在商业模式行为主体中扮演着内容汇集传递、技术服务转化、渠道嫁接拓展、信息搜集整理的角色（具体见图5-3）。

首先，直播平台从内容提供方汇集相关的节目内容，通过平台向用户进行直播，连接了用户与直播内容提供方，扮演了内容汇集传递的角色。

其次，直播平台从周边服务提供商获得技术支持，通过直播平台为用户提供各种技术服务，将各种技术服务转化为用户体验，扮演了技术服务转化的角色。

再次，直播平台面向企业用户，进行垂直细分领域的专业化直播，拓宽了企业用户的业务覆盖和直播节目的场景应用，扮演了渠道嫁接拓展的角色。

---

① 艾媒咨询：《2017年Q3中国在线直播行业研究报告》，2017年。

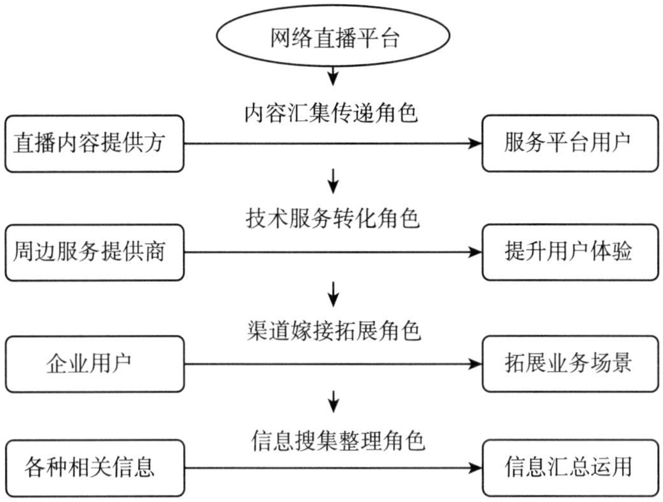

图5－3　网络直播平台行为主体角色

最后，直播平台在业务开展的过程中，会自然而然地获得大量的用户反馈信息、内容供需信息、技术服务信息、行业发展信息，并且可以依靠大数据对这些信息进行整理加以运用，扮演信息搜集整理的角色。

二、盈利模式分析

（一）收入对象及路径

网络直播平台，作为一个营利主体，它的收入来自哪里，就国内目前情况来看主要有以下几个方面：

第一，针对C端用户（个人用户），他们从直播平台观看直播节目以及与主播互动交流，可以根据个人喜好进行付费打赏、办理会员充值、购买虚拟道具。

第二，针对B端用户（企业用户），企业利用直播平台进行引流促销，在直播平台页面以及直播节目中植入企业的宣传广告时，直播平台会收取一定数量的广告费用。

第三，针对B端用户（企业用户），企业利用直播平台进行垂直细分领域的专业化直播以拓展业务的覆盖范围和应用场景，直播平台会收取一定的服务费用和流量费用。

第四，针对所有用户，随着网络直播平台的快速发展，用户日益增加，影响力不断提升，很多直播平台会根据业务方向开发相关周边衍生产品，对广大用户进行销售，此时会获得相关的销售收入。

上述四类对象及路径构成了网络直播平台盈利模式收入角度的基本内容。

（二）支出对象及内容

网络直播平台，作为一个营利主体，也必不可少地需要支付各类成本费用来维持自身的运营。本书将从内容成本、运营成本、管理成本几个方面进行分析阐述。

第一，内容成本。根据本章第一节的分析，我们可以知道，网络直播平台需要从直播内容提供方获得节目内容，同时也需要支付给直播内容提供方相应的费用，这种费用即内容成本。内容成本多体现为直播签约费、打赏提成、版权费等。

第二，运营成本。网络直播平台的日常运营势必产生相应的运营成本，结合前文分析我们可以知道，直播平台需要获得周边服务提供商的各种服务来保障直播平台的日常运营，因此需要向周边服务提供商支付相关费用，它们构成了平台的运营成本主体，主要有带宽费用、技术服务费用、其他相关费用等。

第三，管理成本。网络直播平台作为互联网企业，与其他企业一样，在企业经营中会开展各种管理活动，需要支付各种管理成本，比如办公费用、员工薪酬、财务费用等。

综合上述各行为主体、收入对象及路径、支出对象及内容的分析，我们可以清晰地描绘出网络直播平台的盈利模式图，见图5－4。

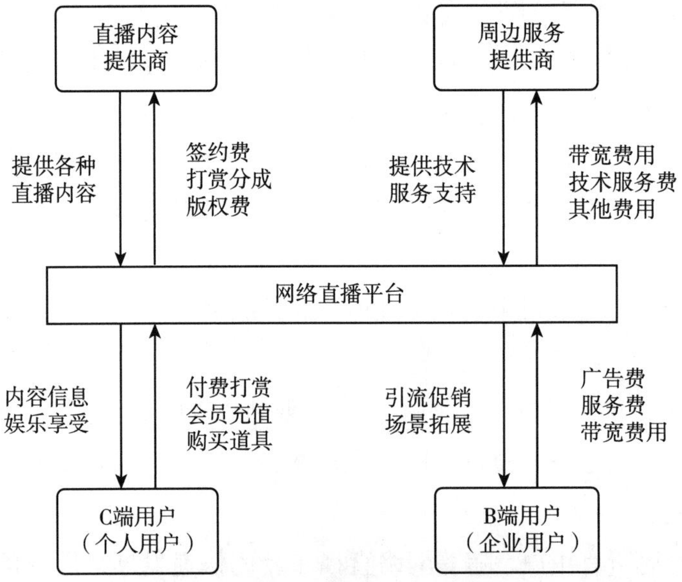

图5－4　网络直播平台盈利模式

第四节　商业模式创新评价指标体系

本节应用商业模式创新评价导向和商业模式画布框架，通过梳理文献资料、咨询专家意见确定了网络直播平台商业模式评价指标体系，同时在此基础之上对评价指标予以具体解释分析。

一、评价指标体系的构建

（一）评价指标体系的构建原则

考虑到评价指标体系涉及多个不同层级、多个不同指标，因此层级的确定、指标的选择、权重的设置对于评价结果的准确性有重大影响，在评价指标体系的构建和设计中本书将遵循以下原则：

1. 全面性与互斥性相结合

评价指标的选取要能够全面反映网络直播平台商业模式的特点，数量上不应过多或者过少；同时指标的选取要满足互斥的特点，彼此相互独立，不能出现指标内涵重叠的现象。

2. 适用性与匹配性相结合

为了评价体系的完善性，在评价指标的选择上要适应网络直播平台的发展现状，要与具体的网络直播平台相匹配，并通过科学的方法确定各个指标的权重，这样才能确保评价结果准确有效，这也是评价指标体系设计的一般原则。

3. 简洁性与可操作性相结合

评价指标的设置要简洁明了，便于理解把握，方便被访者作出正确理解；同时在构建评价体系时要确保各评价指标的相关信息是能够获得的，评价的结果是能够进行数据分析处理并得出合理结论的。

根据本书前述章节的内容，笔者采用商业模式画布框架作为评价指标体系的基础框架，以产品、客户、基础设施、财务状况作为评价指标体系的四大维度，以价值主张、客户细分、客户关系、渠道通路、关键业务、核心资源、重要合作、成本结构、收入来源作为评价指标体系的九类构成要素。

（二）具体评价指标的选择

为了结合网络直播平台的行业特点，增强网络直播平台商业模式评价的准确性、针对性、可操作性，本书的评价指标体系在九类构成要素的基础上设置具体的评价指标。评价指标的筛选通过两个方面来完成，一是梳理当前商业模式评价和网络直播平台研究的相关文献确定部分具体评价指标；二是咨询专家的意见确定部分具体评价指标，共计20项，如表5－3所示。

表5－3　　　　商业模式创新评价指标及相关来源汇总

画布框架	评价指标	初选评价指标来源	适用范围
价值主张	产品多样性	《商业模式新生代》	G
	产品独特性	《商业模式新生代》	G
客户细分	客户细分准确性	《中国移动应用商店商业模式评价研究》	G
	客户细分针对性	《中国移动应用商店商业模式评价研究》	G
渠道通路	线上通路便捷性	《网络直播在我国的传播现状及特征分析》	M
	线下通路有效性	《网络直播在我国的传播现状及特征分析》	M
客户关系	用户粘性	《网络团购商业模式的运行机制与评价研究》	G
	用户满意度	《网络团购商业模式的运行机制与评价研究》	G
关键业务	直播内容丰富度	咨询专家意见	M
	应用场景多元化	咨询专家意见	M
	平台技术创新性	咨询专家意见	M
核心资源	品牌影响力	《外卖O2O商业模式评价研究》	G
	优质主播资源	咨询专家意见	M
	资源整合能力	《支付宝商业模式研究》	G
重要合作	供应商关系	《网络团购商业模式的运行机制与评价研究》	G
	跨行业伙伴关系	《网络团购商业模式的运行机制与评价研究》	G
收入来源	收入来源稳定性	《网络直播平台发展分析——以YY直播的发展及受到新兴平台冲击为例》	M
	收入来源成长性		M
成本结构	内容成本控制力	《网络直播平台的现状及发展研究》	M
	带宽成本控制力	《网络直播平台的现状及发展研究》	M

注：G表示该指标为通用型指标，M表示该指标为专业型指标。

在表5－3中，产品维度包括价值主张；客户维度包括客户细分、渠道通路和客户关系；基础设施维度包括关键业务、核心资源与重要合作；财务状况维度包括成本结构与收入来源。

（三）评价方法选择

为了确保本书研究结论的准确性和有效性，在既有相关文献的基础上，我们在研究中采纳层次分析法作为评价指标的权重，采用模糊综合评价法对网络直播平台进行全面定量评价分析。主要有以下两个过程组成：第一，确定各级指标的权重；第二，对各评价指标的得分进行加总（采用模糊综合评价法）。鉴于层次分析法是一种较为常见的评价方法，具体过程我们不再赘述。

二、评价指标解析

（一）产品维度的评价指标

价值主张是企业传递给顾客的价值理念，其主要作用是让顾客快速了解能够得到什么价值，能够满足哪些需求①。价值主张不仅仅是一句产品营销口号，更是公司定位陈述和企业价值承诺。价值主张以企业提供的产品或服务为载体，因此本书在评价网络直播平台的价值主张时，选取了产品多样性和产品独特性两项指标。

（1）产品多样性。产品多样性指标用于评价网络直播平台提供的产品或服务种类是否丰富，是否能够满足用户多样化的需求。

（2）产品独特性。产品独特性指标用于评价网络直播平台提供的产品或服务是否具有独特的卖点，是否能够满足用户特有的需求，为用户创造独特的价值。

（二）客户维度的评价指标

1. 客户细分

客户细分是指商业模式所瞄准的具体客户群体，其主要作用是明确价值主张的传递对象和不同产品或服务的使用受众②。企业可以根据客户的需求、价值、属性、行为方式等不同角度将客户进行细分，针对每一个细分客户群体提供对应的产品或服务③。本书在评价网络直播平台的客户细分时，选取了客户细分准确性和客户细分针对性两项指标。

① 王雪冬、冯雪飞、董大海：“‘价值主张’概念解析与未来展望”，《当代经济管理》，2014 年第 1 期。
② 刘英姿、吴昊：“客户细分方法研究综述”，《管理工程学报》，2006 年第 1 期。
③ 胡少东：“客户细分方法探析”，《工业技术经济》，2005 年第 7 期。

（1）客户细分准确性，用于评价网络直播平台在客户细分时是否能够准确地反映客户在关键属性、用户需求上的不同。

（2）客户细分针对性，用于评价网络直播平台在客户细分时是否针对其具体的价值主张、产品服务进行设计。

2. 渠道通路

渠道通路是指用户获得企业产品或服务的途径，它起到了保障价值主张和产品服务传递畅通的作用。本书在评价网络直播平台的渠道通路时，采用互联网行业常用的两项评价指标——线上通路便捷性和线下通路有效性两项指标。

（1）线上通路便捷性，用于评价用户通过网络直播平台的网页、客户端、App 等线上渠道获得其产品与服务是否方便快捷。

线上通路，即依靠互联网形式进行价值主张、产品服务传递的路径。网络直播平台的线上通路有 PC 端和移动端两种，截止到 2017 年 7 月，中国互联网络信息中心在《中国互联网络发展状况统计报告》中表明，中国手机网民数字已经高达 7.24 亿人（总网民 7.51 亿人），占比达 96.3%。由此数据可见，线上通路依然是网络直播平台渠道通路的主角，尤其随着移动互联网的不断发展，移动端成为各大网络直播平台竞争的热点。

（2）线下通路有效性，用于评价网络直播平台的线下推广，线下活动是否起到实际的效果，是否能够让用户了解并获得企业产品与服务。

线下通路，即依靠非互联网形式进行价值主张、产品服务传递的路径。网络直播平台的线下通路主要表现为线下地推以及线下活动，各大主流直播平台都有相关的线下地推人员，他们会通过商家走访、固定客户宣传、户外路演等多种形式来推广各自的直播平台，吸引用户下载直播软件登录注册，同时各直播平台都会定期或不定期地组织一些线下活动，比如举办、赞助网络游戏赛事，冠名、参加综艺娱乐节目等，通过线下来使更多的人了解直播平台，挖掘潜在客户群体。

3. 客户关系

客户关系是企业在商业模式中与客户建立的一种紧密联系，良好的客户关系来源于客户需求的满足，其本质是客户对于企业价值主张、产品服务的认可。本书在评价网络直播平台的客户关系时，采用了直播行业常用的两项客户关系评价指标——用户粘性与用户满意度。

（1）用户粘性主要表现在用户单次使用软件时长和持续使用单个软件时长

两方面。根据易观千帆2017年的调查数据显示，目前我国直播用户单次使用软件时长集中在一小时以内，占比达74.3%；28.4%的用户持续使用单个软件时长在一周内；只有14.8%的用户持续使用单个软件时长为半年。从以上数据我们可以看出，用户对网络直播平台的用户粘性总体并不高，这就需要直播平台不断修正价值主张、完善产品服务，找到与用户更好的契合点，以提升用户粘性。

（2）用户满意度是用户对网络直播平台的一种主观评价，用来衡量平台直播服务能否达到用户的期望，提升用户的体验。对直播平台来说，用户满意度可以通过直播评论、直播互动、用户打赏等直观方式来反映。

（三）基础设施维度的评价指标

1. 关键业务

关键业务在商业模式运行中处于支撑作用，直接决定了企业的生产发展。本书在评价网络直播平台的关键业务时，着重选择了直播内容丰富度、应用场景多元化、平台技术创新性三个方面的评价指标。

（1）选择“直播内容丰富度”作为评价指标的原因是：网络直播平台首先是一个内容传播平台，需要靠内容直播来满足用户需求。因此，它的第一个关键业务就是优化直播内容，这是其核心竞争力所在。随着网络直播的快速普及，用户的内容品味也会不断提高，单纯地依靠网红、话题、颜值、炒作等产生的低俗直播内容势必将逐渐没落，各直播平台需要丰富直播内容形态，促进直播内容向多元化、专业性的垂直细分领域发展。

（2）选择“应用场景多元化”作为评价指标的原因是：网络直播平台也是一个跨场景应用工具，可以与各行各业进行有机结合，“直播+”的模式已经被相关直播平台广泛采用，目前主要的用法是“直播+电商”、“直播+教育”、“直播+短视频”。未来直播与各行业的有机结合将会更加普遍，“直播+”的形式不仅能促进相关行业的推广，也可以开拓平台新的盈利途径，帮助平台实现流量变现，促进平台健康发展。

（3）选择“平台技术创新性”作为评价指标的原因是：网络直播平台还是一个技术集成的平台，平台的稳定运营离不开完善的平台技术，尤其是现如今互联网信息技术更迭迅速、周期更短、频率更快。根据易观咨询《中国移动直播市场专题研究报告2017》的统计，从2017年初至今已有4家主流直播平台都在试水人工智能识别技术、虚拟现实技术、机器人在线直播，在市场上收到了良好的反响，先进技术的引入不仅能够降低平台的运营成本，同时也可以提升用户体验。

2. 核心资源

核心资源反映了商业模式中企业对于资源的配置情况，是企业形成核心竞争力的关键性基础①。本书在评价网络直播平台的核心资源时，重点考虑品牌影响力、优质主播资源、资源整合能力三个方面。

（1）品牌影响力。品牌影响力是一个企业最宝贵的无形资产，是商业模式的鲜明旗帜。在众多网络直播平台中怎样才能够脱颖而出，受到用户的选择与青睐，有效的途径之一，就是建立良好的品牌，提升直播平台的品牌影响力。

（2）优质主播资源。网络直播平台的竞争，核心还是优质主播的竞争，尤其是泛娱乐直播、游戏直播都需要主播的引领号召，可以说在直播平台，主播即票房。根据艾媒咨询数据显示（见图5－5），2017年上半年，中国在线直播用户在选择直播平台时，“优质主播数量多”是其做出选择的首要影响因素，占比23.0%。但是业内优质主播资源稀缺，价格高昂，能够带来用户和流量的主播成为各大平台争夺的热点，也是各大平台的核心资源。

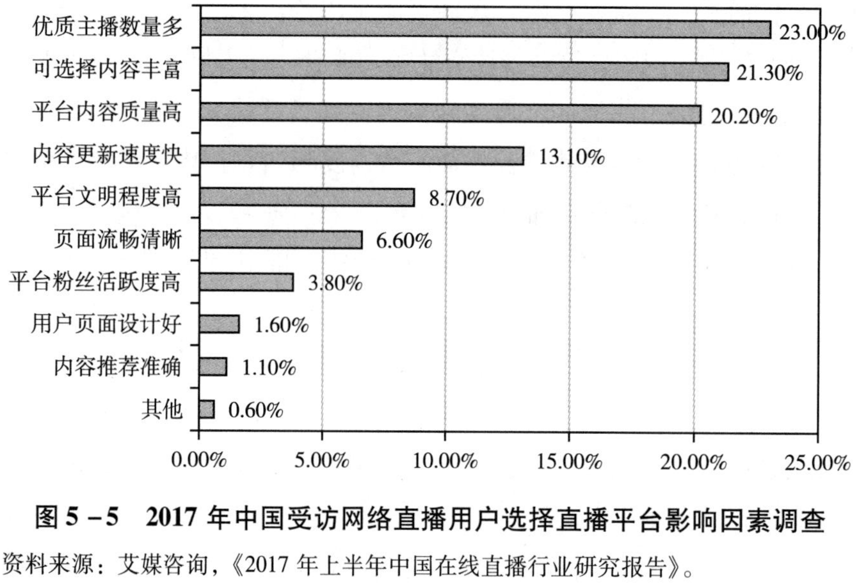

图5－5 2017年中国受访网络直播用户选择直播平台影响因素调查

资料来源：艾媒咨询，《2017年上半年中国在线直播行业研究报告》。

（3）资源整合能力，指的是企业充分利用资源优势，发挥资源效能的能力。良好的资源整合能力能够使网络直播平台充分利用现有的核心资源，为用户提

① 亚历山大·奥斯特瓦德、伊夫·皮尼厄：《商业模式新生代》，机械工业出版社2011年版。

供更好的产品与服务，发挥1+1>2的资源配比功效。网络直播平台商业模式不仅需要拥有相应的资源提供保障，更要有整合资源的能力提供支撑。

3. 重要合作

任何商业模式都不可能独立存在，任何企业也不可能脱离其他企业而单独发展，与其他企业在商业模式上建立重要合作，形成优势互补，能够促使企业商业模式取长补短。本书在分析网络直播平台的重要合作时，着重考虑与供应商和行业伙伴的合作。

（1）从供应商关系来讲，网络直播平台有两大重要的供应商，一是直播内容提供方，二是周边服务提供商，维护与供应商之间的良性合作将有助于为直播平台提供一个良好的外部环节和稳定的资源保障。因此，我们选择供应商关系作为一项。

（2）从跨行业伙伴关系来讲，这种合作关系表现在垂直细分直播领域，与各行业细分市场的企业进行合作。在上文中我们谈到了直播平台的关键业务，其中重要的内容之一是采用“直播+”的模式与各行各业进行有机结合，拓展应用场景，但是这种结合不是简单地相加，必须有跨行业合作伙伴的参与。在这个过程中，跨行业合作伙伴是平台天然的良性内容提供者，渠道通路的开拓者，流量变现的帮助者。因此，我们在评价商业模式中必须予以考虑。

（四）财务状况维度的评价指标

1. 收入来源

收入来源是衡量商业模式财务状况的关键构成要素，是企业盈利能力的直接反映。由于目前国内网络直播平台绝大多数没有独立上市，相关数据对外披露较少，缺乏行业可比性，因此很难采用传统的财务数据指标对网络直播平台收入来源进评价研究。结合这种现状，本书选取收入来源稳定性、收入来源成长性两项指标进行考察。

（1）收入来源稳定性，用以评价企业的收入来源是否稳定可靠，能否支撑企业商业模式的运转。企业收入来源稳定性的决定因素有很多，主要包括营收渠道种类、盈利模式特征、产品服务特点、业务运行状况。

（2）收入来源成长性，用以评价企业的收入来源是否能够不断增长。我们评价企业的收入来源时不仅要关注现实的稳定性因素，也应该关注长远的成长性因素，尤其是作为网络直播平台这种基于互联网经济背景快速成长的商业模式。

2. 成本结构

成本结构是衡量商业模式财务状况的另一个关键构成要素，是对企业成本及各个组成部分的分析。但鉴于当前我国网络直播平台绝大多数没有独立上市，相关数据对外披露较少，缺乏行业可比性，因此从传统的财务数据的角度评价网络直播平台的成本结构是不切合实际的。本书在评价网络直播平台的成本结构时，针对当前现状，结合行业特点，选用了内容成本控制力和带宽成本控制力两项评价指标。

（1）内容成本控制力。网络直播平台的内容成本是指平台为了获得直播内容而支付的必要支出，主要表现为支付给直播内容提供方的主播签约费用、版权费、服务费、打赏提成等。选用内容成本控制力作为一项评价指标是因为这是网络直播平台所特有的一项成本，尤其是随着各个平台竞争不断加剧，优质内容供应总量有限，知名主播成为稀缺资源，签约费用居高不下，平台的内容成本成为拷问平台商业模式的关键。

（2）带宽成本控制力。网络直播平台的带宽成本我们可以理解为网络直播平台支付给电信运营商的“网费”。选用带宽成本控制力作为一项评价指标是因为这是网络直播平台所必需的一项成本，并且在总成本中占有较高比重，当前按峰值收费是中国带宽收费的标准形式。举例而言，假设码率为800K，即使在线峰值仅为100万人，此时的带宽就高达1.5T，企业每月就需要交纳高达3000万的带宽费。

以网络直播行业为数不多的上市公司欢聚时代为例，根据欢聚时代（纳斯达克证券代码：YY）2017年第二季度的财报显示，欢聚时代第二季度带宽成本1.653亿元人民币，占总营业成本的10.57%；内容成本12.59亿元，占总营业成本的80.53%，两项成本合计接近总营业成本的92%，重要性不言而喻。

第五节　评价结果及分析

本章将根据网络直播平台商业模式评价指标体系和具体的评价方法，选取YY直播、花椒直播、斗鱼直播、全民直播、映客直播这5家典型的网络直播平台作为样本，针对其商业模式进行综合评价。我们首先对部分网络直播平台公司的高层管理者进行了访谈，较全面地理解了网络直播平台运营的全过程和行业状况；然后依据访谈提炼的关键研究问题和前文建立的评价指标体系，设计调查问卷，搜集相关数据；接下来以层次分析法为基础，分别对评价指标的权重赋值，并运用模糊综合分析法，计算出相应的评价分值；最后基于评价的结果，提出具体的改进建议。

一、基于层次分析法确定评价指标权重

利用本章构建的网络直播平台商业模式评价指标体系，我们开发设计了调查问卷，以问卷调查的方式搜集相关数据，基于层次分析法确定各级指标的权重，使用 yaahp10.3 软件进行相关数据的运算。

（一）构建层次结构模型，开展问卷调查

具体而言，模型一共由四层构成：最高层就是对网络直播平台商业模式的评价，也是目标层；下面一层是评价指标体系的维度，一般也称之为准则层；接下来一层是评价指标体系的构成要素，也称之为指标层；最后一层是分指标层即评价指标体系的具体评价指标，见表 5－4。

表 5－4　构建的层次结构模型

目标层	准则层	指标层	分指标层
网络直播商业模式评价（A）	产品（A_1）	价值主张（A_{11}）	产品多样性（A_{111}）
			产品独特性（A_{112}）
	客户（A_2）	客户细分（A_{21}）	客户细分准确性（A_{211}）
			客户细分针对性（A_{212}）
		渠道通路（A_{22}）	线上通路便捷性（A_{221}）
			线下通路有效性（A_{222}）
		客户关系（A_{23}）	用户粘性（A_{231}）
			用户满意度（A_{232}）
	基础设施（A_3）	关键业务（A_{31}）	直播内容丰富度（A_{311}）
			应用场景多元化（A_{312}）
			平台技术创新性（A_{313}）
		核心资源（A_{32}）	品牌影响力（A_{321}）
			优质主播资源（A_{322}）
			资源整合能力（A_{323}）

续表

<table>
<tr><th>目标层</th><th>准则层</th><th>指标层</th><th>分指标层</th></tr>
<tr><td rowspan="6">网络直播商业模式评价（A）</td><td rowspan="2">基础设施（A_3）</td><td rowspan="2">重要合作（A_{33}）</td><td>供应商关系（A_{331}）</td></tr>
<tr><td>跨行业伙伴关系（A_{332}）</td></tr>
<tr><td rowspan="4">财务状况（A_4）</td><td rowspan="2">收入来源（A_{41}）</td><td>收入来源稳定性（A_{411}）</td></tr>
<tr><td>收入来源成长性（A_{412}）</td></tr>
<tr><td rowspan="2">成本结构（A_{42}）</td><td>内容成本控制力（A_{421}）</td></tr>
<tr><td>带宽成本控制力（A_{422}）</td></tr>
</table>

本书根据层次结构模型设计了“网络指标平台商业模式评价指标重要性调查问卷”，邀请了十名直播平台从业者作为受访者来填写该调查问卷，就相对重要性对不同指标进行赋值。

（二）汇总问卷调查数据，计算指标权重

关于评价专家意见的调查问卷发放了十份，回收问卷十份，通过对十份问卷的得分进行加权平均，建立相对重要性判断矩阵（见表5－5至表5－17），使用yaahp10.3软件进行数据处理和一致性检验，并计算各级指标的权重（见表5－18）。

经检验，一致性比例CR＝0.0172小于0.1，通过一致性检验，各个维度对应的权重有效，见表5－5。

表5－5　　　　维度（准则层）的判断矩阵

（λmax＝4.0458）

<table>
<tr><th></th><th>产品维度</th><th>客户维度</th><th>基础设施</th><th>财务状况</th><th>相对权重</th><th>一致性检验</th></tr>
<tr><td>产品维度</td><td>1</td><td>2</td><td>1</td><td>3</td><td>0.3659</td><td rowspan="4">一致性比例
CR＝0.0172</td></tr>
<tr><td>客户维度</td><td>1/2</td><td>1</td><td>1</td><td>2</td><td>0.2326</td></tr>
<tr><td>基础设施</td><td>1</td><td>1</td><td>1</td><td>2</td><td>0.2778</td></tr>
<tr><td>财务状况</td><td>1/3</td><td>1/2</td><td>1/2</td><td>1</td><td>0.1238</td></tr>
</table>

经检验，一致性比例CR＝0.0176小于0.1，通过一致性检验，客户维度下各构成要素对应的权重有效，见表5－6。

表 5 -6　　客户维度下的判断矩阵

(λmax =3. 0183)

	客户细分	渠道通路	客户关系	相对权重	一致性检验
客户细分	1	1/3	1	0. 2098	一致性比例 CR =0. 0176
渠道通路	3	1	2	0. 5499	
客户关系	1	1/2	1	0. 2402	

经检验，一致性比例 CR =0. 0516 小于 0. 1，通过一致性检验，基础设施维度下各构成要素对应的权重有效，见表 5 -7。

表 5 -7　　基础设施维度下的判断矩阵

(λmax =3. 0536)

	关键业务	核心资源	重要合作	相对权重	一致性检验
关键业务	1	2	3	0. 5278	一致性比例 CR =0. 0516
核心资源	1/2	1	3	0. 3325	
重要合作	1/3	1/3	1	0. 1396	

经检验，一致性比例 CR =0 小于 0. 1，通过一致性检验，财务状况维度下各构成要素对应的权重有效（说明：价值主张作为产品维度下唯一构成要素，无须建立相对重要性判断矩阵），见表 5 -8。

表 5 -8　　财务状况维度下的判断矩阵

(λmax =2)

	收入来源	成本控制	相对权重	一致性检验
收入来源	1	3	0. 75	一致性比例 CR =0
成本控制	1/3	1	0. 25	

经检验，一致性比例 CR =0 小于 0. 1，通过一致性检验，价值主张下各评价指标对应的权重有效，见表 5 -9。

表 5 -9　　价值主张下指标的判断矩阵

(λmax =2)

	产品多样性	产品独特性	相对权重	一致性检验
产品多样性	1	1	0. 5	一致性比例 CR =0
产品独特性	1	1	0. 5	

经检验，一致性比例 CR =0 小于0.1，通过一致性检验，客户细分下各评价指标对应的权重有效，见表5－10。

表5－10　　客户细分下指标的判断矩阵

（λmax =2）

	细分准确性	细分针对性	相对权重	一致性检验
细分准确性	1	1	0.5	一致性比例 CR =0
细分针对性	1	1	0.5	

经检验，一致性比例 CR =0 小于0.1，通过一致性检验，渠道通路下各评价指标对应的权重有效，见表5－11。

表5－11　　渠道通路下指标的判断矩阵

（λmax =2）

	线上通路便捷性	线下通路有效性	相对权重	一致性检验
线上通路便捷性	1	5	0.8333	一致性比例 CR =0
线下通路有效性	1/5	1	0.1667	

经检验，一致性比例 CR =0 小于0.1，通过一致性检验，客户关系下各评价指标对应的权重有效，见表5－12。

表5－12　　客户关系下指标的判断矩阵

（λmax =2）

	用户粘性	用户满意度	相对权重	一致性检验
用户粘性	1	1	0.5	一致性比例 CR =0
用户满意度	1	1	0.5	

经检验，一致性比例 CR =0.0088 小于0.1，通过一致性检验，关键业务下各评价指标对应的权重有效，见表5－13。

经检验，一致性比例 CR =0.0176 小于0.1，通过一致性检验，核心资源下各评价指标对应的权重有效，见表5－14。

经检验，一致性比例 CR =0 小于0.1，通过一致性检验，重要合作下各评价指标对应的权重有效，见表5－15。

表 5 – 13　　关键业务下指标的判断矩阵
（λmax = 3.0092）

	直播内容丰富度	应用场景多元化	平台技术创新性	相对权重	一致性检验
直播内容丰富度	1	1	4	0.4579	一致性比例 CR = 0.0088
应用场景多元化	1	1	3	0.4161	
平台技术创新性	1/4	1/3	1	0.126	

表 5 – 14　　核心资源下指标的判断矩阵
（λmax = 3.0183）

	品牌影响力	优质主播资源	用户数据资源	相对权重	一致性检验
品牌影响力	1	1	1/2	0.2402	一致性比例 CR = 0.0176
优质主播资源	1	1	1/3	0.2098	
资源整合能力	2	3	1	0.5499	

表 5 – 15　　重要合作下指标的判断矩阵
（λmax = 2）

	供应商关系	跨行业伙伴关系	相对权重	一致性检验
供应商关系	1	1	0.5	一致性比例 CR = 0
跨行业伙伴关系	1	1	0.5	

经检验，一致性比例 CR = 0 小于 0.1，通过一致性检验，收入来源下各评价指标对应的权重有效，见表 5 – 16。

表 5 – 16　　收入来源下指标的判断矩阵
（λmax = 2）

	收入来源稳定性	收入来源成长性	相对权重	一致性检验
收入来源稳定性	1	1/3	0.3333	一致性比例 CR = 0
收入来源成长性	3	1	0.6667	

经检验，一致性比例 CR = 0 小于 0.1，通过一致性检验，成本控制下各评价指标对应的权重有效，见表 5 – 17。

表 5-17 成本控制下指标的判断矩阵

(λmax = 2)

	内容成本控制力	带宽成本控制力	相对权重	一致性检验
内容成本控制力	1	4	0.8	一致性比例 CR = 0
带宽成本控制力	1/4	1	0.2	

表 5-18 评价指标体系相对权重汇总

	维度	相对权重	构成因素	本维度内相对权重	评价指标	构成要素内相对权重
网络直播商业模式评价指标体系	产品维度	W = 0.3659	价值主张	$W_1 = 1$	产品多样性	$W_{11} = 0.5$
					产品独特性	$W_{12} = 0.5$
	客户维度	W = 0.2326	客户细分	$W_1 = 0.2098$	客户细分准确性	$W_{11} = 0.5$
					客户细分针对性	$W_{12} = 0.5$
			渠道通路	$W_2 = 0.5499$	线上通路便捷性	$W_{21} = 0.8333$
					线下通路有效性	$W_{22} = 0.1667$
			客户关系	$W_3 = 0.2402$	用户粘性	$W_{31} = 0.5$
					用户满意度	$W_{32} = 0.5$
	基础设施	W = 0.2778	关键业务	$W_1 = 0.5278$	直播内容丰富度	$W_{11} = 0.4579$
					应用场景多元化	$W_{12} = 0.4161$
					平台技术创新性	$W_{13} = 0.126$
			核心资源	$W_2 = 0.3325$	品牌影响力	$W_{21} = 0.2402$
					优质主播资源	$W_{22} = 0.2098$
					资源整合能力	$W_{23} = 0.5499$
			重要合作	$W_3 = 0.1396$	供应商关系	$W_{31} = 0.5$
					跨行业伙伴关系	$W_{32} = 0.5$
	财务状况	W = 0.1238	收入来源	$W_1 = 0.75$	收入来源稳定性	$W_{11} = 0.3333$
					收入来源成长性	$W_{12} = 0.6667$
			成本控制	$W_2 = 0.25$	内容成本控制力	$W_{21} = 0.8$
					带宽成本控制力	$W_{22} = 0.2$

二、基于模糊综合评价法开展综合评价

本部分主要针对五家具有代表性的网络直播平台的商业模式进行定量分析，方法为上文讨论的模糊分析法。其中，YY 直播是国内较早的网络直播平台，也是一家典型的泛娱乐类网络直播平台；花椒直播是一家具有强青年用户属性的网络直播平台，聚焦“90”“95”后生活，重在互动和分享；斗鱼直播成立于 2014 年，是新兴网络直播平台的典型代表，重在网络游戏类节目的内容直播；全民直播重在全民参与，是一家典型的关注互联网社交和全民参与的网络直播平台；映客直播更倾向于主播的明星属性和带动作用，强调通过手机直播让用户与明星主播，高颜值主播面对面交流。

（一）确定评价对象的因素集、等级集、评分集

网络直播平台商业模式评价指标体系事实上就是商业模式评价的因素集。因此，我们可以这样表示：

U =（产品维度 U_1，客户维度 U_2，基础设施 U_3，财务状况 U_4）

产品维度 U_1 =（价值主张 U_{11}）

客户维度 U_2 =（客户细分 U_{21}，客户关系 U_{22}，渠道通路 U_{23}）

基础设施 U_3 =（关键业务 U_{31}，核心资源 U_{32}，重要合作 U_{33}）

财务状况 U_4 =（成本控制 U_{41}，收入来源 U_{42}）

价值主张 U_{11} =（产品多样性 U_{111}，产品独特性 U_{112}）

客户细分 U_{21} =（客户细分准确性 U_{211}，客户细分针对性 U_{212}）

渠道通路 U_{23} =（线上通路便捷性 U_{231}，线下通路有效性 U_{232}）

客户关系 U_{22} =（用户粘性 U_{221}，用户满意度 U_{222}）

关键业务 U_{31} =（直播内容丰富度 U_{311}，应用场景多元化 U_{312}，平台技术创新性 U_{313}）

核心资源 U_{32} =（品牌影响力 U_{321}，优质主播资源 U_{322}，资源整合能力 U_{323}）

重要合作 U_{33} =（供应商关系 U_{331}，跨行业伙伴 U_{332}）

收入来源 U_{42} =（收入来源稳定性 U_{421}，收入来源成长性 U_{422}）

成本控制 U_{41} =（内容成本控制力 U_{411}，带宽成本控制力 U_{412}）

网络直播平台商业模式评价的等级集分为五级，分别是好、较好、一般、较差、差，由此可知：V =（好、较好、一般、较差、差）。

网络直播平台商业模式评价的评分集与等级集相对应，分别是 100 分、80 分、60 分、40 分、20 分，由此可知：C =（100、80、60、40、20）。

（二）确定各评价指标的得分

对于评价指标体系中 20 项定性指标，笔者设计了“网络直播平台商业模式评价调查问卷”，收集相关原始数据，问卷为每个定性指标设置了五个评价等级 V =（好、较好、一般、较差、差），并依次赋予对应分值 C =（100、80、60、40、20）。

为了保证本次问卷调查结果准确有效，笔者通过问卷星系统，邀请相关直播平台的资深用户作为被调查者参与填写该问卷，共计发放问卷 60 份，实际收回有效问卷 50 份，问卷回收率 83.33%。通过对收回的 50 份有效问卷进行统计汇总，以每个定性指标出现相应评价等级的次数和认为有效的试卷数总额相除，得出的结果就是每个定性评价指标对于各评价等级的隶属度。

将所求得的各个指标的隶属度与评分集 C =（100、80、60、40、20）进行向量求积运算，所得的向量积即为各个指标的得分，据此我们可以获得五家网络直播平台各个指标的得分，具体分值见表 5 – 19。

表 5 – 19　　各网络直播平台评价指标得分汇总表

评价指标	各个网络直播平台对应得分				
	YY 直播	花椒直播	斗鱼直播	全民直播	映客直播
产品多样性	86.4	83.2	85.2	81.6	82
产品独特性	78	78.4	80.4	80	81.2
客户细分准确性	78	80.4	78.4	72.8	74
客户细分针对性	77.2	74.4	77.2	72.8	72.4
线上通路便捷性	74.4	76.8	77.6	77.6	74.4
线下通路有效性	72	75.6	77.6	76	71.6
用户粘性	77.2	76.8	79.6	74	74
用户满意度	78	77.2	78.8	78.4	70
直播内容丰富度	79.6	74	78	70.4	68
应用场景多元化	79.6	79.6	74.8	74	77.6
平台技术创新性	73.2	75.6	75.6	76	72.4
品牌影响力	76.8	71.2	76.8	80	72
优质主播资源	76.8	76	79.6	72.8	76.8

续表

评价指标	各个网络直播平台对应得分				
	YY 直播	花椒直播	斗鱼直播	全民直播	映客直播
资源整合能力	76	79.6	71.2	73.6	75.6
供应商关系	77.2	74	76	74.8	67.6
跨行业伙伴关系	76.8	74.8	75.6	78.8	72.4
收入来源稳定性	76.8	73.6	78.8	78	76
收入来源成长性	79.6	79.6	78.4	76	72.4
内容成本控制力	78.4	74.8	76	74.8	76.8
带宽成本控制力	76.4	76	76.4	79.2	80.4

（三）确定各维度和构成要素得分

将通过向量积运算求得各个评价指标的分值，与各指标对应的相对权重代入公式 $Xu = \sum_{i=1}^{n} X_i W_i$，其中 W_i 表示相对权重，即可求得评价对象各个构成要素、各个维度以及综合的得分，具体得分见表 5-20 至表 5-22。

表 5-20　各网络直播平台构成要素得分汇总表

构成要素	YY 直播	花椒直播	斗鱼直播	全民直播	映客直播
价值主张	82.2	80.8	82.8	80.8	81.6
客户细分	77.6	77.4	77.8	72.8	73.2
渠道通路	73.99992	76.59996	77.6	77.33328	73.93324
客户关系	77.6	77	79.2	76.2	72
关键业务	78.6742	76.41236	76.25388	72.49256	72.43256
核心资源	76.3524	76.81908	74.30032	74.96208	74.97948
重要合作	77	74.4	75.8	76.8	70
收入来源	78.66676	77.6002	78.53332	76.6666	73.59988
成本控制	78	75.04	76.08	75.68	77.52

表 5-21　各网络直播平台维度得分汇总表

维度	YY 直播	花椒直播	斗鱼直播	全民直播	映客直播
产品维度	82.2	80.8	82.8	80.8	81.6
客户维度	75.61256	76.85624	78.01852	76.10225	73.30765
基础设施维度	77.66062	76.25903	75.53333	73.90774	72.93258
财务状况维度	78.50007	76.96015	77.91999	76.41995	74.57991

表 5－22　各网络直播平台综合得分汇总表

直播平台	YY 直播	花椒直播	斗鱼直播	全民直播	映客直播
综合得分	79. 23465	78. 33508	79. 41437	77. 60599	76. 40246

三、评价结果及分析

总的来看，五家样本平台的得分依次为：斗鱼直播的综合得分为 79. 41437 分，YY 直播的综合得分为 79. 23465 分，花椒直播的综合得分为 78. 33508，全民直播的综合得分为 77. 60599，映客直播的综合得分为 76. 40246。五家网络直播平台的综合得分虽然各有不同，但是彼此之间的差距并不大，都集中在 75 至 80 分这一个区间，这与当前我国网络直播平台的发展现状非常吻合。网络直播平台从 2016 年迎来爆炸式发展到现在时间周期不长，虽然异军突起，数量众多，但平台之间实力相差不大，尚未形成完全意义上的垄断企业、龙头企业。

从产品维度的得分结果来看，五家网络直播平台商业模式产品维度的得分都在 80 分以上。上述评价结果一方面从一定程度上反映了用户对于网络直播平台产品及服务的整体认同；另一方面，通过分析产品维度下各个评价指标的得分及权重，可以看出五家网络直播平台产品多样性的得分均高于产品独特性的得分，这与当前网络直播节目内容同质化现象严重、用户审美疲劳、在内容选择上更加倾向于独特性节目的实际情况吻合。

从客户维度的得分结果来看，斗鱼直播客户维度的得分最高，为 78. 01852 分。通过分析客户维度下各个评价指标的得分及权重，我们会发现产生这种优势的原因在于斗鱼直播在用户粘性、用户满意度等评价指标上获得了较高的得分。这种优势的来源笔者认为主要有两个方面：首先，斗鱼直播在直播内容上主打游戏内容直播，与其他内容相比，游戏内容具有天然的用户粘性；其次，斗鱼直播在用户互动上设置了“鱼吧”服务，“鱼吧”作为一种实时在线交流平台，能够让用户之间、用户与主播之间根据兴趣爱好进行互动，平台也会根据用户的需求和满意度给予反馈。这一举措是另外几家样本平台所不具备的，良好的客户关系，为斗鱼直播商业模式提供了有力的支撑。

从基础设施维度的得分结果来看，YY 直播基础设施维度的得分最高，为 77. 66062 分。通过分析基础设施维度下各个评价指标的得分及权重，我们会发现产生这种优势的原因在于 YY 直播在直播内容丰富度、应用场景多元化等评价指标上获得较高的评分。这种优势的产生并非一蹴而就，而是一种长期积累，逐渐布局产业链的过程。与其他几家样本平台相比，YY 直播进入行业时间最早，拥有最为悠久的行业积累，在产业链上建立了完整的公会体系，与行业链上下游及其他跨行业企业建立了稳固合作伙伴关系。

从财务状况维度的得分结果来看，YY 直播财务状况维度的得分最高，为 78.50007 分，这种良好的评分源于用户对 YY 直播收入来源成长性和内容成本控制能力两项评价指标给予了较高的评分。YY 直播商业模式成长性以及内容成本议价能力与其庞大的活跃用户数量、良好的营业收入状况是密不可分的。根据易观千帆发布的行业数据显示，截止到 2017 年 12 月份，YY 直播的月活跃用户数量超过 1700 万人，活跃用户占比达到 10%，暂居同类直播平台第一名。

四、基于评价结果的商业模式创新建议

基于上述综合评价的结果，根据五家不同网络直播平台商业模式的得分差异，在综合分析的基础上，我们针对网络直播平台商业模式的优化提出相关的改进建议。

（一）拓展应用场景，突出产品特色

针对部分网络直播平台产品独特性评分较低的问题，我们认为其深层次的原因是在市场的快速洗牌之下，直播市场用户开始逐渐回归理性，而网络直播平台在具有产品多样性优势的同时难免会与其他直播平台存在同质化的问题。解决上述问题的关键在于拓展应用场景，突出产品特色。

我们应该清晰地认识到网络直播平台不仅仅是一个直播平台，更应该将其视作一种新的跨场景生态载体应用于各类行业，作为一种工具嵌入其他行业的发展。在网络直播平台进行垂直化细分的过程中，需要突破向专业垂直领域发展过程中垂直资源整合、优质内容制作和用户付费习惯培养的瓶颈。未来在网络发展平台的发展过程中，各种无论是侧重于游戏的平台，还是关注财经或者文化等平台，内容的垂直化将变得更加突出。未来直播内容的方式会更加多样化、节目化、娱乐化，创造更多的互动形式。

（二）构建社交生态，优化客户关系

针对部分网络直播平台用户粘性和用户满意度评分较低的问题，我们给出的参考建议是构建社交生态，优化客户关系。具体建议有：

1. 要实现交互手段的多元化

网络直播平台首先除了常规的虚拟道具之外，直播的过程也需要植入更多的交互元素和呈现方式；其次要强化观众之间的交互手段，将目前1 VS N的互动模式拓展到N VS N的互动模式；最后要升级交互体验技术，引入VR和AR等技术，使得直播交互更具有沉浸感和参与感。

2. 要实现跨平台交互连接

网络直播平台可以通过与社交平台的连接实现裂变式传播，优化传播渠道；可以将直播平台的实时交互与社交网络的高频互动相结合，强化粉丝维系与经营；可以更多地嫁接移动平台，适配移动终端，实现全场景直播与交互。

3. 要实现社区纵深拓展

鉴于网络直播平台面向的用户群体，可以通过构建陌生社交社区提升用户粘性；可以通过构建兴趣社群，形成用户之间的兴趣共同体、协作共同体、价值共同体；要实现线上社交关系的线下转化，实现用户价值向产业价值的转化。

（三）借助大数据技术手段，推进资源整合

针对部分网络直播平台资源整合能力评分不高，核心资源有待加强的现状，我们给出的参考意见是借助大数据技术手段，强化资源整合。

网络直播平台可以通过大数据技术的运用重塑直播流程，实现更高效的内容生产、更精准的用户触达、更个性化的实时互动。第一，在内容生产环节，通过大数据技术手段把握用户偏好，发掘热点选题，整合直播素材，助力内容生产，尤其是专业内容生产；第二，基于大数据技术运用，对直播效果进行综合评估，动态把握直播效果和舆论反馈；第三，基于大数据技术运用助力优质内容发掘，基于分众识别实现个性化推荐；第四，基于移动场景数据技术，实现直播内容的精准推送，即时触达；第五，实时获取直播过程中的用户反馈数据，优化直播内容，提升交互效果。

（四）优化产业链布局，完善基础设施

针对部分网络直播平台基础设施维度各项评价指标评分较低的问题，我们给出的参考建议是优化产业链布局，完善基础设施。具体建议有：

伴随着行业发展的专业化，未来人员将对网络直播进行更为专业的细耕，不同的供应商将更加关注行业的某一个方面，比如专注于内容或者推广等。此外，行业的生产也将迈入垂直化时代，此时通过开放式合作平台，不同行业之间的交叉合作也是不可逆转的趋势。鉴于这种行业发展趋势，网络直播平台需要在优化产业链布局的基础上，不断发挥合作效能。

首先，从直播内容提供方来讲，网络直播平台不仅需要继续保持其传统的内容优势，还可以通过战略投资的形式控股相关内容生产企业，通过绑定合作的形式扶持新晋的潜力主播，通过独家代理的形式掌握相关版权资源，从而不断提升平台在内容领域的话语权、竞争力以及成本控制能力。

其次，从周边服务提供商来讲，不仅需要建立良好的上下游产业链之间的合作关系，更需要将这种合作优势转变为效益动能。一方面利用周边服务提供商的多样性选择满足用户多样化的需求；另一方面利用周边服务提供商的专业化服务降低相关的运营成本。

最后，从跨行业合作伙伴来讲，网络直播平台与其他跨行业伙伴进行合作是拓展应用场景的基础，没有跨行业伙伴的资源优势，直播平台作为跨场景生态载体的工具优势也难以发挥。但是跨行业企业数量众多，类型各异，因此要充分筛选，找到能与直播进行有机融合，能与自身优势互补的跨行业企业，使得双方共同产生经济效益、社会效益，这种合作才是可持续的。

第六章 YY 直播案例：商业模式解构与评价

本章主要是应用上一章设计的评价指标体系，从总体上对特定直播平台——YY 直播进行单独的案例分析和评价，根据评价指标体系的构成，从四个不同的维度（产品、客户、基础设施、财务状况）、九个不同的构成要素（依次分别为价值主张、客户细分、渠道通路、客户关系、关键业务、核心资源、重要合作、收入来源、成本结构）予以展开，并根据相应评价结果，描绘出 YY 直播的商业模式画布，以此检验评价指标体系的适用性。

选取 YY 直播作为研究案例，其原因主要有以下几点：第一，YY 直播创办于 2008 年，是国内创办较早的网络直播平台之一，经过十余年的发展，其商业模式已经较为成熟稳定，具有很强的代表性；第二，YY 直播隶属于欢聚时代，而欢聚时代是目前国内唯一一家在纳斯达克上市的网络直播企业，选择 YY 直播作为案例研究对象，能够获得准确的案例数据和素材。

第一节 产品创新

在本书的研究主题词之一“技术创新”所指内涵中，主要包括了产品创新、产品相关的技术创新和组织运营相关的技术创新。因此，在不考虑技术支持体系时，其实我们把产品创新和技术创新是等同使用的，其内涵更侧重于产品及产品相关的技术创新。

产品界面的主要构成要素是产品创新程度及其价值主张。价值主张表明顾客能够得到哪些价值，能够满足顾客哪些需求，价值主张以企业提供的产品或服务为载体，YY 直播的主要产品就是它提供给用户的各种服务。因此，我们通过绘制 YY 直播的服务内容矩阵，在服务内容矩阵的基础上对 YY 直播的产品维度进行评价。

一、YY 直播简介及其服务内容概览

YY 直播是欢聚时代旗下的网络直播平台，创办于 2008 年，是国内最早的网络直播平台之一，总部设在广东省广州市。YY 直播创办之初是建立在一款富集通信工具——YY 语音的基础上，经过十年的发展，YY 实现了从一个语音传输工具到娱乐直播平台，从秀场直播到泛娱乐直播的转变。

目前 YY 直播是一个包含音乐、科技、户外、体育、游戏等内容的国内最大全民娱乐直播平台，其注册用户达到 10 亿人，月活跃用户达到 1.22 亿，签约主播数量突破 100 万，其母公司欢聚时代于 2012 年 11 月在纳斯达克上市（NASDAQ：YY)，目前市值达到 120 亿美元。

YY 直播的主要产品也就是它提供给用户的各种服务，我们通过梳理绘制了 YY 直播的服务内容矩阵，如图 6－1 所示。我们可以发现，YY 直播主要由直播、小视频、发现、个人中心四项服务构成，不同的服务用于满足用户不同的需求，不同的服务由不同的内容进行支撑。

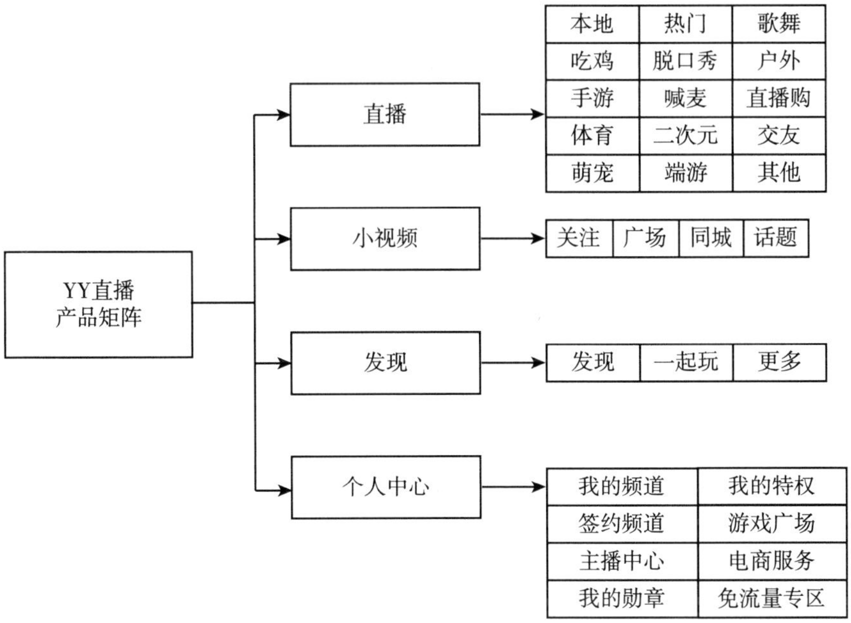

图 6－1　YY 直播的服务类型矩阵

二、直播

直播服务是 YY 直播最基础、最重要的产品，也是 YY 直播最为重要的产品创新。通过产品矩阵的描述我们可以发现，YY 直播的直播产品可以分为以下几种不同的类型，每种类型的直播产品对应的节目内容、满足的用户需求都有所不同。首先是娱乐类直播服务，这类直播服务的节目内容以音乐、舞蹈、脱口秀等综艺娱乐节目为主，用以满足用户休闲娱乐的需求；其次是游戏类直播服务，这类直播服务的节目内容以游戏赛程、游戏评论、游戏解说为主，用以满足游戏爱好者的观赏体验需求；再次是社交类直播服务，这类直播服务的节目内容以交友互动、兴趣交流、游戏对战为主，用以满足用户拓展社交的需求；最后是专业类直播服务，这类直播服务的节目内容以财经直播、教育直播、旅游直播、体育直播为代表，用以满足用户专业领域的内容体验需求。截至目前，YY 直播的节目内容共有 16 个大品类、30 多个小品类，多样化的节目内容不仅满足了用户的不同需求，也拓宽了用户的类型覆盖。由此可见，YY 直播意在打造直播的“全”，即内容全面，受众参与广泛。

三、短视频

短视频服务是 YY 直播一项有特色的创新产品，用户可以通过 YY 直播平台收看各种类型短小视频，这种视频的时间长度一般只有几分钟甚至几十秒，题材多集中于休闲娱乐、热点话题、奇葩搞笑等类型，用户可以通过 YY 直播平台搜索、收看、转发、点赞、上传各种类型的短视频。YY 直播的短视频服务主要针对用户碎片化的休闲娱乐时间而设计，其产生的根源在于 21 世纪我国经济有了突飞猛进的跨越式发展，慢节奏已经不适合当前社会群体的需要。对大多数的群体而言，他们很难抽出较长的时间去观看一个耗时的长视频，他们也很少有耐心去观看一个耗时的长视频。短视频多具有实时性和短时长的特点，它对技术的要求很低，也满足了人们对快节奏的需求，所以迎来了迅猛发展。

四、发现服务

发现服务是 YY 直播另一项特色创新产品，用户可以通过 YY 直播平台进入

“发现”界面，体验 YY 直播的发现服务。YY 直播的发现服务有两大特点：一是注重用户与主播进行交流互动，YY 直播在其“发现”界面设置“陪我”功能，用户可以通过下单打赏的方式邀请主播与自己进行交流互动；二是注重用户与用户之间的交流形式，YY 直播在其“发现”界面设置“一起玩”功能，用户之间可以在平台上一起体验各种有趣的小游戏，并建立好友关系。

五、个人服务

个人服务中部分是免费获取的，如“我的频道”“游戏广场”“电商服务”等，部分是付费获取的，如“我的勋章”“我的特权”“免流量专区”等，付费个人服务属于增值服务，是 YY 直播的一项重要的收入来源，用户通过充值购买的形式获得增值服务以后，可以享有普通用户所没有的一些特权。目前获得 YY 直播增值服务的途径主要有两种，一种是充值成为 YY 会员，另一种是购买获得 YY 紫钻。充值 YY 会员享受的增值服务主要有：等级加速、会员标识、排名考前、排队优先、表情漫游、会员炫铃、会员表情、炫彩字体、在线状态隐身等。购买 YY 紫钻享受的增值服务主要有：紫钻尊贵身份、紫钻角色道具、YY 会员特权共享、部分游戏特权等。

通过对 YY 直播服务类型矩阵的描述与分析，我们认为 YY 直播的产品界面是：直播服务、短视频服务、发现服务、个人中心服务构成其产品及产品创新线。

第二节　客户界面构成

客户界面主要有客户细分、渠道通路、客户关系三项构成要素，客户细分用于界定产品或服务所针对的特定客户群体，渠道通路表明产品或服务传递给客户的方法及路径，客户关系是指商业模式中企业与特定客户群体所建立的关系类型，三者互为依存，密不可分。

一、客户细分

客户细分，是指企业将所有的目标客户（人群或者组织）进行分类处理，每一类别的客户一般具有相似的属性、相似的行为，企业可以通过细分而有针对性地满足不同客户的需求。

客户细分有各种类型，其中较为典型的有以下四种：第一种是大众市场的客户细分，这种客户细分简单关注大众市场，在不同客户群体上没有明显区别；第二种是利基市场的客户细分，这种客户细分高度锁定专业化市场，为专业的客户群体提供专业的产品和服务；第三种是多元化市场的客户细分，这种客户细分可以同时针对两个以上的差异客户群体，提供不同的产品和服务；第四种是多边平台或多边市场的客户细分，这种客户细分服务于两个或者更多的相互依存的客户群体。

根据易观千帆发布的《2017 年中国移动直播行业年度综合分析》的相关数据显示：从 YY 直播的用户类型来看，个人用户占比为83.5%，企业用户占比为16.5%；从 YY 直播的用户性别分布来看，男性用户占比为69.15%，女性用户占比为30.85%，男性用户构成了用户的主体；从 YY 直播的用户地域分布来看，一线城市用户占比为46.47%，二线城市用户占比为20.27%，三线城市用户占比为22.72%，其他城市用户占比为10.63%，一线城市用户占据主体地位；从 YY 直播的用户消费能力来看，中等消费者占比为34.03%，所占比重最大。

基于上述描述与分析，鉴于 YY 直播面对两个以上的客户群体，我们认为 YY 直播的客户细分是：针对多元化市场的客户细分，倾向于个人用户、男性用户、城市用户、中等以上消费能力用户。

二、渠道通路

渠道通路是指用户获得其产品或服务的途径。目前，用户获得 YY 直播的产品与服务共有两种途径，第一种是线上通路，第二种是线下通路。

就线上通路而言，目前 YY 直播的用户可以通过下载移动客户端、电脑客户端、登录网页三种形式参与 YY 直播的相关节目。YY 直播移动客户端有安卓、iPhone、iPad 三个版本，目前的移动客户端为其最新发布的 5.0 版本，在用户体验和功能设置上都做了相应的改进升级。

就线下通路而言，目前 YY 直播主要通过举办营销推广活动来让用户获得其产品及服务。例如，2018 年 1 月，YY 直播在广东长隆欢乐世界举办了其首届嘉年华活动，活动总共持续三天，活动期间将近十万用户到达现场与三百多名热门主播面对面互动，同时二十余种直播节目也首次对用户集体亮相。

基于上述描述与分析，我们认为 YY 直播的渠道通路是：线上通路为主，线下通路为辅。

三、客户关系

客户关系是指企业在商业模式中与客户建立的一种联系形式，基于不同的客户细分会形成不同的客户关系。根据 Osterwalder 的《商业模式新生代》以及胡少东的《客户细分方法探析》的研究思路，笔者将网络直播平台客户关系定性地概括为以下几种不同类型，即自助型客户关系与助理型客户关系；主动型客户关系与被动型客户关系；共创型客户关系与伙伴型客户关系。下面将从个人用户和企业用户两种类型来分析 YY 直播的客户关系。

一方面是与个人用户的客户关系。首先，用户登录 YY 直播平台后，根据自身需要选择观看相应的直播节目，在这个过程中 YY 直播并不会收取用户的任何费用，用户凭借个人意愿对节目主播给予打赏，这时 YY 直播的客户关系表现为自助型客户关系；其次，YY 直播会根据用户偏好以及用户订阅及时地向用户免费推送相关节目并进行开播提醒，不需要用户的过多需求申诉，而是基于用户的行为分析，在这个过程中 YY 直播的客户关系表现为主动型客户关系。

另一方面是与企业用户的客户关系。首先，YY 直播可以利用平台的流量优势，以广告植入的形式帮助企业实现促销引流，企业在这个过程中获得宣传推广，从而促进自身不断发展；其次，YY 直播利用其传播能力，以跨场景应用工具的形式，与企业的行业特性相结合，作为一种工具植入企业的发展环节，帮助企业进行业务拓展，在这个过程中 YY 与企业用户变为伙伴型的客户关系。

基于上述描述与分析，我们认为 YY 直播的客户关系是：自助型客户关系、主动型客户关系、伙伴型客户关系。

第三节　基础设施状况

基础设施是企业商业模式运转所必备的一些基础能力与资源配套，其主要构成要素有关键业务、核心资源和重要合作。每个企业由于其能力基础不同，资源禀赋各异，基础设施状况也表现出明显的差异性，这种差异性决定了企业商业模式的不同。在分析 YY 直播的基础设施界面时我们也将从上述三项予以展开。

一、关键业务

关键业务是企业商业模式运行所必须实施的最重要的活动，在商业模式运行中具有支撑作用，直接决定了企业的生产发展。本章在分析 YY 直播的关键业务时从网络直播平台的行业特性出发，结合 YY 直播的具体属性予以展开。

首先，YY 直播是一个内容传播平台，需要靠内容直播来满足用户需求，因此它的关键业务之一便是优化直播内容。优化直播内容具体表现在：不断调整直播内容的品类，以满足用户需求的改变；不断发掘优质的节目主播，以支持直播内容的生产。

其次，YY 直播是一个跨场景应用工具，可以与各行各业进行有机结合，因此它的关键业务之一便是拓展应用场景。拓展应用场景具体表现在：根据市场变化，寻找与其他行业的结合点；根据发展需要，寻找其他行业和领域的跨行业合作伙伴。

最后，YY 直播是一个技术集成平台，平台的稳定运行离不开完善的平台技术，因此它的关键业务之一便是完善平台技术。完善平台技术不仅需要有大量的技术资源和人员储备，还需要与周边服务提供商，尤其是技术服务提供商保持良好的合作关系。

基于上述描述与分析，我们认为 YY 直播的关键业务是：优化直播内容业务、拓展应用场景业务、创新平台技术业务。

二、核心资源

企业如果要使其采用的商业模式得到合理有效的经营运转，核心资源是最为重要的元素。YY 直播在长期的发展中积累了一定的核心资源，形成了自己独特的竞争优势，主要表现为以下几类核心资源：

第一，品牌资源。随着中国互联网消费市场的日渐成熟，如今品牌影响力成为用户选择网络直播平台的支配性因素之一，品牌影响力是网络直播平台核心竞争力和外延拓展力的集中反映，在一定程度上网络直播平台所具有的影响力对于顾客的忠诚度在实践中往往具有决定性的作用，同时品牌影响力也是网络直播平台进行流量变现和场景应用的一项基础支撑，品牌影响力作为一种主观概念其价值表现形式即为品牌价值，品牌价值的多少从某种程度上直接反映了品牌影响力的强弱。作为中国最早起步的网络直播平台之一，YY 直播的品牌影响力在业内得到了普遍认可，对 YY 直播的品牌影响力进行评价我们可以参考权威机构发布的品牌价值数据。根据文化部与中国人民大学联合发布的“2017 中国文化品牌价值 TOP50”榜单显示，YY 直播的母公司欢聚时代位列第十名，品牌价值估价为 79.1328 亿元人民币。良好的品牌价值为 YY 直播开拓市场、获取用户、赢得利润提供了能力支持。

第二，公会体系。根据 YY 直播公会运作流程图（见图 6 -2），我们可以看到，其公会体系由直播平台、主播、公会三个主体组成，三者共同对用户打赏按固定比例进行分成，其实质是一个利益共同体。在该体系中，公会是主播和平台之间的桥梁纽带，其作用类似于一个经纪公司或是分包商，一方面，公会以其成熟的运作流程和丰富的经验对主播进行筛选培养、商业包装、宣传推广、统一管理，使得主播能够迅速成长并且获得较高的人气；另一方面，公会根据用户的需求特点将主播进行分类，并向直播平台进行人才输送，当然公会也会

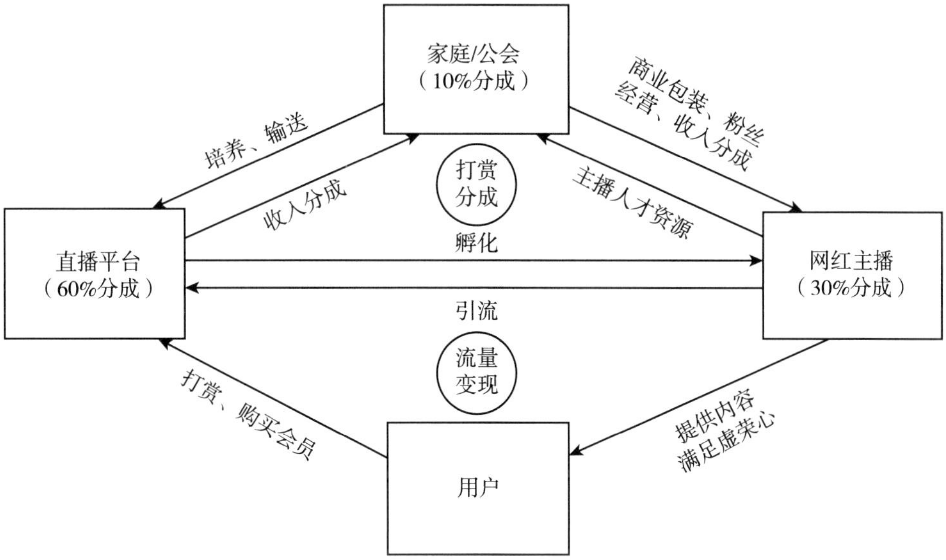

图 6 -2　YY 直播公会运作流程

从中获得相应的收入分成。这种模式总的来说是一个双赢的局面，对于平台而言获得了稳定的主播资源供应，在一定程度上保障了内容生产，同时也降低了管理成本和培养负担；对于主播而言专业运作团队的帮助能够促使自身迅速成长并且获得良好的工作推荐和收入分成。

在 YY 直播的公会体系中，通过不同的等级体系设计提供了公会运作人员的激励机制，这从机制上保证了公会工作能够吸引更多的人才源源不断地加盟。YY 直播的公会划分为普通会会、星级公会和金牌公会等不同的等级，不同等级的公会拥有的特权是不一样的。总体来说，级别越高的公会，拥有的特权越大，利益分享的比例也越大（具体内容参见表 6－1）。此外，对于公会从业人员来说，YY 直播也设计了不同级别的职业发展阶梯（公会管理员、星探、艺人经纪、公会总负责人等），以激励更多的人员投身于公会工作。当然，不同级别的工作人员，其职责和权限也是不同的。比如，公会管理员作为最初的级别，其职责只是熟悉平台生态规则和简单的便行管理工作；星探拥有的职责权限则更大一些，可以挖掘招募更多新的主播；艺人经纪，则负责主播形象打造、直播内容跟进、主播推广等工作；成为公会总负责人，则会管理统筹公会所有事务。

表 6－1　　YY 直播的公会体系

公会等级	普通公会	星级公会	金牌公会
公会特权	• 签约并管理旗下主播 • 获得固定比例为 10% 的主播收入分成	• 签约主播，并让主播在指定频道开播 • 旗下签约主播都获得星级主播身份 • 获得 0～30% 的分成 • 第一时间被推荐给新加入的主播 • 可以申请官方推荐资源 • 自主推举主播 • 参与官方举办的各种活动	• 签约主播，并让主播在指定频道开播 • 旗下签约主播都获得星级主播身份 • 可以签约金牌艺人 • 第一时间被推荐给新加入的主播 • 可以申请官方推荐资源 • 可以开通金牌频道 • 可以签约主播时选择对公结算 • 参与官方举办的各种活动

资料来源：YY 直播网站主页，http：//www. yy. com/usercenterguide.

第三，技术创新。在 YY 直播，因为产品主要是直播内容和平台建设等服务类产出，技术创新主要涉及软件、硬件设施的高效整合与运营，也可能涉及与技术服务提供商的合作与协调机制。主要来讲，包括带宽加速服务商、电信运营商、支付服务商所提供的技术支持，以及直播平台的界面开发、后台建设、运营维护技术开发与运作等内容。随着网络技术与移动客户端技术的提高，用户对直播平台的技术呈现也有了较高的要求。首先最基础的是画面的清晰度和拍摄的专业度，其次还需要为直播画面增添实时特效元素，另外如何进一步提升用户体验度也是平台技术部门必须时刻关注的技术挑战。从技术视角来看，视频直播平台的核心技术指标主要体现在三个方面：卡顿率、首屏延时、端到端延时。这三个方面与用户体验最为密切相关，也直接影响到商业模式创新过程中的用户界面创新。这也要求企业必须通过持续不断的技术创新来提高用户的直播体验。因此，对于国内各大视频直播企业而言，如何通过智能和云端技术对直播效果以及用户体验进行优化，实现首屏秒开、低延时、接近零卡顿的技术细节，成为视频技术人群日益关注的焦点。

YY 直播的母公司欢聚时代致力于以持续的技术革新改变人们的沟通方式。以 YY 直播的年报数据来看，截至 2017 年底，该公司在中国及海外拥有的知识产权数量达 1412 件，其中，专利 233 件，软件著作权 427 件，商标和服务标志 752 件。该企业完成了 1028 件专利申请和 567 件商业权申请。技术创新是持续不断的研发投入所导致的结果。2017 年，YY 公司的技术研发团队成员为 1734 人，占其员工总人数 3336 人的 52%。表 6 - 2 概括了 YY 直播母公司的研发投资情况。虽然研发投资强度从 2013 年到 2017 年呈逐渐下降趋势，但其研发投资的绝对数额却一直呈现上升势头，从 2013 年的 26700.5 万元上升到 2017 年的 78188.6 万元，五年时间几乎上升了三倍。母公司持续的技术创新投入使得 YY 直播在国内拥有比同行业其他企业更强的产品创新能力和技术创新优势，这也极大地支持了该公司在商业模式创新方面的持续强劲势头。

表 6 - 2　　YY 直播母公司的研发投入情况　　单位：万元人民币

指标	2013 年	2014 年	2015 年	2016 年	2017 年
营业收入	182346.8	367836.8	589724.9	820405	1159479.2
研发投资	26700.5	43118.8	54879.9	67523	78188.6
研发强度	14.64%	11.72%	9.31%	8.23%	6.74%

数据来源：YY Inc. 公布的公司 2017 年年报。

第四，用户资源。经过近十年的发展，YY 直播积累了大量的用户资源，根据 YY 直播的官方数据显示，截至 2017 年 6 月，YY 直播的注册用户达到 10 亿人，月活跃用户达到1.22亿。庞大用户资源为YY直播提供了充足的收入来源，也支持着平台的持续发展。

第五，企业背景。YY直播的母公司欢聚时代是目前国内唯一的一家上市的网络直播企业，上市地点是纳斯达克（NASDAQ：YY），根据美股的相关数据显示，目前欢聚时代的总市值为120亿美元。美股上市公司的背景，能够为YY直播提供强有力的资金保障和资源支持。

基于上述描述与分析，我们认为YY直播的核心资源是：具有一定的品牌资源、完善的公会体系、大量的用户积累、较好的企业背景。

三、重要合作

根据本书第二章网络直播平台利益相关方与价值链的分析，结合YY直播的实际情况，我们认为YY直播的重要合作既有网络直播平台的共性特征，也有自身发展的个性特点，针对不同的合作对象具有不同的合作模式，具体表现如下：

首先，从YY直播与供应商的合作来讲，其共性特征在于合作对象与其他网络直播平台类似，主要包括直播内容提供方和周边服务提供商，其个性特点在于合作特点不同。与主播的合作突出支持的特点，通过设置开播指引，明确主播开播流程，帮助主播进入状态；拟定成长战略，促进主播自我发展；设置等级制度，划分主播档次层级；明确运营规则，规范主播直播活动。与公会的合作突出双赢的特点，通过与公会确定收益分配规则，建立合作利益基础；通过与公会明确职责划分，实现有序运营。公会的性质类似于经纪公司，一方面帮助直播平台培养主播，另一方面对主播进行宣传推广，并从主播获得的打赏中收取一定比例的分成。

其次，从YY直播与跨行业企业的合作来讲，具有分布多样化的特征。根据YY直播公布的相关信息显示，截止到2017年，与YY直播建立战略合作伙伴关系的跨行业企业达到56家，分布的行业领域多种多样，既有知名的科技型公司，如小米、金山等；也有著名的硬件生产商，如硕美科集团；还有传统的卫视频道，如湖南卫视等。这些各个领域的合作伙伴为YY直播商业模式的发展提供了多样化的支持，同时也是对YY直播商业模式的一种认可。

从下面的重要事件发展历程中，我们可大概了解下YY直播与相关伙伴的合作网络。2014年底，YY直播与3DM正式达成合作协议，在新的合作框架中，

YY 直播平台与 3DM 发挥各自的优势、整合有利资源，为玩家提供 24 小时不间断的游戏直播服务。2015 年 4 月，YY 直播与国内专注于高端 PC、主机游戏的核心媒体之一游民星空合作，双方的合作可谓强强联手，为 PC、主机游戏玩家的日常娱乐带来新的选择。2016 年 5 月，YY 直播与 OTA 平台跨界合作。2016 年 6 月 22 日，YY 直播与华策影视、芒果娱乐、PPTV、ICC 赛事合作，以及与明星综艺天王吴宗宪合作。2016 年 10 月，YY 直播与 CBA 合作，获得 CBA 全程互动直播权。

基于上述描述与分析，笔者认为 YY 直播的重要合作是：供应商合作突出主播与公会，跨行业企业合作具有多样化。

第四节　财务运营与 YY 直播的商业模式画布

财务状况在某种程度上直观地反映了企业商业模式的运营状况，其主要构成要素是收入来源与成本构成。收入来源从收入端来衡量企业商业模式，成本状况从费用端来体现企业的商业模式，两者之差能够反映企业的盈利能力。

一、收入来源

YY 直播的收入来源主要有两个方面，一是来自于个人用户，二是来自于企业用户。

YY 直播针对个人用户的收入来源有两种途径，即用户打赏分成和用户购买增值服务。就用户打赏分成来说，其主要形式表现为：用户在参与直播节目时，对喜欢的直播节目或者直播可以给予虚拟礼物进行打赏，虚拟礼物需要在直播平台进行充值购买，获得打赏后 YY 直播平台、节目主播、主播公会按照事先约定的比例分成该部分打赏。就用户购买增值服务而言，其主要表现形式为：部分用户为了获得高于一般客户的优先特权（如等级加速、会员标识、排名靠前、排队优先、表情漫游等），会购买 YY 直播提供的增值服务，主要的增值服务有 YY 会员、YY 紫钻，这部分购买增值服务的金额也成为 YY 直播的收入来源。

YY 直播针对企业用户的收入来源也有两种途径，表现为广告费和服务费两种形式。第一种形式是企业利用直播平台进行引流促销，在直播平台页面以及直播节目中植入企业的宣传广告，直播平台会收取一定数量的广告费用；第二种形式是企业利用直播平台进行垂直细分领域的专业化直播以拓展业务的覆盖范围和应用场景，直播平台会收取一定的服务费用和流量费用。

通过整理 YY 直播母公司欢聚时代 2016～2017 年度四个季度的财务报表，我们发现，除了 2017 年第一季度营业收入下降以外，其余几个季度收入都在稳步上升，见表 6－3。

表 6－3　YY 直播连续四个季度净营收及增长率情况

报告期	YY 直播营业收入（亿元）	环比增长率（%）
2017 年第三季度	23.192	20.07
2017 年第二季度	19.316	15.33
2017 年第一季度	16.748	－11.10
2016 年第四季度	18.84	12.83

资料来源：各季度官方财报。

二、成本结构

成本结构是衡量商业模式财务状况的关键性构成要素，通过对 YY 直播母公司公布的财务报表的梳理可以发现，YY 直播的成本主要由收入分成及内容成本、带宽成本、营业费用、研发费用、一般与行政费用、销售与市场营销费用等构成。其中，收入分成及内容成本、带宽成本一方面是网络直播平台特有的成本内容，另一方面其占据了营业成本的绝大部分比重，具体金额及比重见表 6－4。

表 6－4　YY 直播母公司连续四个季度营业成本及构成

报告期	营业成本（亿元）	收入分成及内容成本（亿元）	所占比重（%）	带宽成本（亿元）	所占比重（%）
2017 年第三季度	18.893	16.049	84.95	1.605	8.50
2017 年第二季度	15.634	12.59	80.53	1.653	10.57
2017 年第一季度	13.77	10.353	75.19	1.89	13.73
2016 年第四季度	15.596	12.222	78.37	1.689	10.83

资料来源：各季度官方财务报表。

YY 直播的带宽成本属于刚性成本，是网络直播平台所特有的一项资本化费用支出，当前按峰值收费是中国带宽收费的标准形式①。在当前的中国，带宽是视频行业无法避免的问题。举例而言，假设码率为 800K，即使在线峰值仅为 100 万人，此时的带宽就高达 1.5T，企业每月就需要交纳高达 3000 万～4000 万元的带宽费。

YY 直播的收入分成费与内容成本属于弹性成本。收入分成费用，指的是 YY 直播平台获得的用户打赏以及部分用户充值，需要按照一定的比例，与直播、公会之间进行分配而形成的费用化开支；内容成本，指的是 YY 直播为了获得各种直播节目内容，而支付给直播内容提供方、版权方的各种内容相关的费用成本。

第五节 YY 直播的商业模式画布概览及其创新趋势

在上一节阐述完产品创新、客户界面、基础设施和财务状况等四个维度后，我们在本节综合概括 YY 直播商业模式的四个板块内容，绘制出 YY 直播的整体商业模式画布。然后，结合 YY 直播新近的商业模式创新相关的实践，概括其商业模式创新与技术创新的未来趋势。

一、YY 直播的商业模式画布

通过上述针对 YY 直播商业模式四个不同维度的分析与评价，我们对于 YY 直播商业模式有了一个全面的了解，在此基础之上，我们描绘出 YY 直播的商业模式画布，见图 6－3。

通过图 6－3 我们可以相对直观地了解到，YY 直播关于其核心产品的价值主张是：以直播服务、短视频服务、发现服务、个人中心服务为主要构成内容的产品界面。YY 直播关于客户界面的三个组织部分分别为：一是多元化市场的客户细分，倾向于个人户、男性用户、城市用户、中等以上消费能力用户；二

① 在美国其宽带几乎没有成本，美国用户会为了视频支付更多的带宽套餐，如果网站有大量的内容，电信运营商会非常乐意开放接入带宽（卢紫馨，2017）。

<table>
<tr><td rowspan="2">重要合作KP
供应商合作突出主播与公会，跨行业企业合作具有多样性</td><td>关键业务KA
优化直播内容、拓展应用场景、创新平台技术</td><td rowspan="2">价值主张
（VP）
以直播服务、短视频服务、发现服务、个人中心服务为主要构成内容的产品界面</td><td>客户关系CR
自助型客户关系、主动型客户关系、伙伴型客户关系</td><td rowspan="2">客户细分CS
多元化市场的客户细分，倾向于个人户、男性用户、城市用户、中等以上消费能力用户</td></tr>
<tr><td>核心资源KR
一定的品牌资源、完善的公会体系、强劲的技术创新体系、大量的用户积累、较好的企业背景</td><td>渠道通路CH
线上通路为主，线下通路为辅的渠道通路形式</td></tr>
<tr><td colspan="3">成本结构C $
收入分成及内容成本、
带宽成本、
营业费用、
研发费用、
一般与行政费用、
销售与市场营销费用</td><td colspan="2">收入来源R $
个人用户：
用户打赏分成
用户购买增值服务；
企业用户：
广告费
服务费</td></tr>
</table>

图 6－3　YY 直播的商业模式画布

是客户关系主要由自助型客户关系、主动型客户关系、伙伴型客户关系组成；三是渠道通路采取了线上通路为主，线下通路为辅的渠道通路形式。收入来源包括两个部分：一是个人用户的用户打赏分成和用户购买增值服务；二是企业用户的广告费和服务费。

为有效实现产品创新的价值主张、维护客户界面以得到销售收入，YY 直播在基础设施方面的建设工作由三部分组成：一是清楚界定其关键业务为优化直播内容、拓展应用场景、创新平台技术，以不断创新的技术体系支持其商业模式的有效运营；二是积极建设其关键资源，包括品牌资源、完善的公会体系、强劲的技术创新体系、大量的用户积累、较好的企业背景、大量的用户积累和较好的企业背景；三是供应商合作突出主播与公会，跨行业企业合作具有多样性。YY 直播的成本结构主要由带宽成本、营业费用、研发费用、一般与行政费用、销售与市场营销费用等构成。

二、YY 直播商业模式创新的未来趋势

虽然 2016 年被称为“直播遍地开花”的一年，使得直播这一新型的娱乐社

交方式正潜移默化地影响着我们的生活，但是，在移动互联网化、智能化、数据化等大的技术变革趋势下，商业环境呈现出一种非线性的动荡式变化特征。因此，任何一家企业、任何一种商业模式创新或技术创新，自成功问世起，就必须开始着手下一代的创新规划。YY 直播也不例外。作为一个直播平台的竞争者，YY 直播该怎样创新其商业模式和培养什么样的比较优势，以便在竞争如此激烈的在线直播市场内站稳脚跟或留存一席之地，肯定是 YY 直播在高效思考其商业模式创新与技术创新的有效耦合时，必须保持的逻辑主线之一。

面对未来全新的市场挑战，YY 直播母公司欢聚时代的 CEO 李学凌表示，YY 将把全球化和人工智能作为公司的两大核心战略，全球化战略作为公司未来长期增长的潜在动力；同时丰富和多样化直播内容，进一步拓展运营和用户规模，将 YY 加速打造成一家世界领先的视频社交公司。

公开资料显示，YY 内部已全面转型人工智能（AI），成为国内第一家以人工智能为核心思想驱动的互联网公司，不断提升该公司在搜索技术、推荐算法、计算机视觉和语音相关人工智能技术上的专业能力。2018 年，YY 直播在人工智能技术方面取得了长足的进步。一方面，借助 AI 视觉识别等方面的技术，YY 将大量审核工作交给 AI 技术处理，极大地提升了效率，保障了平台的稳定和安全；另一方面，利用先进的机器学习模型来提高内容标记的有效性，通过将 AI 支持的视觉识别技术应用到内容分发引擎中，准确地向用户推荐最相关的直播节目。AI 算法的提升，为用户创造了更加优质的产品体验。2018 年第四季度 YY 直播用户平均使用时长环比增长 7%①。AI 技术的应用推动了该企业持续的创新升级策略，使得用户体验大幅跃升。从中不难看出，商业模式创新过程中获得持续有效的技术创新支持，是一种具有战略性价值耦合的机制，这种机制对那些旨在完成前沿创新、高效创新的企业而言是无法回避也无法替代的。商业模式创新与技术创新的高效耦合，在 YY 直播的创新实践中得到了充分的验证和直接体现。

当然，前方的挑战永远不会自动萎缩或消失，而只会层出不穷。YY 直播的 AI 之路也才刚刚启程。如何利用好大数据、虚拟现实 VR 技术和人工智能以更好地服务于其商业模式的创新，必然是 YY 直播面临的核心挑战之一。有分析认为，大数据、VR 技术和人工智能的兴起让 YY 直播的泛娱乐战略更具想象力。

---

① YY 欢聚时代发布 2018 年 Q4 及全年财报，https：//www.csdn.net/article/a/2018-02-05/15941451。

如果这三种技术成功开发并高效与其商业模式创新耦合，那么，YY 直播就可以实现如下方面的突破：通过提升对直播平台大数据的整合和利用，进行用户的个性化资讯推荐，提升用户体验的同时强化参与感；通过对用户行为数据的有效分析，采用精准投放的策略进行广告商的广告投放，提升广告效率的同时促成更多交易，进而为直播平台创造更多价值。此外，VR 技术和 AI 技术的研发，将新技术应用到在线约会和在线教育业务上，让用户能够有更真实的体验，进而创造更多商业价值。当然，这些突破是必须以持续不断的高水平研发投入和高效耦合的商业模式创新投入为前提的。

移动可能是 YY 直播需要直观的另一个现实挑战。在移动互联网时代，移动可能 是 YY 直播必须抢占的潜在业务市场，但这也可能是 YY 直播当前最为薄弱的业务体系环节。虽然欢聚时代已发布了对应于 PC 端各业务的 App，但用户规模积累有限，相比于移动互联网的整体发展速度已明显落后；此外，YY 直播在 PC 端的优势资源并非能够全部迁移到移动端，而原有用户的迁移和新用户的拓展都面临着诸多问题，致使移动端的发展面临着很多挑战。显然，加速整合 PC 端直播和移动端直播，已经成为 YY 直播及其母公司欢聚时代必须要加快解决的挑战。毕竟，如果 YY 直播动手迟缓了，那么，相信它在移动端的竞争对手会加快研发，抢占那些原本很难抢占的市场份额。而其后，就可能会出现另一种创新性更强的商业模式来取代现在直播龙头 YY 的江湖地位。地位不保，江湖易主或迟或早，但结局是必然可预料的。

第七章　苹果手机案例：产品创新与商业模式创新的耦合

手机被称为继铁器、蒸汽发动机、计算机之后，人类的第四大文明工具。在当今信息化时代，手机的工具性与表达性使其不再单纯地被局限为一个通信工具，它已经成为人们随身携带的一个多功能“器官”，它的富媒体（rich media）特征也深刻地改变了人们的生活和娱乐方式。在众多的手机生产企业中，以设计著称的苹果公司所生产的苹果手机尤为广受大众欢迎，以至于苹果公司曾连续五年蝉联全球市值最大企业。而众多的手机企业以苹果公司为榜样正在努力追赶，国产手机在销量上异军突起，对曾经的行业翘楚苹果公司形成了一定的压力。本章以手机产品创新设计为主，结合手机产品的商业模式进行研讨，通过研究苹果手机的成长经历与成功经验，辅以其主要竞争对手产品，通过对照手机产品评价其设计效果，在归纳总结基础上提出相应的对策建议，从而为未来手机厂商的产品创新提供参考和借鉴。

第一节　苹果手机概述

作为科技发展的结晶，手机与创新的关系更是密不可分。伴随着创新基因而生的手机作为科技创新的重要产品之一，创新对其而言重要程度与其他产品相比可以说是有过之而无不及。苹果手机的诞生与发展，是一部手机行业发展的传奇史。以电脑起家的苹果公司从电脑行业跨界进入手机行业，苹果手机凭借其时尚的风格、优秀的工业设计、简洁易用的用户交互界面而广受欢迎，在手机市场上所向披靡，一跃成为被行业追随的标杆以及手机行业的利润霸主。苹果公司的这一切成就均与苹果手机息息相关，而要研究苹果手机过往的辉煌与当前受到的挑战，就必须先对苹果手机的发展史进行深入研究。

一、苹果手机

苹果手机（iPhone）是美国苹果公司（Apple Inc.）研发的智能手机系列，搭载苹果公司自行研发的 iOS 操作系统，于 2007 年 1 月 9 日由苹果公司前首席执行官史蒂夫·乔布斯（Steve Jobs）发布，并于同年 6 月 29 日开始正式发售。

苹果手机的用户交互界面是基于当时开创性的多点触控显示屏技术，在 iPhone 6s 以及之后的款式（iPhone XR 例外）中增加了三维触控的创新触控方式。手机用户界面中包括了虚拟键盘、电子罗盘、播放音乐、拍照、拍摄影片（iPhone 3Gs 及以上）、无线通信、浏览网页、移动支付（iPhone 6 及以上）、收发电子邮件等功能，还包括其他扩展功能，如电子游戏、社交网络及 GPS 导航等，这些都可以通过安装扩展应用程序（App）来实现。另外，还支持 2G、3G、Wi－Fi 和 4G LTE（iPhone 5 及以上）连接，以及基于上述连接至虚拟专用网 VPN（Virtual Private Network）服务器，实现虚拟专线网络服务。

苹果手机的产生并非出于偶然，苹果手机的出现得益于史蒂夫·乔布斯敏锐的危机感。在苹果手机尚未出现之前，苹果公司的音乐播放器 iPod 销售在 2005 年占其年收入的 45%，并且为公司塑造了时尚企业的形象。然而自从 2000 年三星公司推出了 SGH－M188 后，开创了手机具有 MP3 播放功能的先河。随后诺基亚于 2002 年推出了首款定位于音乐手机的 5510。索尼爱立信则在 2005 年发布了它的第一款音乐手机 W800c，完整地提出了音乐手机概念，凭借 SONY 随身听王牌 Walkman 的影响力，音乐手机真正地开始发展起来。但此时的音乐手机还不足以威胁到如日中天的 iPod 产品。

让乔布斯受到启发的是手机数码摄像功能的发展。夏普于 2000 年 11 月在日本推出了夏普 J－SH04，这是世界上第一款真正意义上的拍照手机，它的像素为 11 万。2003 年，松下发布的 P505iS 手机首次具备了自动聚焦功能。而仅仅到了 2004 年夏普的 V602SH 手机就具有 200 万像素 CCD 镜头并且支持 2 倍光学变焦。索尼爱立信在 2005 年发布了 K750i，拥有 200 万像素并首次集成了自动对焦系统和氙气闪光灯，拍照的效果更清晰，使手机的拍照体验首次接近数码相机。而同时期诺基亚推出的搭载 3 倍光学变焦镜头的 N90 则令人感到眼前一亮。这些跨界创新设计使消费级的数码相机市场份额受到侵蚀而急剧萎缩。由此乔布斯认为同样的情况也可能会发生在 iPod 身上，当手机中的音乐播放水平达到 iPod 的水准时，人们就只需要带手机而不必要 iPod 了。因此，乔布斯得出结论："能抢我们饭碗的设备是手机"[①]。随后苹果与摩托罗拉（Motorola）合作推出了一款称为 ROKR 的 iTunes 手机，由于其廉价的塑料感，表现糟糕的相机，极慢的加载速度以及仅 100 首歌曲数量的限制，与当时的其他手机相比其表现无法引起消费者的兴趣。其退货率甚至高于行业平均水平 6 倍，媒体也普遍对此款手机持批评态度。苹果公司不得不自力更生自行设计制造手机，成立了命名为"Project Purple"的研发 iPhone 的秘密计划项目，从而拉开了 iPhone 的经典序幕。

二、苹果手机发展里程碑

2004 年，苹果公司召集了包括设计师乔纳森·埃维在内的 1000 多名内部员工，秘密组成了研发 iPhone 的团队，并将该项目命名为"Project Purple"。当时苹果公司的 CEO 史蒂夫·乔布斯根据发展趋势决定将公司的重点转向手机。

第一代 iPhone 于 2007 年 1 月 9 日由乔布斯亲自在美国旧金山举行的 MacWorld 上发布，并于同年 6 月 29 日在美国正式发售。刚推出的 iPhone 上市后销售情况反应热烈而引发热潮，第一代苹果手机甚至被描述为是对手机行业游戏规则革命性的改变者。在 2008 年第四季度，苹果手机的销量就已经超越了 RIM，成为排名第三的手机制造商，仅次于诺基亚与三星公司。2009 年，苹果公司跟中国联通达成协议，中国联通获得 iPhone 在中国的销售权并于 10 月 30 日在北京开售中国联通版 iPhone 3G 手机。2010 年 6 月 7 日，乔布斯在苹果的 WWDC（Worldwide Developers Conference）中发布了 iPhone 4，推出后获得了正面的评价。2011 年 1 月 11 日，Verizon 公司宣布，它们已经与苹果公司达成协议，Verizon 公司将会开始售卖基于 CDMA2000 技术标准的 iPhone 4。同年 3 月 2 日，苹果公司在 iPad 2 的发布会上宣布 2007 年至 2011 年已在全球售出超过一亿部 iPhone。

2011 年 10 月 4 日，苹果公司新任 CEO 提姆·库克（Tim Cook）在发布会上发布了新一代苹果手机 iPhone 4s。2011 年 10 月 14 日，在 iPhone 4s 正式发售的 24 小时后，苹果公司卖出 1000000 部 iPhone 4s。由于 iPhone 巨大的需求量以及

① 艾萨克森：《史蒂夫·乔布斯传》，中信出版社 2014 年版，第 417 页。

高企的定价与定位策略，使得苹果公司在2011年成为行业中赢利最多的手机制造商，一举超越雄居于榜首多年的诺基亚。2012年1月，苹果公司宣布该季度公司53%的利润均来自于iPhone，占比超过苹果公司其他产品利润。

2018年8月2日，苹果公司股价突破208美元，从而成为全球首家市值突破10000亿美元的科技公司。

三、历代苹果手机主要创新点

苹果手机曾经作为设计的风向标，对整个手机产业的发展有着非同寻常的影响。苹果曾在其官方网站上用一段话进行了非常自信的概括："令人惊讶的是，从第一个iPhone到今天最新的iPhone 7 Plus，它仍然是黄金标准，其他手机或多或少都是向iPhone追随。对我们许多人来说，手机已经成为我们生活中最重要的设备，我们爱它。"自从2007年1月9日乔布斯于Macworld年度展示会上首次推出iPhone手机后，这种带多点触控功能的显示屏不同以往用实体键盘操作的手机，其直观简洁的融入性交互方式让人眼前一亮，印象深刻。对于多数人来说，这种新型的触摸屏幕手机可以播放音乐、浏览互联网和拍照，比同时代的其他手机在使用体验上焕然一新，一时引起了非常大的反响。

苹果手机的发展历程，可以说是一部创新史。在图7-1中，我们归纳了苹果手机自2007年问世之日起至2018年间历年的主要创新点。第一代iPhone的手机功能相对简陋，甚至连复制和粘贴这些常用的功能都没有，但是它独有的"触摸界面"秘密武器在当时还是一个非常新奇的概念，消费者试用过后对其触摸功能赞不绝口，使苹果手机树立了时尚的创新形象从而与竞争对手拉开了距离。2008年推出的iPhone3G开始支持3G通信技术，并且在手机中增加了GPS功能，同时正式宣布在线应用商店（App Store）上线。这在手机行业是一个硬件加内容的创新模式，是手机发展史上的一个伟大的里程碑。而iPhone 3Gs的发布使VGA画质（640×480像素分辨率）的视频录制成为现实。前几代的苹果手机除了众所周知的触摸屏可作为其创新亮点代表外，其他方面相对于同时代成熟的竞争对手都算是修补式的创新，直到iPhone4才真正迎来了苹果手机的大爆发。

iPhone4的厚度仅为9.2毫米，相对于iPhone 3Gs 12.3毫米变薄了24%，作为便携式产品的手机厚度改善如此之大是一个非常吸引人的大改进。系统增加

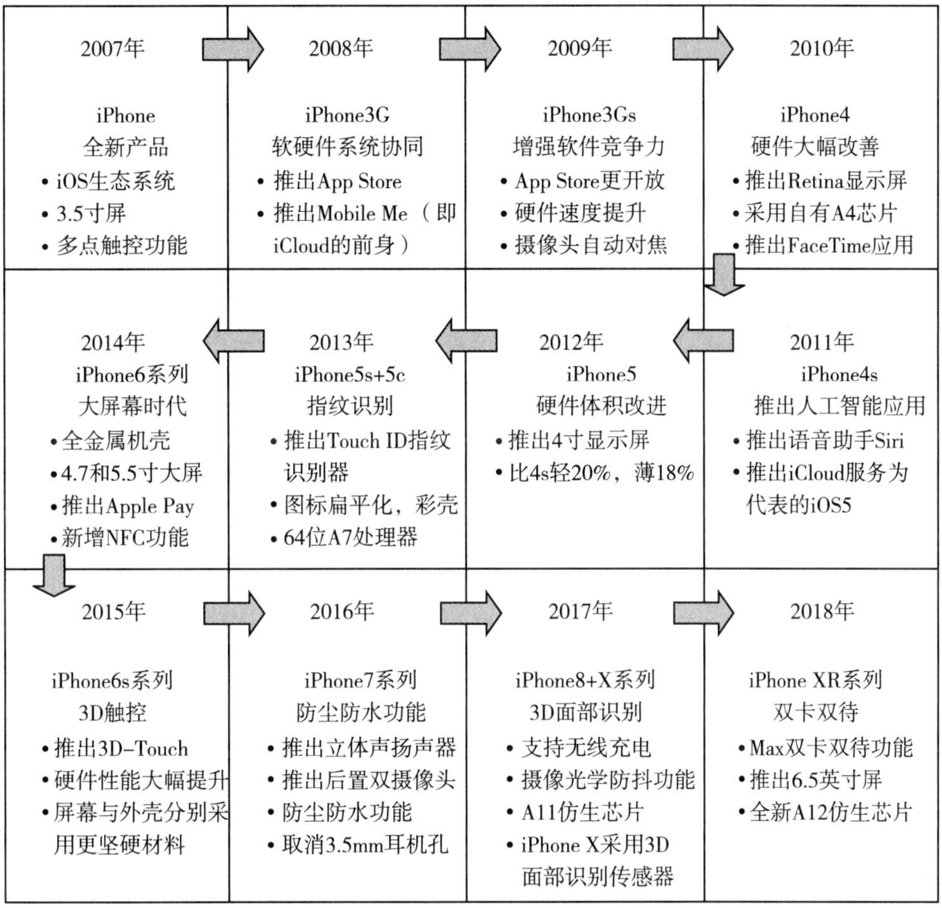

图7－1　苹果手机历年主要创新点

了消费者盼望已久的多任务功能，屏幕方面使用了名为 Retina 的显示技术，令屏幕分辨率达到了 960×640 像素。基带硬件上也开始采用自己的 A4 处理器，而外观所采用的双面玻璃加金属中框的惊艳设计，被之后的产品争相模仿。iPhone4 发布后销量猛增，供不应求，成就了苹果公司“饥饿营销模式”的美名，同时使“黄牛”这个来自其他领域的词汇为手机行业中人所熟知。iPhone4 可以说是苹果手机创新与受欢迎程度的里程碑。

苹果公司在之后的 iPhone4s 手机加入了全新的 Siri 智能语音助手，在手机的智能化应用方向上跨进了一大步。并开启了对数据存储方式影响较大而安全性备受争议的 iCloud 云端模式服务；硬件方面，搭载苹果 A5 双核处理器，配备 IPS 玻璃硬屏。iPhone5 则采用了由 3.5 英寸增至 4 英寸的视网膜屏，其饱和度较上一代提升了 44%，分辨率升级为 1136×640，并首次通过使屏幕变长不变宽的做法，将屏幕的比例由 3∶2 调整至接近 16∶9，使用 A6 处理器芯片。iPhone5s 和 iPhone5c 新增了 Touch ID 指纹识别功能。

iPhone6/6Plus 系列新增了移动支付服务 Apple Pay，另外苹果公司首次顺应了市场的需求，加入大屏手机的队伍行列中，并根据屏幕大小分为4.7 英寸屏幕的 iPhone6，以及5.5 英寸屏幕的 iPhone6 Plus 两款手机，从而开启了大屏幕手机时代。这款手机一经上市就卖断货，销量高达约 2.224 亿部，成了 iPhone 家族中最畅销的机型。

iPhone6s 和 iPhone6s Plus 系列时，3D Touch 成为新亮点，厚度也减少了 10%，达到惊人的6.9mm。iPhone7 和 iPhone7 Plus 的 Home 键添加了振动反馈而不再是机械按键，搭配上了全新 Taptic Engine，同时去掉了 3.5mm 耳机孔，但拥有双扬声器，并首次支持 IP67 级的防水。iPhone7 Plus 则增加了双摄像头设计，能进行景深虚化。iPhone8 系列搭载了针对 AR 进行过优化的 A11 仿生芯片，可以认为 iPhone 8 是第一款正式支持 AR 的智能手机。在外壳材质上均采用了玻璃后盖，使之能进行无线充电。iPhone X 则采用全面屏设计，取消了 Home 键，首次加入了 Face ID，前置摄像头加入了 Animoji① 的功能。iPhone XR 系列则增加了中国用户期待多年的双卡双待功能，在显示屏方面，iPhone XS Max 屏幕显示面积尺寸高达 6.5 英寸，处理器采用了功能更为强大的全新 A12 仿生芯片。

从苹果手机的产品创新发展路径可以看出，虽然在发展历程中也出现了“天线门”“苹果地图危机”这类负面事件，但瑕不掩瑜，总体上苹果手机的发展就是一个持续不断创新、不断有新奇功能惊喜展现的过程。这些创新深深地开启了消费者的好奇心，使得消费者对每一代苹果手机可能出现的创新都翘首以待。

第二节　苹果手机的软硬件及供应链

如果说操作系统是手机的灵魂，那么手机的硬件就是其躯体，两者相互依存，缺一不可。苹果手机自身的操作系统 iOS 以简洁易用而著称，且长年如新体

① 使用面部识别传感器来检测用户面部的表情变化，同时用麦克风记录声音，并结合生成模拟用户动态形象的 3D 动画表情符号。

验如初，同时其性能强劲的硬件，在国内外的硬件评测中经常名列前茅，保证了其软件拥有性能强大的支持平台，而且苹果手机还拥有强大的供应链体系为其保驾护航。优秀的软硬件以及供应链三位一体为苹果手机的生态系统打下了坚实的基础。

一、iOS 操作系统

iOS 是苹果公司所开发的移动设备操作系统，应用于 ARM 架构的 32 位或 64 位中央处理器。从系统结构上，iOS 分为核心操作系统（the Core OS layer）、核心服务层（the Core Services layer）、媒体层（the Media layer）、Cocoa 触摸框架层（the Cocoa Touch layer）四个层次。iOS 是由 Apple Darwin 核心发展出来的变体，基于 Mac OS X 操作系统发展而来，同样也是以类 Unix 系统（Unix - like）Darwin 为基础。iOS 原名为 iPhone OS，最初搭载于第一代 iPhone 同时推出，并渐渐扩展支持公司其他移动设备，包括 iPhone、iPod touch 以及 iPad 等。在 2010 年的 WWDC 大会上宣布改名为 iOS，是继 Android 后全球第二大最受欢迎的移动操作系统。

苹果手机是图形用户界面，其应用程序以图形化图标呈列表形式排列显示，在默认的情况下主画面包括以下图标：消息、日历、天气、语音备忘录、备忘录、照片、相机、视频、股票、设置、Safari 浏览器、地图、时钟、App Store 以及 FaceTime 等程序。iOS 的用户界面基于多点触控技术可以直接进行操作，非常简便。控制动作包括滑动（swiping）、轻按（tapping）、挤压（pinching）、反向挤压（reverse pinching or unpinching）等。iPhone 6s 还添加了 3D touch 功能，该功能透过显示屏里的感应器对用户的按压力道大小的不同做出相应的反应。所有这些动作在 iOS 系统以及多点触控界面中都有相应具体的定义。同时，软件能够使用内置的各种传感器。比如通过其内置的加速传感器，可以在旋转手机时屏幕显示方向也随之改变，使得设备更便于使用。

在软件的更新方面，iOS 的主要版本通常每年发布一次。iOS 3 版本引入了 Spotlight 功能，它能搜索用户设备内的电子邮件、联系人、媒体、应用程序、提醒事项、消息等内容。苹果公司在 iOS 4 中加入了文件夹功能，用户可以通过对应用程序图标进行拖放来创建文件夹，对软件进行分类，且名称也可由用户自行来编辑。自 iOS 5 苹果公司引入了通知中心功能，允许用户查阅历史通知记录，而且通知信息能以横幅形式显示于屏幕的顶部，若用户点击收到通知，还能将该应用程序打开。2013 年发布的 iOS 7 版本的用户界面将图像化的风格转变为扁平化风格，同时文件夹的每个页面可扩展到最多包含 9 个应用程序图标，每个文件夹内可有 15 页容量，因此一个文件夹总共可以容纳 135 个应用程序。另外，此版本还推出了一些新的功能，如在有多种网络可用时，会优先选择 WiFi 网络而不是移动网络来更新用户的应用程序。同时，苹果公司还把一些人性化的辅助功能集成到 iOS 中，例如有一项功能被称为“VoiceOver”，它能提供屏幕上语音朗读信息的功能，让有视力或听力障碍的用户能够在无障碍环境下方便正确地使用其产品，这些软件设计细节获得了一致好评。另外，代表人工智能助理的 Siri 也是一个非常重要的应用，该应用程序最初于 2010 年 2 月作为 iOS 的一个普通第三方应用程序来发布，后被苹果公司收购，之后集成到 iPhone 4s 并重命名为“Siri”再于 2011 年 10 月重新推出，其使用方式是基于自然语音交互界面，并通过互联网搜索相关信息呈现出来。随着软件的更新，会越来越智能化，并适应用户的个人语法习惯和偏好。Siri 支持非常广泛的常用命令，包括打电话操作、查询与查阅信息、记录事件与个性化提醒，等等。随着 iOS 11 的更新发布，苹果公司更新了 Siri 的声音，使其接近更自然的人类声线，提升用户体验满意度。

苹果的软件一向以易用、体验好而著称，甚至于乔布斯曾称苹果公司是一家软件公司。苹果公司对软件的极致追求有口皆碑，许许多多在今天我们已经习以为常的手机交互效果小细节，都是花了很大工夫、很多的精力设计出来的，这才成就了如今的顶级使用体验。如电子书翻页速度为了让用户感觉自然，采用的是非简单匀速的设计；又如网页惯性滚动效果，就是网页滚动到页面的底部或顶部时屏幕会有反弹回来的效果，让用户确定自己清楚地知道什么时候点到了页面顶部，而不是不明所以地傻傻地继续滚动屏幕，因为看不到界面反应而误以为程序停止运行了。这些微小而又非常影响体验的技术，都是在苹果工程师不断地验证、不断地修补完善中形成的。

随着科技的进步，生活品质的提升，单纯的语音通信已经不再是主流，更多的是基于社会关系下各种花样繁多的沟通方式，当前可以说用手机就是用软件，苹果系统的流畅与简洁有口皆碑，在 iOS 的研发过程中，参与试验的工程师都对这一触控界面所带来的卓越的体验效果感到激动，并坚信这一技术将代表手机以及人机界面的未来发展方向。之后苹果手机的市场表现也证明了 iOS 是手机界的一股清流，从当时众多的系统中脱颖而出，好评如潮，其简单易用及符合人类思考方式的设计逻辑至今仍是众多竞争对手努力追求的方向。

二、硬件与性能

手机的硬件是软件的载体与舞台，没有强劲性能的硬件，软件就如无本之木，无法很好地发挥其性能。而苹果公司在追求极致的乔布斯影响下，拥有着同时代下性能一流的硬件。在 iPhone 4 发布前，苹果手机使用的都是第三方的处理器，直到 iPhone 4 才使用了公司自己基于 ARM Cortex－A8 架构研发的采用 45 纳米工艺的 A4 处理器。之后随着技术的发展，A5 及 A6 处理器的性能都有很大的提升。而随着苹果公司 A7 芯片的推出，手机处理器正式进入 64 位时代。苹果 A7 包含了超过 10 亿个晶体管，被称为是一款 64 位桌面级架构处理器，它使得移动计算和传统桌面计算平台之间的界限开始变得模糊，对于业界来说意义重大。随后的 A8 系列处理器随着制造工艺的提升，性能得到提升，体积变小，能耗下降。A9 内含了区别于 ARM 公版微架构的苹果自主微架构中央处理器核心，拥有 64 比特 ARMv8－A 指令集架构。A10 配置了四核心 SoC，性能上可媲美个人电脑的四核 CPU。而 A12 则是第一个实现量产的 7nm 移动 SoC 芯片。

除了手机最基本的基带与射频相关元器件外，具有各种功能的传感器也越来越多。其中包括性能越来越强大的主处理器；显示面积越来越大的显示屏；具有耐指纹功能的疏油涂层以避免用户的指纹留在手机显示屏上的电容式多点触控显示屏；为了延长电池续航时间和防止用户在通话时由于耳朵、脸部误触而导致屏幕关闭的近距感应器；体积越来越小的 SIM（Subscriber Identification Module）卡；能感应周围的光源亮度并相应调节手机屏幕亮度从而节省电力增加使用时间的光线感应器；具有指南针功能的带有测量磁场方向和磁力强度的磁力感应器；可以用于轻松地切换手机屏幕页面显示方向以及控制第三方应用程序软件特别是游戏的加速感应器，该传感器还可用于健身时作计步器使用；用于保修前检测的液体接触感应器，当这种感应器接触到水分等液体时其颜色会由白色转成红色；提高手机感知如何移动的能力的陀螺传感器；能够 360°全方位采集及分析用户个人特征的指纹感应器，其配合内置触控 ID 功能即可实现包括屏幕解锁、购买应用程序等功能；能进行多媒体文件交换以及在驾驶时允许使用免提功能的蓝牙（bluetooth）模块；还有非常重要的摄像头模块，随着软件的改善，可以通过内置的相机拍摄全景照片，支持慢动作的拍摄模式等，而最新版的手机还支持双摄像头防抖。

除了以上传感器外，尤为值得一提的是在 iPhone X 上首次出现的面部识别传感器，其原理为使用时会先用泛光感应组件来照亮用户的面部以获取其 2D 红外脸部照片，再用红外摄像头进行识别，接下来使用点阵投影器向用户的面部表面投出三万多个具有特定编码的红外线点阵，通过接收反射到红外摄像头接收器的数据，利用之前生成的红外照片和反射回来的红外点之间的位置偏移量，就可以获得用户面部表面景深信息，从而可以构建出一个精确的 3D 面部模型，之后再将红外图像和精准 3D 模型数据转化成数学表达式发送到处理器中进行处理，再通过比对之前预先注册的面部数据库数据后，进行对比鉴权从而得出结果。功能全面是苹果手机具有强大吸引力的一个重要因素。

苹果手机不仅具有众多不同的功能，性能上也非常卓越。从 iPhone 的发展史来看，每一代手机的硬件都有很大的创新与突破。除了各种新技术，iPhone 的运算性能也一直在以惊人的速度发展，见图 7－2。

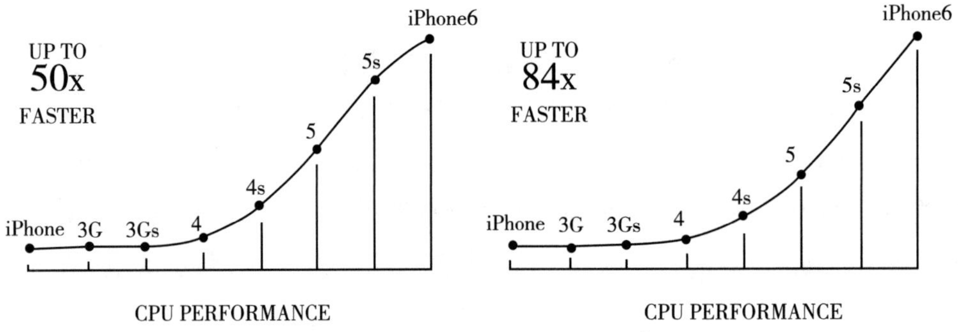

图 7－2　苹果手机处理器性能趋势

资料来源：iPhone6 发布会 PPT。

从图 7－2 中可以看到仅仅从 2007 年到 2014 年八年的时间，iPhone 搭载的处理器性能就提升了整整 50 倍，而主要用于图形处理的 CPU 性能更是提升了 84 倍。iPhone6s 又比 iPhone6 性能提升了 25% 到 40%。新一代 iPhone7 搭载全新苹果 A10 Fusion 四核处理器，2GB 内存，性能相比 A9 处理器快 40%，比 A8 快 2 倍。最新的 A12 处理器性能更是突飞猛进，相比竞争对手遥遥领先。新一代硬件带来的强大运算能力与运算速度，使软件的运行有了保障，操作流畅的消费体验得到了很好的保证。

三、供应链

苹果公司以创新和设计而闻名。事实上，除了人们能摸得着看得到的卓越的手机软硬件外，幕后英雄还有卓越的供应链管理和运营管理等。2010 年到 2013 年间，研究公司 Gartner 将苹果公司的供应链评为全球最佳供应链。没有这些幕后英雄，苹果手机就是空中楼阁。苹果的供应链管理与新产品开发类似，低调而深沉。说到苹果公司的供应链，就不得不提到现任苹果公司 CEO 库克，在他加入苹果公司之前，苹果公司深陷库存泥潭，制造部门效率又极其低下，导致苹果公司在 1997 财年损失超过了 10 亿美元。库克认为智能手机等电子产品作为库存贬值非常迅速，可达到每周损失 1% 至 2% 的可怕程度。当从调查中得知一些生产商的产品已经优于苹果生产的产品后，他决定将相应的生产业务外包给这些生产商，简化了供应链体系，库克在 1998 年上任后通过简化公司业务、将非核心业务外包等一系列的手段，在两年时间内理顺了公司的供应链，为当时的 CEO 乔布斯解决了后顾之忧，使得乔布斯能够将全部精力投入产品的设计中，并简化了当时的产品线，专注于充分发挥公司的设计专长。

从产品角度来看，简化产品线后由于产品单一，相对来说制造就越容易，而从供应链管理的角度来看，产品制造简洁化之后物流的各个环节自然就越简洁，出问题的概率就越低且更易于管理。同时，由于产品型号相对较少，容易达成规模优势从而在供应链上获得竞争对手难以获得的议价和生产优势，进而有利于获得更高的利润。而从供应链的预测和需求计划来说，流程环节越少，相关变量越少，则预测值越容易接近真实需求，这比什么先进的算法与数学模型都更有实战价值。而需求与供应做好后，交货与存货的问题也就不再是问题。

在库存管理方面，从一开始库克挂在嘴边的就是削减库存，让供应商之间相互竞争。如此执着的追求带来了明显的效果。据报道，2012 年苹果公司达到每 5 天更换一次库存的水平，而三星公司在电子产品类别的可比水平是 21 天，绩效相差 4 倍之多令人震惊，这也是研究公司 Gartner 将苹果供应链列为全球最佳供应链的原因之一。低库存同时还有利于预测需求，能快速跟踪客户购买的产品，提前做出相关预测，并通过提前下订单来降低供应商的成本。

全球化供应链的基本逻辑是集优互补，即供应链上的每一个节点都是强强联合，每个公司只集中精力致力于各自的核心业务过程，成为自组织的独立制造岛，根据需求信息的传导，高效整合资金流和物流，以满足消费者的需求。苹果公司将制造等非核心业务外包后，初步建立起了一个全球化的供应链。但它们并不满足，而是致力于将供应链升级为一个竞争对手难以模仿的“生态系统”。这可以说是苹果公司供应链管理的一个核心智慧。供应链实际运行效率取决于供应链合作伙伴关系是否和谐，因此，建立战略伙伴关系的合作企业关系模型是实现最佳供应链的关键，分析苹果公司的全球化供应链可以发现，其供应链设计非常符合 IT 产业的现实环境。首先，苹果公司实行单一制造策略，公司绝大部分的硬件产品都在亚洲制造。而目前，苹果产品的市场重心正是在新兴市场。在接近销售市场的地点，利用当地的廉价劳动力、土地等资源进行制造，辅以少数零部件的空运和海运，完全能够满足苹果公司的市场需求。这使得苹果公司可以大幅降低成本，而且只需在少数地点协调物流和出货业务。其次，苹果公司的供应商遍布全球，分布在中国台湾地区和美国、韩国、德国等地，在中国大陆主要是台资企业的生产基地，最后主要由富士康组装成机。即使在单一地区因缺乏某种关键组件而在全球造成整个系统中断的情况下，苹果公司这种分布式电子制造也能使其免受冲击。再次，苹果公司也不是完全放弃本地制造。对于一些高端的定制产品，苹果公司使用爱尔兰的自有组装厂自己组装。事实证明，在满足非常个性化的高端需求方面，完全由自己掌控的制造单元能够保证产品完美的质量。最后，苹果公司的供应链中包括三种类型的供应商——负责组装生产的富士康、负责生产 IPS 屏幕的供应商 LG 和夏普、负责 CPU 内存等配件生产的三星电子等。其中，富士康负责组装生产，但苹果公司其实把很多零部件的谈判权和定价权都交给了富士康，充分发挥了富士康集成组装的能力。因此，在苹果公司公布的全球 150 多家官方产品和零部件供应商之外，还有很多我们看不见的供应商，有的甚至只生产一种特殊涂料。苹果公司通过这样有层次的供应链结构，减少了管控幅度和难度，提高了供应链的运行效率。现在，苹果公司的供应链已经演化成一个由芯片、操作系统、软件商店、零部件供应厂商、组装厂、零售体系、App 开发者组成的高度成熟和精密的强大生态系统。在这个相对封闭的生态系统中，苹果公司几乎可以控制供应链从设计到零售的方方面面。

苹果公司与其供应商都有长期合作的关系，在此基础上甚至与供应商一起研发制造设备，这种专注于产品线并对设备进行定制的能力，成为苹果公司的一大优势。同时，由于可以根据客户的需求来扩展运营的速度，苹果公司被广泛地认为是该领域的行业领导者。

第三节　苹果手机的商业模式

据《科学投资》杂志调查数据显示，在初创企业失败的原因中，因为战略原因夭折的有23%，因为执行原因而失败的占28%，而因为没有找到适合自身商业模式而走上绝路的比率竟高达49%。因此，商业模式对一个企业而言是至关重要的。企业的商业模式一般可分为客户细分、价值主张、渠道通路、客户关系、收入来源、核心资源、关键业务、重要合作和成本结构9大模块。

一、商业模式创新极大地释放了产品创新的用户体验价值

当前对苹果手机的商业模式进行分析的文章多如繁星，大多认为苹果手机的成功很大程度上得益于其商业模式，也有部分观点认为，如果没有App Store，苹果公司iPhone手机不一定会卖得这么好。这样的观点虽有一定的合理成分，但仍然是值得商榷的。显然，如果没有卓越创新的产品，商业模式则会犹如无源之水，无本之木。就好比情商与智商的关系，如果一个人智商不到50，你会相信他拥有超高的情商吗？进一步地，你确信他的情商加上智商一定会导致其人生成功吗？结论是显然的。我们将从消费心理与产品创新设计角度对苹果公司的商业模式创新展开讨论。

当我们谈到苹果手机的商业模式时，相信人们头脑中大多会浮现出苹果手机与App Store的“硬件+软件”形象。那是因为从消费心理角度看，用户更为关注的是价值主张、客户关系两大模块。其实，iPhone的这种商业模式称不上原创。2003年，苹果公司推出了和iPod相匹配iTunes音乐管理平台并获得巨大成功。这是硬件加软件的模式原型，苹果手机只是借用“iPod+ iTunes+音乐商店”模式转换为“iPhone+App Store”，将旧瓶装新酒而已。这是基于手机的特性而采用的。手机拥有类似电脑的计算功能特性，软件是手机实现诸多功能的重要方式，选择这种方式只是水到渠成而已。用手机就是用软件、用传感器，

这将是未来的趋势。但是，这显然并不是人们选择昂贵的苹果手机的主要原因，因为苹果手机的竞争对手也具备这些因素，也拥有硬件加软件分发平台模式。而苹果手机之所以如此受欢迎，最重要的原因，是来自于消费者心理层面的需求。相对于竞争对手，苹果手机外观简洁美观大方，材质感观优良，硬件配置高端，用户界面友好易用，软件功能丰富，以及极佳的用户体验等使苹果手机具有其独特的品牌魅力。

客观地来看，重要的不是你对一个产品设计有什么样的感觉，而是这个设计能让你自己如何感觉自己①。可以说，凡勃伦效应②在苹果手机上淋漓尽致地体现出来。正因为如此卓越的设计，苹果手机才广受欢迎，其客户细分对象才能定位于高端人士，其商业模式才能采用“硬件＋软件”的高定价模式，才能在跟应用软件开发者分成、跟运营商合作的谈判中保持强势地位。从因果关系上看，苹果手机的产品设计是原因，商业模式是结果。特别是在没有同类模式的竞争对手情况下，商业模式创新首先是锦上添花，但绝不是雪中送炭。企业间竞争既不是单个因素之间的对比，也不是田忌赛马式的比赛，而是综合实力的角逐。当然，商业模式创新对企业产品创新价值的商业化影响需要辩证地看待。而当下苹果手机用最简单、最有效的硬件追求极致性能，软件则通过 App Store 平台向众多第三方开放，极大地丰富了软件市场且满足客户各种各样的需求，并从中收取相应费用的方式，是当下最合适的商业模式。而且，由于苹果手机定位于高端，使得很多应用程序都是以 iPhone 作为第一服务对象，甚至是在苹果平台独家推出，这从另一个角度维持了苹果的品牌形象，与商业模式一起可以说是相得益彰。

App Store 的主要作用，则是通过扮演软件定制平台的角色，让消费者在感受手机产品设计创新成果的同时，还可以通过 App Store 下载个人偏好的应用程序，把每一部手机都变成“真正属于自己”的 iPhone。这极大地释放了 iPhone 手机产品创新给用户带来的价值体验冲击，全方位地提升了用户的幸福感和价值获得感，从而在 iPhone 的市场大卖过程中发挥了关键的“催化剂”作用。虽说 App Store 不能够与 iPhone 在苹果登顶世界 500 强的过程中平分秋色，但说三分功劳有其一，是一点都不为过的。

---

① 普拉哈拉德等：《设计的魔力：心理美学带来的商业奇迹》，中国人民大学出版社 2014 年版，第 11 页。

② 社会学家索尔斯坦·凡勃伦（Thorstein Veblen）提出的凡勃伦商品（Veblen Goods）理论，意指各种优秀的商品，价格越高，需求反而越大。

我们认为，当前苹果手机的价值主张尚未能从当前商业模式中得以完美地实现，其硬件加软件平台的商业模式，在未来手机成功地定位于个人智能助手并扩展其使用范围与层次后，才会得以淋漓尽致地体现出来。苹果手机当前成功的主要因素还是得益于其卓越的产品设计和丰富的应用程序环境。

二、App Store

在苹果手机的商业模式中，App Store（在线应用商店）是非常重要的核心部分。App Store 是苹果公司为了其旗下操作系统所创建的网络化数字应用程序发布平台。App 是应用程序（Application）的简称。App Store 通常也被称为苹果应用程序商店，于 2008 年 7 月 11 日与 iPhone 3G 一同发布。随着苹果公司 App Store 的成功，以及其他公司顺应趋势推出自己的应用程序商店，“App”逐渐成为通用的流行语。在 App Store 中，应用程序可以从商店直接下载到 iOS 设备中，商店中包含了各种各样的实用的软件，以及千奇百怪的另类软件。从最初的 App Store 发布至今，应用程序的数量不断增多，见图 7－3。

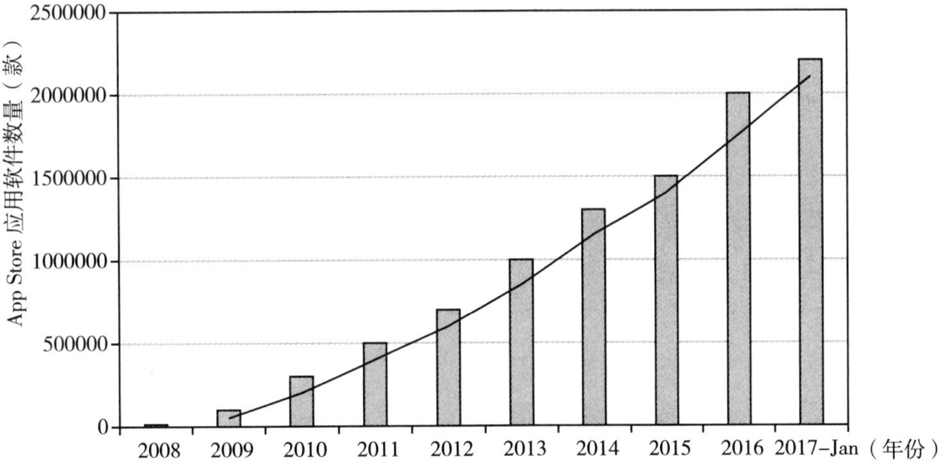

图 7－3　App Store 应用程序数量趋势

资料来源：https：//www. statista. com/。

由图 7－3 中数据可以看出，App Store 中的应用程序数量增速迅猛，2009 年时应用程序数量仅有大约 10 万款，而随着 App Store 在全球 155 个国家推出，苹果公司用户可以访问数百万款 App。根据苹果官方网站信息，App Store 目前总共提供了约 220 万款 App，特别是从 2016 年以来数量呈加速增长趋势。数据显示，从 2010 年开始，截止到 2018 年 5 月 31 日，App Store 的应用程序下载量达到了惊人的 1700 亿次。

苹果公司对 App Store 是基于精选模式来构建并设立相关标准的，第三方应用程序供应商必须遵守公司的相关要求。这意味着苹果公司可以在入口处把关控制应用程序的质量，这种模式的积极方面是能够使应用程序的用户在很大程度上避开各种恶意、有害和设计有缺陷的软件，从而维护一个良好的应用商店环境。事物都有两面性，从消极方面来看，有审核就有错判的可能，导致不必要的损失，同时，高门槛导致整个软件体系不如竞争对手安卓市场那么丰富。但从消费者的角度来说，用户的使用体验感受和安全感得到了切实的提升，这极大地增加了整个“硬件 + 软件”商业模式体系的吸引力。综合来看，这种方式利大于弊。

根据应用程序性质的不同，App 获取条件上分为付费和免费两种，用户可以根据情况下载。苹果公司通过 App Store 应用程序的销售分成从中获利。根据其制定的规则，第三方开发商或开发者获得所发行的应用程序销售收入的 70%，而苹果公司及其合作伙伴获得销售收入的 30%。这也完全不同于此前 App Store 的运营方式。在苹果公司之前，App Store 的运营体系中至少包括了程序开发者、程序发布者、分销者、电信运营商和最终用户这五个利益相关主体，其盈利结构依上述顺序分别 20%、20%、20% 和 40% 分布。电信运营商拿大头的 40%，应用程序开发者只能最多拿 20%。这样的收益分配结构，显然无法为程序开发者提供有力的激励和程序开发方向引导，从而制约了 App Store 的快速发展。苹果公司更新了 App Store 的运营规则后，很大程度上激发了程序开发者的积极性、创新性和忠诚度。这也可以解释图 7－3 苹果的 App Store 中为什么应用程序如雨后春笋般地积聚，并且也可以解释为什么很多应用程序都是以 iPhone 作为第一服务对象，甚至是在苹果平台独家推出。

当前 App Store 的销售市场主要在美国、中国、日本和英国。中国市场的同期增长率则高达 90%，其发展速度令人吃惊。苹果全球市场的营销高级副总裁 Philip Schiller 也表示：“2016 年 App Store 为全球开发者带来了 200 亿美元的收入，而 2017 年元旦当天用户在 App Store 上的购买金额竟高达 2.4 亿美元，创下了 App Store 的单日最高销售纪录。”在 2018 年苹果全球开发者大会上，苹果公司 CEO 库克公布了 App Store 当时的最新进展情况：约有 2000 万开发者在为苹果开发应用，每周约有 5 亿人次访问 App Store，自 App Store 创立以来，总共已经向开发者支付了让人惊叹的高达1000亿美元的分成。而App Annie的报告显示，2010年7月至2017年12月期间，苹果公司App Store上的下载量超过了1700亿次，用户总消费支出超过1300亿美元。与竞争对手Google Play[①]相比，尽管App Store的应用软件下载量相对较低，但是消费者支出的费用却几乎是Google Play的2倍。

在苹果公司App Store与其他品牌手机发布应用程序商店开始流行之前，各种智能手机、半智能手机的软件如同一盘散沙。用户若想要在手机上安装第三方软件扩展功能，首先要自己搜索下载对应品牌、对应型号、对应版本的软件，而且在安装应用软件前还得懂什么是“签名”等对普通用户而言非常专业的知识与操作技巧，这几乎要一个专家级或发烧友的水平才能做到。然而，苹果公司推出的应用程序商店平台使用简便，在App Store中安装第三方软件犹如超市购物一般简单，在苹果手机中打开入口并搜索到目标应用软件后选中确认就行。这大大降低了消费者使用门槛，其“易用性”设计逻辑在此得到了充分的体现。

数据显示，中国、法国、印度尼西亚、日本、德国、美国、英国、韩国、巴西、印度、澳大利亚等国家iPhone用户2017年平均每月安装应用数量最少的为89款，最多的达114款，并且这些国家中用户平均每个月使用最少36款应用程序，最多的使用42款应用程序。其中，法国用户平均每月安装App最多，高达114款，而印度尼西亚则是用户平均使用App数量最多的国家，每月会使用42款不同的App。这些令人惊讶的数据显示了世界范围内苹果手机相对普及的国家中消费者对应用程序的偏爱，表达了消费者的真实需求，并印证了用手机就是用软件的说法。这说明了手机应用程序生态体系对于手机的重要性，也从另一个角度证明了苹果公司商业模式中App Store所处的核心地位。

这就是商业模式创新的魅力和威力所在。一个对的模式，不仅可以帮你挖好一个金矿，而且可能为你带来数个意想不到的钻石矿。苹果公司的“钻石矿”，就在于其“硬件+App Store”的商业模式不仅仅是一种模式，已逐渐演化升级为一个吸引力越来越大的商业生态系统，从而具备了强大的自生和自我演化能力。只要是苹果公司开发的高水平的技术创新产品，放到这个商业生态系统中，就会以比其他竞争对手指数倍的扩散速度进入消费者的选择集中，形成了强大的推荐、推销和用户攀比机制，为苹果公司的技术创新成果商业化带来

---

① 由Google公司为Android系统设备开发的数字化应用发布平台，包括数字媒体商店，性质类似于苹果App Store。

了巨大的市场成功。这正是苹果公司所拥有的其他同行无法超越也无法替代的战略性关键资源。

第四节　苹果手机产品创新成功的评价维度

手机创新策略与手机设计的关系是理念与载体相辅相成、不可或缺的依附关系。对于智能手机类产品，我们认为有六大产品创新因素，分别是产品的安全性、功能性、易用性、艺术性（审美）、个性、愉悦性等。

一、安全因素

安全第一，这是我们耳熟能详的话。相对于产品来说，当用户的安全得不到保障时，其他的也就无从谈起了。如 2016 年三星公司的 Galaxy Note7 手机在发布后的一个多月内，就已经在全球范围内发生了三十多起因电池缺陷造成的爆炸和起火事故，而导致这样严重安全事故背后的负面因素与消息所带来的影响对一个企业来说将是灾难性的。此外，信息安全在信息科技发达的今天也成为不可忽视的另一个重要安全因素。在信息化时代，本来比较私密的个人衣食住行等信息都以 0 和 1 的形式存储于各种机构的存储中心，这对于注重隐私的人士来说是一种隐忧。斯诺登于 2013 年 6 月曝光了美国“棱镜”计划，更是引起了普通民众的担忧。而之后细心的人们从脸书（Facebook）公司 CEO 的照片上发现其电脑摄像头也是用胶布挡住的。可见，对于安全与隐私的担忧从平民百姓到社会高层人物都会受到影响，概莫能外。2014 年众多国际知名演员的隐私照泄露事件也造成了巨大的社会反响。根据企鹅智酷调查数据显示，在 2016 年手机安全报告中有 48% 的手机用户表示有一定的金钱损失，人均诈骗损失达 129 元。除此类钓鱼式的骗局之外，还有黑客等主动式的安全隐患存在。这些信息安全的不利因素与隐忧也将会影响此类产品的使用体验。信息时代下的安全概念已经被扩大化，以上信息的负面事件已经影响到了当事人的声誉、社会地位、财富地位等非传统意义上的安全范畴。从消费心理上看，人有安全心理动机，这种动机倾向的核心是使自己处于安全中，免受产品与服务等带来的危害，安全的产品能让消费者“没有不满意”。因此，手机产品宏观意义上的安全与否，是决定其是否值得消费的最基本的必要条件。

如今，手机已经承载了太多的个人信息，几乎融入了人们生活的衣食住行各个方面，只带手机而不带现金在相对发达的城市生活并不会觉得不便，手机记录着我们生活的方方面面、点点滴滴，从不起眼的备忘录，到非常重要的手机银行金融信息，从定位导航功能下的个人日常生活习惯到每一条消费记录，所有的这一切，导致在大数据时代如果信息被泄露则个人就毫无隐私可言。而身居要职的人员其信息安全更是牵涉甚广，影响也更为深远。因此，如果以影响的结果来衡量的话，手机信息安全的重要性再怎么强调也不为过。苹果手机因为其软件系统的封闭性，以及在供应链与研发等所有环节中对保密有着苛刻的要求，而被世界头号黑客凯文·米特尼克（Kevin Mitnick）称为是最安全的手机。

二、功能因素

功能是产品的价值所在，是产品最基本的存在因素，是一件产品从构思到成品一系列活动的最初动机与原因。它能为客户解决困扰或者满足客户的需求。若一件产品没有其功用，也就没有设计制造的必要了。手机作为具有计算能力的产品，其一物多功用将是发展趋势。随着社会的发展，生产效率的提升，某些产品制造比之前要相对容易，但人们每天拥有的时间却显得相对短缺。而一物多用的产品设计在一定程度上能减少人们使用不同工具间的切换次数，同一产品的使用也减少了学习成本。当然，一物多功能虽然是趋势，但凡事有度，过犹不及，不能将一件产品做成了功能大杂烩，掉进“蔓延性功能主义”（creeping featurism）陷阱。那是一种不良习惯，会让你患上不断添加各种功能和特性的嗜好，最终带来的结果是实用性并未增加，反而徒增了许多困惑①。产品创新，还要避免进入过陋则鄙的困境。比如，印度塔塔集团将汽车过度地简化为四个轮子和一台发动机后，许多功能的缺失使之成为耻辱的代名词。另一方面，产品的社会象征功能也一直在延续，中国古文献《周礼》中，认为物品有着“明尊卑，别上下”的社会功能。虽然当前这方面的社会风俗已经有所淡化，

① 奇普蔡斯等：大卖点：《如何创造颠覆未来的非凡产品和商业模式》，四川人民出版社2015年版。

但产品或多或少仍然有着类似的内涵。如今互联网时代的手机产品，其技术功能、社会功能与服务往往是有机结合在一起的，不同于信息社会前非智能产品其产品与服务两者间泾渭分明。手机产品除了是物理设备外，也应有丰富多彩的应用软件。因此，同时具备实用功能与象征功能将是产品的常态。

目前，手机作为科技发展的高端产品，其功能上早已超越传统产品的单一有用性与象征性功能。手机从单纯的语音通话到当下的多媒体、流媒体信息，再到各种功能模块和传感器辅助下的功能大集合，可以说，手机是多种日常功能的集大成者。因此，功能的多少与优劣也成为人们对手机评判的标准之一。苹果手机广受欢迎，得益于其创新的商业模式，除了手机硬件本身自带的功能外，App Store 上不计其数的应用软件带来的各种各样丰富的功能，可以用只有想不到没有做不到来形容。这样一来，就极大地繁荣了苹果手机的生态体系。

三、易用因素

易用性（usability）是一种以使用者的交互体验为中心的设计概念，其重点在于让设计的产品使用方式能够符合使用者的习惯或思维惯性。易用性在现实中的表现，是在使用产品的过程中不会让用户产生压力或感到挫折，并能让使用者在实现产品功能时，能用最少的努力获得最大的效能，同时兼顾安全高效。

产品的易用性在实际场景中有两层含义，一层含义是产品的硬件设计要科学合理，外观精简一目了然，尽量做到“如无必要，勿增实体”。罗德岛设计学院校长 John Maeda 曾宣称“简单等于理智”，并在他的《简单法则》中提出了 10 条设计师应该遵循的法则，其中最重要的一点就是化繁为简，尽量接近本质。另外，产品的尺寸、重量等参数也必须符合人体工程学（ergonomics）①，即需要考虑到大部分人的身体条件，这是为人而设计的最基本原则。另一层含义是产品软件的易用性，体现在三个方面，分别是易理解性、易学习性和易操作性。易理解性要求操作界面或说明书等尽量避免专业术语，以简单为要领。易学习性即产品相关知识具有继承性，至少同一产品系列应具有相似的使用逻辑，甚至于做到“傻瓜化”，合理的示能设计，让用户轻易了解其功用。易操作性则要求交互界面设计科学，布局合理；要求产品应具有实时反馈系统，让用户及时

① Ergonomics 一词源于希腊的 ergon（工作）和 nomoi（自然法则），是探讨人与环境或事物尺度之间关系的一门学科。

知晓其操作是否正确或成功。数据显示，如果反馈延迟1/10秒，就足以令人不安，拖延太久会让人怀疑自己的操作是否正确而放弃。使用上的挫折感会促使人们从心里产生抵触情绪，所以产品的交互设计也必须方便用户确认状态，等等。因此，在用户体验上，易用性具有非常重要的战略地位。

当前技术的进步在一定程度上对解决易用性问题作出了很大贡献，追求易用的不仅在手机领域，在如亚马逊（Amazon）这样的电商领域也在简化步骤给客户以良好的易用性体验。而从这些经典案例可以看出，一件产品的易用性与其受欢迎的程度成正比，它影响到用户的行为变化模式。

苹果公司所生产的手机所用的很多软件介绍中，要求用户年龄为4+级别，即适用于4岁以上的目标群体。而在这个边界年龄的小朋友，做事基本上都是依靠直觉，因此对易用性与示能设计有着非常苛刻的要求。易用性在苹果手机上得到了很好的体现。苹果手机从第一代开始在硬件正面就只有一个Home按键，可谓精简至极。作为商品销售时，苹果手机就直接省略了纸质说明书，用户仅凭感觉及常识就能很快学会使用。而且，各个版本之间过渡自然，有很好的一致性，使原有的用户几乎不用考虑学习成本。综上所述，是否能达到设计中的不言自明、语义适应、自教自学三个产品语意学①的核心要求，就反映了手机产品的易用性水平。苹果手机在易用性上，仅凭直觉就能使用的设计水平，使之无可争议地成为行业的标杆。

四、艺术因素

艺术是美的具体化，美是艺术的感受。恩斯特·卡西尔（Ernst Cassirer）和苏珊·朗格（Susanne K. Langer）认为：艺术是情感的符号，都是审美感受的认识。无可非议，美一直是艺术的经典主旋律。当我们说到欣赏艺术、欣赏美时，就会在脑海中出现美感或者愉悦的感觉。世界在发展，人们对艺术的追求也在相应提升。客观条件上，机械的普及让人类总体上有了比过去更多的时间来满足对精神世界的追求。艺术作为人类重要精神食粮也得到了更多的关注。艺术的重要性在国家教育布局上也有所体现。在中国《普通高等学校本科专业目录（2012）》中，普通高校本科教育的学科划分为13大门类，其中最显著的变化就

① 由德国的朗诺何夫妇和美国的克里本多夫于1984年确立产品语意学，其定义为：“产品语意学是研究人造物体的形态在使用环境中的象征特性，并且将其中的知识应用于工业设计上。”口号是“使机器容易懂”。

是将艺术学从文学学科门类中独立出来，作为第13门学科门类。因此，未来的社会里，艺术与美将延伸到更多的领域，在社会的方方面面将扮演更重要的角色和拥有更高的地位。

显然，艺术与美从古至今一直与我们生活息息相关。人性中对美和艺术的追求虽然在不同时期、不同地域其内涵有所差别，但追求艺术的天性是不分男女老幼，不分古今中外的。手机作为一个小巧便携的随身物品，除了具有沟通的基本功能外，还充当了展示审美观点与品味的载体。无论人们是否明显地将手机必须满足自己审美观的愿望表达出来，艺术与美融入人们的潜意识已经成为无法改变的现实。艺术性对手机来说是较为隐性但极为重要的评价因素。大部分的消费者最初之所以选择苹果手机，也是因为其风格简约、漂亮又时尚，并且做工精美，如同艺术品一般的迷人。

五、个性因素

个性是指个人带有倾向性的、本质的、比较稳定的心理特征的总和。从消费者的角度看，它包括了个人的兴趣、性格、气质、能力、行为方式与偏好等多方面因素。对于个性一般有三种解释，第一种是指个人特有的心理特性，包括学习或遗传来的特质；第二种是指一个人相对固定的脾气特性与行事方式；第三种主要指通过个人精选自己使用的产品的行为来展示。本书在讨论关于产品的个性因素时，主要采用上述的第三种解释。

产品有着独特的个性，隐喻着个人在社会中的某些方面的定位。这种定位，可能是流行的潮流时尚，也可能是产品的独特个性，或者是群体中个人与群体的对立统一。美国心理学家沃特认为，人们表达自我形象的重要方式就是消费，购买商品的目的是为了保持、完善或改变自己的某种形象①。一些日常用品或人们在日常生活中的行为就经常展现其个性。比如，有的人在自己身体上纹上独特的图案，有人选择在墙上挂表明志向的字画等。法国皇帝拿破仑三世就是一个喜欢炫耀的人。他常常宴请宾客，宴会上，客人们用的餐具几乎全是银制的，唯有他自己用的是一个铝制碗。他之所以不用亮丽的更显高贵的银碗，而选用色泽要暗淡得多的铝碗，是因为当时受限于冶炼技术，铝是比金银还稀罕珍贵

① 刘军，邵晓明：《消费心理学》，机械工业出版社2016年版，第96页。

的东西，用铝碗能彰显自己的与众不同。个性要求，从古至今一直都存在，从普通百姓到身居高位的精英都有这一需求。

对手机产品来说，独特的个性对个人而言是非常重要的感受。手机作为带有展示性质的物品，其个性化除了所使用的软件因人而异外，其硬件品牌本身也带有此因素。苹果手机定位于高端，从另一个角度暗示了拥有者的身份与其生活品位，在新的高度完美地阐释了流行与个性的对立统一。

六、愉悦因素

愉悦是一种与具体产品或服务使用过程和结果相关的心理状态，虽然不能完全归为产品本身的因素与特性，但从心理感受上看，它与审美类似。但是，一般情况下审美是静态表现，而愉悦是使用中的动态体验居多，它同时涉及客观事物与人类主观状态，是一种良性的相互关系，受到多种因素的共同制约。如产品有着优雅的外观，则初见就会有赏心悦目之感，手机上的直边就能给人以无迟滞的愉悦感，这种感觉在自然界的天然物质中很难出现。又如交互界面，当菜单或者页面内容随着自己的手势而顺畅运行时，消费者心里就会出现一切在掌控中的愉悦感。当产品满足了用户特定的功用目的时，就会产生满足和愉悦的感受。除此之外，人们在社会生活环境中，认识到人不仅仅具有独特的个体属性，还处在一定程度的复杂社会关系中，因而产品设计不仅要能满足用户个人的生理层次需求，还要满足人的相关社会心理需求。比如，某公司根据老人视力和行动能力弱于中年人的状态而针对性地设计了一款手机，理论上解决了老年人使用手机时所碰到的问题，但手机上市后却销量惨淡，最显而易见的原因居然是几乎没有人认为自己是老人。使用老人手机会让用户因被其他人认为是老人而不悦，这显然不是产品功能问题，而是该手机所暗示的使用者属性定位所导致。

手机作为日常使用频率非常高的产品，使用时的易用与否决定了人们是否会经常使用，而愉悦因素决定了人们是否愿意使用及用户的忠诚度。追求幸福，逃避痛苦是人的天性，因此使用手机带来的愉悦感是吸引用户的重要评价因素。苹果手机对于细节与用户体验近乎苛刻的要求下，使使用其手机带来的愉悦体验成为行业的标杆。

七、综合性评述

综上所述，由于苹果公司在软件、硬件、供应链、商业模式、应用软件等方面为苹果手机做出了良好的铺垫，加上乔布斯“改变世界”的思想境界指导下的严苛要求与苹果公司高超的设计水平，使苹果手机在安全性、功能性、易用性、艺术性（审美）、个性、愉悦性等六个维度综合效果上远超当时的竞争对手，从而引领了手机的潮流。

对内而言，苹果公司有着一流的手机软件与硬件，其卓越的产品设计在上述六大创新因素综合效果评价中没有竞争对手，并拥有创新的商业模式、优秀的供应链体系等一套完整的生态系统。对外而言，虽然还有黑莓、摩托罗拉等对手的存在，但其竞争对手因策略失当或手机产品的创新力度不够等原因在竞争中落败，而新的潜在对手当时处于低端尚未向高端发力。因此，在2007年至2014年这段时间，无论是从智能手机的产业发展周期阶段，还是产品创新设计与运营模式来看，都是一片欣欣向荣，苹果公司此时占尽了天时地利人和，这是它取得今天如此成就的重要原因。如果进一步分析苹果公司成功的决定性因素的话，在当时技术储备、生产制造、供应链等方面与诺基亚、三星等老牌公司相比并没有明显优势的情况下，成就苹果公司的是用户的选择。用户在意的是产品而不是公司制造产品背后的因素。因此，苹果手机成功的核心因素是拥有与客户选择最直接相关的以六大创新因素为导向的手机产品创新策略以及与此配套的生态系统。

第五节　苹果手机面临的挑战分析

哈佛商学院教授克里斯坦森研究发现许多顶尖的企业无时无刻不保持警觉，专心聆听客户的声音，积极地投资新科技来满足客户需要，但是在面对科技与市场结构的变迁时，仍然丧失了既有的领导地位。主要原因是这些企业受困于绩优企业“所有的投资与科技都集中在开发现有重要客户最需要、可以创造最大利润的产品上”的经营原则。对于苹果公司我们也可以看到类似的影子。尽管苹果公司之前取得了如此辉煌的成就，但随着时间的推移，苹果手机所处的市场环境、产业技术生命周期以及用户的需求特征等因素都发生了变化，面临的竞争挑战也日渐增多。

一、市场竞争环境的变化

在科技飞速发展的今天，首当其冲的就是科技界排头兵电子行业，而电子行业中最热门最有影响力的当属手机行业，在摩尔定律的规律下，市场瞬息万变，不变的唯有变化。

（一）市场容量变化

根据主流媒体报道，全球智能手机市场增速正在放缓，甚至略有衰退。众所周知，第一款 iPhone 出现的时代所使用的是第二代通信技术标准与改良版的2.5G 技术，随着通信网络升级到第三代和第四代网络，技术的升级提供了更快的数据传输速度，下载视频、应用和其他操作更简便、快速。从心理上，人类总是试图对外界做出更多的理解行为，以满足好奇心与避免对未知的不安，因此消费者内心自然而然地倾向于更换更先进、功能更强的手机。在产品上，手机厂商通过添加指纹识别技术、改进拍照效果、升级为更大的高清显示屏幕等，以吸引消费者购买最新型号手机。而这段时期包括中国和印度在内的很多国家经济发展迅速，民众收入普遍增加，更多的民众能买得起智能手机。经过多年的快速繁荣增长，智能手机市场当前已经进入成熟期，这意味着已经没有了大量尚未开发的新需求。而在智能手机已达到饱和状态的西方国家也是类似的景况。从用户角度来看，经过多年的普及，人们对智能手机已经没有太多的好奇心，缺乏创新也阻碍了消费者像往常一样频繁更换设备。而由于竞争的原因各厂商生产的手机品质却是越来越好，虽然人数占比很少的发烧友会购买每一代新出的手机，但更多的普通用户已经将手机当作一个寻常的工具，并乐意坚持使用他们目前的手机直到它失效停止工作。数据显示，人们平均更换手机的时间周期已经延长到 22 个月，这从另一个方面也降低了手机的市场需求。

据最新数据显示，苹果公司在中国的智能手机出货量在 2018 年的最后一个季度下降了大约 20%，局势不容乐观。而变化最大的当数华为公司。华为连续两个季度登上了销量榜的第二位，手机出货量高达 5200 万部，占据了整个智能手机市场份额的 14.6%。华为凭借其重点针对商务人士的高端 P20 系列以及面向重度依赖互联网的年轻人的荣耀（Honor）品牌的热销，最终在销量数量上超过了苹果手机。而当下主要关注于印度和印度尼西亚等发展中国家市场的小米、OPPO 以及 VIVO 的销量也取得了不错的成绩，实力不容小视，以上数据说明国产手机的崛起已是不容争议的事实。

（二）竞争对手变化

2015 年以前，三星和苹果占据全球智能手机约 40% 的市场份额，华为市场份额低于 8%，与之相比差距较大。但 2017 年后手机品牌在全球范围内已由双寡头向三足鼎立转变，三星、苹果、华为市场份额分别约为 22%、14%、10%。华为当时在逐步逼近苹果手机的市场份额，并且已经成为国内市场份额最大手机品牌商，其双品牌战略则覆盖了更多的消费群体，帮助华为扩大市场。华为品牌专注于面向中高端市场，以商务人士为目标，外观稳重，强调手机的品位和品质；而荣耀品牌更多面向热爱互联网的年轻人群，外观更时尚，在时尚、游戏、音乐、运动等年轻人喜爱的领域关注较多，且产品风格更为激进和创新。另外，OPPO 和 VIVO 的市场份额也在逐步提升。随着智能手机市场的逐渐饱和，智能手机市场早已经不再是当年的蓝海，当下已经成为参与者众多、竞争激烈的红海。目前手机市场群雄逐鹿，各有千秋。多家手机厂商，如 OPPO、VIVO、华为、小米等经过几年的厉兵秣马正在从中低端市场向中高端市场进发，渗透手机中高端市场，大力控制与降低运营成本，加强和顾客的联系，提高生产效率，开发系列新品，抢占一定份额的市场。三星虽然一直在苹果手机的光环下低调发展，但却也一直是苹果手机不容忽视的对手。科技加持下的手机市场，虽称不上是瞬息万变，但却一直处于此消彼长的动态变化中。另外，虽然中国市场已经成熟，但对于印度、中东、非洲和拉丁美洲其智能手机普及率仍然相对较低，这些地区的人口约占全球人口一半以上，而小米、OPPO 以及 VIVO 等国内厂商正在大力开发这些市场并占据了先机。

在如今大范围经济衰退的局势下，苹果手机定位仍然局限于高端，而且其越发昂贵的价格更是为其添了一道硬伤。苹果手机当前所处环境是前有三星等对手，后有中国手机厂商追赶，特别是华为的崛起，使苹果手机的市场份额受到了严峻的挑战。

二、技术生命周期的影响

（一）产业生命周期

任何产品都是由其核心技术支撑的技术系统，技术系统的进化一般要经历幼稚期、成长期、成熟期和衰退期四个阶段，这些阶段组成了产品的技术生命周期，可用分段性S曲线表示。某一产品在该类产品进化过程中所处的阶段就是该产品的技术成熟度，确定产品在S曲线上的位置，将能更好地审视自身所处的竞争环境。业界普遍认为，经过多年的发展，当前智能手机在技术上已经进入了成熟期。与此类似，手机产业经过多年迅猛的发展，各种相关因素已经相当成熟并从成长期步入了成熟期。产业生命周期理论是在产品生命周期理论基础上发展而来的。Gort和Klepper（1982）通过对46个产品最多长达73年的时间序列数据进行分析，按产业中的厂商数目进行划分，建立了产业经济学意义上第一个产业生命周期模型。产业生命周期理论是指一个行业从最初的产生到完全退出社会经济活动所经历的时间，见图7－4。

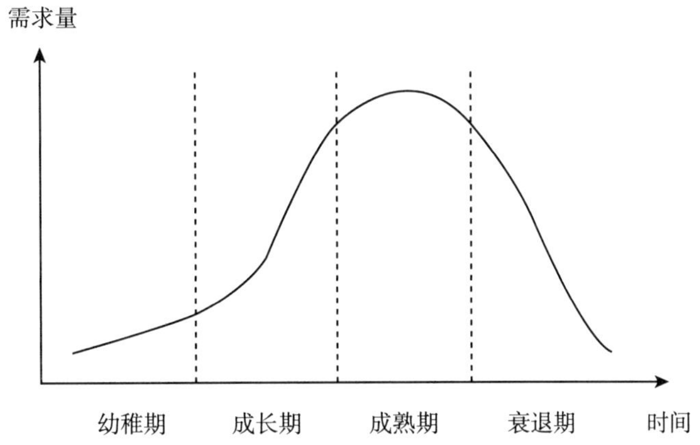

图7－4　产业生命周期

从图7－4可看出，产业生命周期主要包括四个发展阶段，分别是幼稚期、成长期、成熟期和衰退期。从摩托罗拉发明商用手机开始，随着技术的发展，手机行业在近二十年来得到了飞速发展，苹果公司刚好在功能机普及后而智能机刚兴起时进入手机行业，可谓是生逢其时。在智能手机的幼稚期时，其领导人乔布斯着重开发产品，研究开发先进技术，善用创新策略，遥遥领先于其他手机产品。在成长期，苹果公司努力建立商标信誉，开拓新的销售渠道，向全世界推销它的产品，在乔布斯近乎偏执的领导下，苹果手机一代比一代更具有吸引力。经过多年的发展，目前智能手机市场已从增量市场渐渐转化到存量市场，从市场到技术都已经进入成熟期。在成熟的产业周期下，由于技术的飞速发展，苹果在科技上的优势也在逐渐减弱，竞争对手正在从中低端手机市场渗透进入高端市场，与苹果公司进行正面竞争。

（二）技术发展周期

在核心技术上，芯片技术的突破与创新是手机行业迅猛发展的重要推动因素。随着相关技术进入了相对平稳的成熟期，技术的再突破难度增加了，发展速度相对变慢，而竞争对手借此时机加速跟进，缩短了技术差距的绝对距离。新进入的竞争者在手机制造门槛上的难度已经降低。联发科为客户提供非常简单易用的交钥匙（turnkey solution）方案，且具有低功耗的特点，虽然在性能上尚不及其他同时代的高端对手，但随着科技的发展在绝对性能上的提升上足以淡化其影响。而高通则推出 QRD（Qualcomm Reference Design）方案，该方案甚至支持 Windows Phone。高通同时进一步启动了“Qualcomm Global Pass”全球支持计划，试图拉拢更多的手机厂商推出更多 QRD 平台产品。凭借 QRD 方案，部分手机厂商的开发周期已经小于60 天，当前已经有超过 21 个国家或地区的 40 多家厂商采纳了 QRD 的平台方案，其中中国内地就有 17 家，它们总共发布了约425 款不同的手机产品。这么多的竞争者将会有更多的创新，竞争环境将会越来越艰难。特别是高通的 QRD 方案更是使苹果的竞争者在硬件与开发周期上缩小了与苹果手机的差距。而华为也有自己研发的麒麟处理器，虽然性能与主流高端芯片相比尚有差距，但其技术发展加速度不可小视。

在配件上，技术底蕴深厚的强劲对手三星一直致力于将可折叠屏幕变为现实，华为也不甘落后，两家公司都发布了它们的首款可折叠屏幕手机。折叠技术完全不同于普通全面屏，直接能将屏幕的显示尺寸翻倍，所带来的效果将会非常令人震撼。在摄像方面，2017 年苹果公司通过 iPhone 7 Plus 将一个广角和一个长焦的双摄像头系统带入了主流市场，这引发了智能手机制造厂商之间的技术竞赛。它们意识到大部分消费者都希望自己的智能手机能够在一定程度上取代数码单反相机，而且多个镜头能够提供更专业、更高品质的照片，以及各种增强的拍照功能。作为应对，三星于 2018 年秋季推出了带有四个摄像头的 Galaxy A9，华为也紧随其后推出了带后置摄像头的 P20 Pro，VIVO 也专注于广受欢迎的拍照功能领域并有一技之长。另外，电池技术的发展一直是相关从业人员心中的痛，尽管科技飞速发展，各种新科技层出不穷，但电池的容量多年来一直没有明显的突破，随着手机硬件的日益强大，电池的使用时间变短，成了一个反向运行的指标，消费者早已经厌倦了永无止境地寻找电源插座与反复充电。OPPO 则在快速充电和电池寿命上有独到之处。

在制造工艺上，华为则在品质上发力，荣耀系列前瞻性地提出“质价比”的概念，把质量而非价格放在首位，以区别于小米的“性价比”概念，表达了做好产品品质的决心。而以狼性文化著称的华为还深谙人性，面对多元化的消费群体，采纳双品牌战略。多元化的经营能增强抗风险能力，在增加销量的同时避免了单一领域风险过度集中导致成败在此一举的风险。在外部竞争激烈的情况下仍引入适当的内部竞争，能充分激发团队活力，无论是华为团队还是荣耀团队，都会由于担心自己被对手超越而被吃掉，从而拼命发力狂奔。我们可以看到，苹果手机的竞争对手在品质、外观、用户界面等方面都在以苹果手机为标杆奋力追赶。中国企业价格相对低廉的标准型手机，已经在市场份额上对苹果手机形成巨大威胁。谷歌在对最新的软件版本的流畅性方面作了改进后，更是具有直接与苹果手机一较高下的资本。而“莫博士”沃尔特·莫斯伯格则认为最新的谷歌手机 Pixel 是他体验过的最好的一款安卓手机，并对其中自动助手功能和摄像头系统大加赞赏。除了在手机硬件技术方向的惯性创新外，苹果手机尚未在其他已经显示出趋势如电子货币、智能家居等手机平台可以扩展的领域进行深入布局。

随着科学技术的发展，各种通用科技的差距在减小，从手机单机的硬件与软件功能来看，国产手机各种硬件指标已经紧追不舍，而从智能手机市场最近两年的硬件参数来看，各品牌手机整体性能逐渐趋同，苹果手机当下在软硬件上已经不再具备压倒性的优势。综上所述，竞争对手的快速成长使各品牌手机之间的差距不再那么明显，苹果手机仍然具有相应水准，只是趋势不容乐观。2018 年最新款的苹果手机上市后，已经看不到往年那种排队抢购的状况，一方面说明消费者越来越理性，另一方面也证明了苹果手机吸引力已经不如当年。作为一个以科技创新为形象的企业，如何改变当前的竞争格局，如何在产业技术生命周期成熟期在创新上保持领先，是苹果公司亟待解决的问题。

三、用户需求特征的转移

用户的需求是由许多相关变量组成的，在感性与理性、时间与情境的相互交融、相互影响下而起作用，充满了变数。评价一款手机设计得成功与否，关键要看它是否能满足消费者复杂的心理感受，体现消费者的各方面需求。因而就算是同一款手机，在不同时期、不同情境下得到的认知印象也并非一成不变的，始终处在动态变化之中。

（一）用户需求多元化

人们对苹果的创新是存在争议的，至少是相对性地对创新结果有争议。为什么人们会对苹果手机的创新存在不满意呢？如果我们从各种指纹识别、屏幕显示效果、面部识别等绝对的硬件指标来看，每一代苹果手机的硬件相对上一代都是性能上的绝对性提升，软件也在不断升级更新，修复旧问题创造新功能，每一代都比前一代产品优秀很多。但是苹果公司是以科技创新领导者的形象出现在大众面前的，公司形象一旦确立，从心理学上来说就不太容易变更。因此，大家对其所有相关产品都有着超出对一般竞争者的预期，出现了所谓“李杜诗篇万口传，至今已觉不新鲜”的情况。因此，笔者认为苹果软件与硬件目前都保持着高水准，只是人们的要求更高从而显得创新相对不足，这是一个重要因素。另外一个因素就是现在的竞争对手发展很快，甚至在某些方面已经超过了苹果手机，例如苹果手机还是双摄像头的时候，华为公司早就推出了三个摄像头的手机。创新已经变得非常普遍。

据统计，大中华区是苹果手机在全球的第三大市场。手机中国在 2017 年的 3·15 消费者权益日期间对手机品牌进行了一次排行调查，该调查提供四个选项，分别是：①好用 666，很强大；②还行吧，日常操作无压力；③凑合吧，我也很无奈；④蓝瘦香菇，立马换新机。调查周期内共收到近 14 万份数据，调查结果显示选择选项①的用户占 37%，选项②的用户占 34%，选项③的用户占 19%，而选择选项④的用户仅占 10%。数据上 2017 年所有手机品牌的整体好评度相对于 2016 年是有所提升的。经过分析发现，这要归功于智能手机这一年来的飞速发展，性能更强的处理器搭配容量更大的存储，加上手机厂商在系统层面做的各种优化，用户的感受就是不管是高端旗舰机还是千元机，在使用体验上都不会出现卡顿情况，手机不卡了，用户自然开心。此外，包括快充、指纹、金属等元素的普及，使千元机的体验越来越好，这也是选项①加上选项②的总人数占比能够达到 7 成的主要原因。在此基础上，我们取用选择选项①的调查数据进行后续分析，见图 7－5。

如图 7－5 所示，以上七个入选最终排行榜的品牌是从占比 37% 的手机使用好评度（仅选择选项①的用户）中选取的数据。这些品牌的有效参与调查样本量均超过 1350 个（即超过总有效样本量的 1%），在这些品牌中，排名前七的分

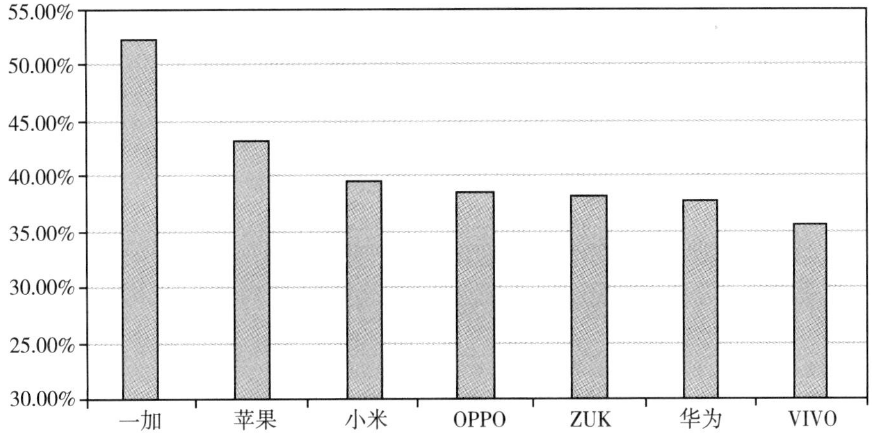

图 7－5　2017 年手机品牌好评排行榜

资料来源：手机中国。

别是一加（OnePlus）、苹果、小米、OPPO、ZUK、华为、VIVO，其中好评度最高的是一加品牌手机，达到 52.41%；而 2016 年好评度最高的苹果则在 2017 年屈居第二，为 43.24%。以上数据体现了苹果手机的好评率正受到其他手机品牌的有力挑战。

另外，中国顾客满意度指数（China Customer Satisfaction Index，C－CSI）①研究成果发布平台也发出了一组 2017 年手机满意度数据排行榜，如图 7－6 所示。从排行榜上数据来看，华为以 80.2 的高分荣登榜首，超过了苹果和三星，而且 VIVO 和 OPPO 相比之前也进步巨大，从中可以看到国产手机进步神速，很多方面已经达到世界前列水平。

（二）用户对苹果手机创新的认知变化

苹果手机创新不足的舆论由来已久，针对此情况，我们做了一个针对苹果手机创新的小型问卷调查，调查仅针对苹果手机的总体创新能力。虽然科技创新的水平应从可比技术的变化角度进行量化，但像手机这类不仅具有相关科技参数而且还带有艺术、审美、时尚感等主观感受因素的产品，只将各种因素单独分开调查对总体结果来说是不够科学的。因此，在此次调查中不将六种手机创新因素单列出来调查研究，也不牵涉苹果公司的其他类型产品。借用企业管

① 中国顾客满意度指数是由中国领先的品牌评级与品牌顾问机构 Chnbrand 实施的中国首个全品类顾客满意度评价体系。

图 7－6　2017 年手机满意度排行榜

资料来源：Chnbrand 2017 年中国顾客满意度指数（C－CSI）。

理中常用的六顶思考帽[①]的方法，将用户对苹果手机的总体创新印象打包作为一个单独变量，运用代表感觉和直觉的红色思考帽来对苹果手机总体创新印象进行问卷调查，为了更直观地量化被调查者的感受，选项设计为针对创新的四种标准答案：很满意、满意、一般、差。从 2016 年到 2017 年间分别在东莞、

① “六顶思考帽”是爱德华·德·波诺博士开发的思维工具，主要功能在于建立一个思考框架，在这个框架下按照特定的程序进行思考，能提高企业与个人的效能，提高会议效率和创造能力、解决深层次的沟通问题。

广州、佛山三个地方收集到 130 份有效调查问卷，汇总如表 7－1 所示。

表 7－1　　iPhone 创新满意度调查汇总表　　单位：人

时间	2016 年		2017 年	
调查选项合并	很满意、满意	一般、差	很满意、满意	一般、差
男士	27	7	23	18
女士	18	1	32	4

表 7－1 中调查数据分为 2016 年和 2017 年两年，其中，2016 年的数据时间范围是从 2015 年 9 月苹果公司发布新的 iPhone 6s 系列到 2016 年 9 月；2017 年的数据原理类似，取 2016 年 9 月发布新的 iPhone7 系列手机开始到 2017 年 9 月。为了验证人们对苹果手机创新的态度趋势，将调查表四个选项合并为两个选项，同时由于国人普遍含蓄内向的现实状况，将调查项中对满意度选为一般的归为负面评判。对调查数据进行简单计算，可以得出 2016 年用户对苹果手机持正向态度，选择很满意和满意的比例是 84.9%，而 2017 年新手机发布后的一年内用户的正向满意度为 71.4%，降低了 13.5%。调查结果显示，人们对苹果手机的创新满意度在下降。

为了确认用户对苹果手机满意度的下降是正常的波动范围还是的确有了明显的趋势转变，需要对以上数据进行假设验证。我们原假设 2016 年用户的满意度与 2017 年并没有不同，用 MINITAB① 对总体进行双比率检验，结果显示：在 0.05 的显著水平下，P 值大于 0.05。因此，从统计学角度我们不能否定原假设，也就是不能证明前后两组数据有实质性的差异，即虽然从数据上看满意度是下降了，但我们不能肯定这种下降是真实的下降还是由于调查数据的噪声引起的差异；同时，由于 P 值较接近判断临界值，也无法肯定地说明两者间就没有差异。因此，我们将尝试进一步向下分解因素，分别以男士和女士作为区别对象对数据进行验证，看是否其中一类有显著性差异。对女士和男士调查数据分别进行检验的结果显示：女士数据检验结果 P 值远大于 0.05，而男士数据的 P 值小于 0.05。这些数据结果说明，女士对苹果手机的创新满意度并没有明显变化，而男士则当 iPhone 从 6s 系列转到 7 系列时显著地认为苹果手机的创新是不足的。综合以上针对媒体的调查结果与我们自己的调查数据所得出的结论，我们认为

① Minitab Statistical Software 是一个统计套装软件，常被简称为 Minitab，由宾州州立大学的研究员 Barbara F. Ryan，Thomas A. Ryan，Jr. 和 Brian L. Joiner 于 1972 年研发而成。

用户感觉 iPhone 创新不足的舆论是有数据支持的，而不仅仅是较为感性的主观感觉而已。

第六节　产品创新与商业模式创新的动态耦合

创新与商业模式是当今商业界两个炙手可热的概念，是企业能否获得成功的关键因素。两者相得益彰，主要体现在早期阶段合理的商业模式设计会释放创新所蕴含的潜在市场价值，通过明确界定客户价值主张，为创新尽可能快地获得价值实现，将创新转化为市场收入，为企业带来经济回报。因此，要研究苹果公司手机产品的商业模式创新，有必要从静态的商业模式以及动态的技术创新与商业模式创新的动态耦合两个方向进行研究。

一、苹果手机商业模式创新的静态结构

（一）苹果手机商业模式概述

应用商业模式创新的画布框架，我们可进一步解构苹果手机产品的商业模式创新。抛开过于繁杂的定义细节，在苹果公司的商业模式中，每个模块都有着较为具体的内容。价值主张主要是产品的创新，良好的用户体验，受认可的工业设计，品牌地位以及便利性与可用性；客户关系方面则是自助服务，体验店等；客户细分则主要为大众市场，加上引入第三方开发者后的部分利基市场；渠道通路则分为自有渠道、合作伙伴渠道；重要合作模块主要体现为代工生产的规模经济的运用以及特定资源和业务的获取；关键业务模块体现为硬件的制造及供应链平台的建立等；核心资源体现在技术创新与知识产权上；成本结构则是价值驱动而非成本驱动；收入来源模块则主要来自于硬件的销售，以及渐渐壮大的 App Store 收入。

值得一提的是，在网络时代，商业模式的内涵也变得更为丰富，第三方开发者既是苹果公司的客户也是苹果公司的重要合作伙伴，当苹果公司从第三方开发者处进行利润分成时，它们是苹果公司的客户；然而换一个角度，当普通用户从 App Store 下载第三方所提供的应用时，第三方开发者又成了苹果公司的

重要合作伙伴。因此，虽然具体内容的呈现有所不同，但商业模式画布的结构可以很好地帮助我们解构苹果公司的商业模式。如果我们重点关注于进一步简化的商业模式，则可以从企业具有的价值主张、核心资源和渠道通路这三个模块来进行研究。

（二）苹果手机产品的价值主张

价值主张是客户转向一个公司而非另一个公司的原因，它解决了客户困扰（customer problem）或者满足了客户需求①。相对于竞争对手，苹果手机外观简洁美观大方，材质感观优良，硬件配置高端，用户界面友好易用，软件功能丰富，正因为如此卓越的设计，苹果手机才广受欢迎，凭借极佳的用户体验等使其具有独特的品牌魅力。除此之外，苹果手机在安全性、功能性、易用性、艺术性（审美）、个性、愉悦性等六个维度上的综合能力表现突出。当然，由于苹果手机受追捧多年，用户基数太大，因此在外观上已经谈不上个性。在消费心理上，重要的不是你对一个设计有什么样的感觉，而是这个设计能让你自己如何感觉自己②。这使得凡勃伦效应在苹果手机上得以淋漓尽致地体现出来。

（三）苹果手机的核心资源：领先的技术创新

苹果手机的核心资源是领先同行的技术创新。对于苹果公司的核心战略资源及其外显的竞争力，外界普遍认可的是其技术创新。这里的技术创新包含了产品软件与产品硬件两个方面的创新，产品软件包括操作系统和应用软件体系。对于手机而言其操作系统绝对是手机竞争的基础，随着社会科学技术的发展，手机产品的创新也在相应地动态演进，不创新或创新的时机太晚都会影响到一个产品甚至一个公司的命运。这方面案例较多，如手机行业中的诺基亚公司最初使用的塞班（Symbian）系统，曾使其产品创新处于市场领先地位多年，但随着科技的快速发展，该软件系统的不足与弊端渐渐显露出来。从手机产品的智能化发展路径来看，虽然塞班系统分为 S30、S40、S60 等不同版本，并细分定位于功能机、智能机，但对后来的真正意义上的智能机来说，该技术存在着先天缺陷，这使得诺基亚不得不考虑替代品。随后诺基亚与英特尔公司共同开发了针对智能手机的 MeeGo 系统。后来收购诺基亚设备与服务部门的微软公司，其 Win CE（Windows Embedded Compact）平台也因技术落后于时代而被迫舍弃。不难看出，产品技术创新对手机行业来说其地位举足轻重。苹果公司从电脑领

① 亚历山大·奥斯特瓦德等：《商业模式新生代》，机械工业出版社 2014 年版，第 12 页。
② 普拉哈拉德等：《设计的魔力：心理美学带来的商业奇迹》，中国人民大学出版社 2014 年版，第 11 页。

域跨界进入手机行业时，一开始就面临手机操作系统选择的问题，到底是在公司现有的其他系统基础上改进，还是从新的起点开发新的系统，曾在苹果公司内部有着较大争议。苹果公司最终选择以类 Unix 系统（Unix - like）为基础并基于 Apple Darwin 核心开发新的操作系统，这就是苹果公司所开发的移动设备操作系统 iOS。后来在市场上获得巨大成功的事实也证明了这是一个有远见的决定。

苹果手机的产品硬件水平体现在其相对先进的芯片与传感器以及卓越的工业设计上。苹果手机的硬件配置水平也一直处于行业前列，如果说操作系统是手机的灵魂，那么手机的硬件就是其躯体，两者相互依存，缺一不可。苹果手机自身的操作系统 iOS 以简洁易用而著称，且长年如新体验如初，这也得益于其性能强劲的硬件。苹果手机在国内外的硬件评测排名中经常名列前茅，保证了其软件拥有性能强大的支持平台。从苹果公司历次发布会上公布的硬件参数中，我们可以看到苹果手机硬件的性能一直处于突飞猛进的状态。如 iPhone 6 发布会上显示，仅仅从 2007 年到 2014 年八年的时间里，iPhone 搭载的处理器性能就提升了整整 50 倍，主要用于图形处理的 CPU 性能更是提升了 84 倍。苹果手机的 A12 处理器则是第一个实现量产的 7 纳米移动 SoC 芯片。从以上数据可以看出，苹果公司对硬件的发展不遗余力。

（四）苹果手机的渠道通路

对最接近客户体验的渠道通路来说，苹果公司设有旗舰店供客户体验其产品与服务，而更广为人知的是其 App Store 平台。在苹果公司的 App Store 与其他品牌手机发布应用程序商店之前，各种智能半智能手机的软件如同一盘散沙。与此有鲜明对比的是，苹果公司推出的应用程序商店平台使用简便，在 App Store 中安装第三方软件犹如超市购物一般的简单，在苹果手机中打开入口并搜索到目标应用软件后选中确认就行，这不仅大大降低了消费者使用门槛，而且极大地体现出了苹果公司产品设计的“易用性”逻辑。App Annie 报告显示的那些令人惊讶的数据，显示了世界范围内苹果手机相对普及的国家中消费者对应用程序的偏爱，这不仅表达了消费者的真实需求，其实也印证了 App Store 平台在苹果手机与客户之间扮演的不可替代的渠道通路作用：它打造了一个全新的手机产品商业生态系统，并在战略意义上决定了苹果公司商业模式的创新优势。

二、苹果手机商业模式创新与技术创新的动态耦合

商业模式的创新有四大目标，分别是满足被忽视的市场需求；把新技术、

产品和服务推向市场；通过一个更好的商业模式来改进、颠覆或变革现有的市场；创造一个全新的市场①。技术创新与商业模式创新是企业创新活动之中最具代表性的两类创新活动，它们如同企业前进的两条腿，相互依靠而又互相影响，且处于动态平衡状态。关于技术创新与商业模式创新的耦合，苹果手机的技术创新与其商业模式创新可以说是一个非常典型的成功案例。

技术创新与商业模式创新的高效耦合贯穿于苹果手机产品的整个生命周期，并在每代苹果手机的市场成功中发挥着突出作用。第一代 iPhone 手机的功能相对简陋，甚至连复制和粘贴这些常用的功能都没有，但是它独有的“触摸界面”这一秘密武器在当时还是一个非常新奇的概念，消费者试用过后对其触摸功能纷纷赞不绝口，从而使苹果手机冠绝同行，树立了时尚的产品创新形象。受益于乔布斯近乎偏执地追求完美的做事风格，苹果公司对技术的极致追求有口皆碑，这也成就了 iPhone 顶级的用户使用体验。苹果公司对软件尤为重视，以至于乔布斯曾称苹果公司是一家软件公司。

当市场进一步步入快速成长期后，苹果手机的商业模式创新与技术创新在耦合成效上也逐渐出现了问题。具体来说，苹果手机虽然在技术创新上已经领先于同时代的强大对手，iOS 也广受欢迎，但此时手机在功能的封装形式上尚与其他竞争对手类似，即功能大多局限于设计制造时的默认功能，其扩展性有很大局限，对用户来说想要扩展使用非系统内置软件非常困难且不方便。从商业模式创新与技术创新的有效耦合视角来看，这表现为商业模式中的渠道通路已经无法良好地匹配价值主张的传递，技术创新与商业模式创新处于不耦合状态。此时，在商业模式与技术创新的耦合模式中，苹果手机更多地处于产品导向状态，商业模式创新已落后于技术创新，这使其商业模式与技术创新处于松散耦合状态。因此，原有的渠道通路模式显得不合时宜且无法高效满足用户的个性需求。为了更有效地满足甚至引导用户的个性化需求，苹果公司需要提供更便利的价值呈现与传递方式来满足用户的需求，其中之一的选择就是最大限度地让用户能够自主地选择其手机使用过程中需要的扩展应用软件。这使得苹果公司的手机产品开发自此由产品导向转型为市场需求导向。在这个过程中，技术创新成了主要的驱动力量来源，推动着商业模式持续演进和升级，使得二者在新的阶段实现更高水平的耦合，在公司运作层面，则实现了通过围绕市场需求

---

① 亚历山大·奥斯特瓦德等：《商业模式新生代》，机械工业出版社 2011 年版，第 234 页。

来构建新的价值链。

这一战略性的转型自第二代苹果手机开始，在第三代苹果手机最终实现。从技术角度来看，iOS 作为底层的操作系统，与电脑操作系统类似，只是提供最基本最常用的功能，受限于资源与商业策略等各种因素不可能面面俱到预先安装所有应用软件。况且，不同的客户需求是不同的，既不能全面预装又不能无视客户的需求，因此最好的方式就是自选餐式的应用软件提供方式。在这方面，采用在线应用软件超市的方式无疑是最切合实际需求的战略选择。借鉴与 iPod（音乐播放器）配套开发的 iTunes 在线音乐商店的成功经验，苹果公司 App Store 的上线也就顺理成章了。2008 年 7 月 11 日，苹果 App Store 与 iPhone 3G 一同发布。在 App Store 中，应用程序可以从商店直接下载到 iOS 设备中（当然包括了苹果手机），商店中包含了各种各样的实用软件，以及千奇百怪的另类软件，种类繁多，功能多不胜数。而且很多软件功能有很大的想象空间和广阔的应用场景，还有一些应用软件加上传感器的配合后能完成各种任务，这些任务几乎覆盖了日常生活中的衣食住行各个方面。而 App Store 模式让人们很轻易地获得想要的应用软件，同时技术又解决了获取的效率问题，降低了人们使用手机过程中的心智交易成本①。因而，App Store 甫一上线，便引发了用户的热情回应和疯狂追捧，成为市场的宠儿，“手机 + App Store”的模式大获成功。至此，底层流畅易用的 iOS 系统加上丰富的可自选扩展应用软件，在保证用户操作体验的同时实现了用户自主选择个性化应用软件的需求，完成了渠道通路价值传递方式的升级。以上的过程，我们可以视为技术创新子系统对商业模式子系统的创新产生了影响，促使技术创新与商业模式创新产生了强耦合从而达到了新的平稳状态。

在商业模式创新与技术创新两个子系统之间，它们的耦合主要是通过各自内部的要素结构变动和流动来产生的。无论是商业模式创新驱动的耦合过程，还是技术创新驱动的耦合过程，都是通对这些耦合要素的改变来引发另一方的耦合要素结构变化，从而使双方进入耦合状态。耦合要素主要包括了商业模式的各个模块和技术创新的各个环节。当苹果手机的技术创新领先于其商业模式创新时，耦合要素中的产品服务和价值传递的实现方式与产品创新水平不再是完美匹配状态，成为两个子系统间动态耦合演进中的主要矛盾，增强了耦合的

① 每当顾客作出消费决定时，就会消耗掉一些认知能量，在行为经济学中，这叫作“心智交易成本”（mental transaction cost）。

动因基础，从而迫使商业模式做出相应调整与改进。随着苹果公司 App Store 的推出，解决了两个子系统间不匹配的矛盾，这种价值传递方式满足并提升了应用程序的可达性与便利性，也就是改善了商业模式画布中价值主张这一模块，甚至使得“App”逐渐成为通用的流行语。App Store 的出现使得苹果公司与客户达到了双赢的结果。数据显示，从 2010 年开始，截至 2018 年 5 月 31 日，App Store 的应用程序下载量达到了惊人的 1700 亿次。

在应用软件的质量上，苹果公司对 App Store 是基于精选模式来构建并设立相关标准的，第三方应用程序供应商必须遵守公司的相关要求。这意味着苹果公司可以在入口处把关控制应用程序的质量。这种模式能够使应用程序的用户在很大程度上避开各种恶意、有害和设计有缺陷的软件，从而维护一个良好的应用商店环境，提升了用户的使用体验，增加了产品体系的吸引力。通过围绕市场需求变化构建新的价值链，对商业模式的相关要素进行动态调整，使商业模式创新与技术创新两个子系统之间的稳定性得到良好匹配，从而促进了两者间的有效强耦合。

信息交流机制的变革在这个动态耦合过程中也是十分重要的。企业对外的信息交流机制包括产品创新的科研人员和商业模式创新的相关管理者及市场研究与客服等。随着 App Store 的推出，企业与客户间的信息交流机制得到改善。商业模式的价值主要通过基于技术形成的产品或服务来体现的，它不可能凭空产生。急剧扩展的客户群体对应用软件的数量与种类提出了更进一步的要求，此时用户的进一步需求经由 App Store 平台向苹果公司进行反馈，受到反馈的推动影响，技术创新子系统做出相应回应。作为对用户需求的响应，苹果公司引入了第三方开发者，丰富 App Store 生态系统的同时，使更多的资源加入成为利益相关者，扩大了生态圈，满足了用户需求的长尾效应，也增强了系统的网络外部性。在企业赢利结构方面，苹果公司通过 App Store 应用程序的销售分成从中获利。根据其制定的规则，第三方开发商或开发者获得所发行应用程序销售收入的 70%，而苹果公司及其合作伙伴获得销售收入的 30%。另外，在用手机就等同于用软件的今天，苹果公司对信息交流反馈机制中的用户反馈机制也在不断优化改进。例如，从 iOS 10.3 开始，引入了新的 App Store 评价机制。用户可以直接在 App 内进行评分，这极大地方便了用户的信息反馈，激发用户的反馈热情，而开发者也可以对用户在 App Store 的评论区进行回复，从而形成一个完整的沟通环节。

除了以上传统的企业与消费者之间的直接信息交流外，App Store 还多了第三方开发者这一信息源。从提交到 App Store 的应用软件数量、类别等信息可以了解到第三方对用户需求的判断，而通过下载 App 的排行榜、类别等数据就可以了解用户的真实需求，甚至可以采用在应用软件内数据埋点等方式了解用户的使用行为习惯。在大数据时代，信息交流与信息收集变得异常容易。普通用户的信息地位处于相对弱势的状态，随着 AI 与大数据的普及，对于大企业来说，相关信息的交流与反馈可以做到实时、高效，企业如能合法地善用这些数据在用户画像、用户需求等方面进行更深入的数据挖掘分析，甚至能做到个性化营销，对企业的技术创新与商业模式创新以及两者的耦合都将大有裨益。

三、商业模式与技术创新有效耦合的战略回报

商业模式创新与技术创新的耦合是否有效以及有多大成效，最终还是要体现在公司的整体绩效和竞争优势上。上述苹果手机产品创新与商业模式动态耦合的效果，显然可以从苹果公司的财务数据中得到佐证。在技术创新与商业模式创新相互耦合过程中，苹果公司的财务状况变化也发生着相应变化，如图 7－7 所示。

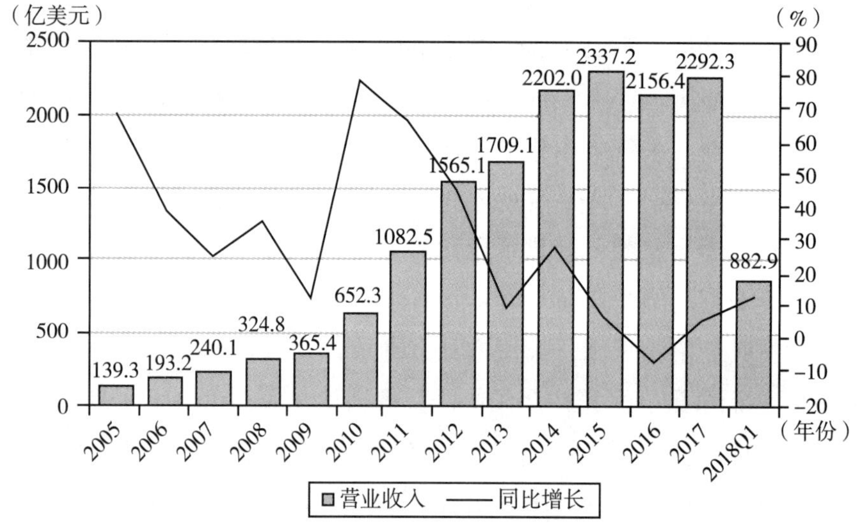

图 7－7　2005—2018 年苹果公司营业收入变化趋势

资料来源：企业财报，前瞻产业研究院整理。

App Store 于 2008 年 7 月 11 日发布后，经过一年多时间的市场培育和推广，最终给苹果公司的产品销售带来卓著的贡献。如图 7 – 7 所示，苹果公司营业收入于 2009 年到 2010 年间同比增长的速度创下了纪录。这也从侧面佐证，App Store 终于成为苹果公司商业模式创新的核心部分而大放异彩。从另一个角度来看，苹果手机的事实证明了“用智能手机就是用软件”这一通俗说法。例如，当时风行全世界的“愤怒的小鸟”这款休闲益智类游戏，就是于 2009 年 12 月首发于 iOS 平台，随着 App 而变得人尽皆知。苹果手机对苹果公司业绩的贡献比重在加大，2017 财年手机业务收入占比达到 61.65%。这些成就正是技术创新和商业模式创新良好耦合的结果。

商业模式创新与技术创新两个子系统之间耦合后受到对方因素的影响而动态演化。技术的发展与产品的创新改变了人们的生活方式，而生活方式的变化反过来又促进了相关方向技术的发展模式。这一演化路径几乎是不可逆的。以停车场收费系统为例，当前很多停车场已经取消了人工收费，而采用微信、支付宝或其他类似的第三方自助收费形式，方便了使用此技术的消费者，但对没有使用此技术的消费者在一定程度上形成了“行为歧视”，促使没有使用此技术的消费者被动式地采用它。随着使用者的增多，技术不能再倒退，只能在同一方向上一直发展下去，从而在一定程度上形成了相互促进、互相影响的惯性机制，促使着技术和商业模式的自我演化和发展。这就是技术创新与商业模式两个子系统间动态耦合的内在动力，其最终表现就是很好地提升了企业的整体绩效和竞争优势。

综上所述，本节应用商业模式画布框架，以价值主张、核心资源以及渠道通路这三个模块为例对苹果手机产品的商业模式进行了静态结构分析，而对技术创新和商业模式创新两个子系统进行了动态分析，并阐述了两者之间的动态耦合过程及其关系机制。总的来看，技术创新和产品创新需要新型商业模式与之有效耦合，商业模式创新的过程中内嵌着技术创新这一核心内容。换言之，商业模式创新与技术创新之间天然地不可分割，只有那些能够让商业模式与技术之间实现动态耦合的企业，才能够最大化地商业化技术/产品的价值，才能够让最有效的商业模式完美地匹配于技术/产品的商业化。动态耦合不是一个抽象概念，而是一种战略匹配机制，它带来的战略性回报就是公司绩效的持续改善和持续的竞争优势。总之，科技的发展缩短了人们的时空距离，加快了社会各种体系的运转速度，新事物新模式层出不穷，事物的运转周期相对变短，人们的生活得到了极大的改善，特别是信息领域更是如此。因此，在商业上，用什么样的方式为用户提供企业的产品与服务、满足客户的价值主张，采用什么样的商业模式对企业来说重要性远超过往。

未来的挑战在逐渐显露出来，同时也启动了新一轮的动态耦合轮回。随着手机“硬件 + App Store”的商业模式进入成熟期，手机行业普遍采用了这种已被验证有效的方式，从而使竞争对手在商业模式创新这一方面达到了新的动态平稳点。用基于技术生命周期的商业模式创新动态演化路径来衡量的话，这类商业模式创新已经进入了稳定期，除了企业间管理运营水平的差异导致效果有所不同外，在应用软件的传递价值方面各企业间的差距在逐渐缩小。因此，在动态平稳的演进过程中，主要矛盾又转移到了技术创新方向上。随着科技的快速发展，在内有智能家居，外有智慧城市，加上贯穿其间的物联网，以及 AI 与大数据兴起的可预见背景下，手机在人们生活中的信息中心与控制中心的地位将不可避免地遭到削弱，此时技术创新与商业模式创新的耦合系统将会受到新的挑战，从而进入下一轮的动态平稳周期的创新起点。

第八章　创新战略与后发大国新兴产业发展
——基于全球价值链突破的视角

本章从全球竞争视角来讨论新兴产业中的技术创新问题，并且集中于后发大国如何突破全球价值链封锁这一主题。全球化不是一个新问题，但伴随着生产流程在地理空间上分散化而快速兴起的全球价值链（GVC）则是当今全球化过程中最为引人瞩目的新特征之一（OECD，2008）。发展中国家也不是全球化进程中的“新成员”，但以发展中大国为主体的新兴经济体的崛起，使得“后发大国”成为推动发达大国主导的国际格局向多极化演进的一大新生力量，从而也成为当今世界最为重要的主题之一。那么，当全球价值链“遭遇”后发大国时，当代国际分工体系会产生哪些重大的问题？更为重要的是，后发大国该如何识辨、解决这些问题？

本章试图在如下三个方面做出努力：一是引入“比较优势陷阱”分析后发大国面临的全球分工困境的根本原因；二是引入“创新距离”这个工具性概念，来解释后发大国新兴产业遭遇“全球价值链锁定”的微观机理；三是从国内需求与组织架构创新两个方面解释了后发国家新兴产业的发展路径问题，结合中国通信设备制造业的案例验证相关命题，并归纳了后发大国突破全球价值链锁定进而培育国家竞争优势的经验与建议。

第一节　比较优势陷阱、产业消解与后发大国困境

一、后发大国的新兴产业发展困境

工业化是发展中国家追赶发达国家的必由之路，为了能够使国民经济快速

度过工业化的“起飞”阶段，不少发展中国家选择直接吸收外国直接投资、发展本地配套体系、以代工方式切入全球价值链。这虽然在一定程度上的确缩短了工业化起飞的时间，但也带来非常明显的负面效应：当进一步推动工业化进程时，后发大国发现自己已经成为发达国家主导的全球价值链“俘获”的对象（Schmitz，2006；刘志彪、张杰，2007），并被“锁定”（lock - in）在全球价值链的低端环节，以至于无法升级（upgrading）。这不仅发生在传统的工业部门，据我们已有的观察和研究，发展中国家的新兴产业似乎也难以幸免。

对此，已有文献多基于 Gereffi et al.（2005）提供的全球价值链治理与学习机制理论，围绕知识转移、技术吸收能力（陶锋和李诗田，2008）、技术差距（欧阳峣等，2012）、国家价值链（刘志彪和张杰，2007）等方面进行了较系统的研究，但还有许多问题依然没有得到很好的解决。

后发大国与其他发展中国家一样，其加入全球价值链的主要目的是提升国家竞争优势。但是，在目前已有的市场交易型、模块型、关系网络型、俘获型与等级制型这五种全球价值链治理模式（Gereffi et al.，2005）中，后发大国在全球价值链中主要处于“被俘获”的困境位置。这显然与它们加入全球价值链的初衷背道而驰。

二、后发大国竞争优势的来源与比较优势陷阱的形成

在全球化背景下，一个国家之所以被称为大国，意味着它对世界分工体系（或至少在某个方面）会产生重要的影响力。所以，大国应该是“国际市场”的价格制定者（郑捷，2007），而不应该是价格的接受者。相应地，我们可以把拥有国际市场定价权的大国称为发达大国①，把尚未掌握或正在努力掌握定价权的大国称为后发大国。对发达大国而言，它会在行为方式上体现出对国际分工体系或某种全球市场的垄断势力或控制能力，而这就外显为一个大国的竞争优势。若从生产活动的视角来看，“某种全球市场”其实就是一个相对完整的产业体系。因此，大国的竞争优势，归根到底来源于它的产业在全球分工体系中所拥有的竞争优势（Porter，1990）。简言之，大国的竞争优势来源于其产业的对全

① 当然，如果一个国家在某类国际市场上拥有了稳固的定价权，那它就是这类国际市场上的相对大国，比如瑞士。当一个国家拥有的这样的市场越来越多时，那它就会成为拥有大国产业的发达大国，如德国与美国。但限于篇幅，我们对此不做展开论述。

球分工体系的控制能力。

依据上述的逻辑，我们需要解释的是，大国的控制能力从何而来？当然，更需要解释的是，后发大国在依靠比较优势加入全球分工体系后，其比较优势陷阱是如何形成的。虽然大国竞争优势最终表现为对国际市场价格的制定权，但这种竞争优势应该建立在价格要素与非价格要素这两大要素综合作用的基础上。那么，这两大要素的内部结构肯定会对一国竞争优势带来关键影响。基于此，依据经济学理论中经典的等产量线模型，我们可以构建出大国竞争优势的"等竞争优势曲线"（见图 8－1），来解释后发大国竞争优势的演变规律及其决定因素。

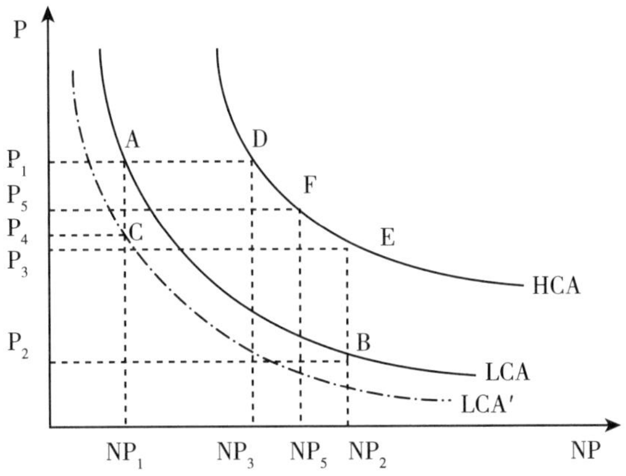

图 8－1　等竞争优势曲线：后发国家竞争优势的决定机制

在图 8－1 中，纵坐标代表基于价格要素的优势，简称为价格竞争力（P），横坐标为基于非价格要素的优势，简称为非价格竞争力（NP）。LCA 曲线代表较低水平的竞争优势，HCA 曲线代表较高水平的竞争优势。等竞争优势曲线越往右上方移动，说明一国的竞争优势越强。依据前文解释与等竞争优势线的基本定义，达到 LCA 水平竞争优势的要素组合有很多种，可以代表不同国家达到同等水平竞争优势的发展模式。我们选择两种代表性组合：A 点所示的（P_1，NP_1）与 B 点所示的（P_2，NP_2）。A 点是更高的价格竞争力配以较低的非价格竞争力，代表的是生产要素成本低廉从而价格竞争力明显的 A 国家；B 点则相反，是更高的非价格竞争力配以较低的价格竞争力，代表的是非价格生产要素发达从而非价格竞争力强大的 B 国家。在 LCA 曲线上，两国的竞争优势是相同水平的。但是，A 国如果想要进一步提升国家竞争优势，就必须在保证价格竞争力基本不变的条件下通过提升非价格竞争力，才有可能到达更高水平等竞争优势线上的 D 点（P_1，NP_3）。同理，若 B 国想要进一步提升国家竞争优势，则必须在保证非价格竞争力不变的情况下通过提升价格竞争力到 E 点（P_3，NP_2）。当然，两者也可以通过 F 组合（P_5，NP_5）实现竞争优势的提升，即对 A 国家来说，降低价格竞争力，选择 $P_5 < P_1$，但提升非价格竞争力，使 $NP_5 > NP_3 > NP_1$；对 B 国而言，则是降低非价格优势，选择 $NP_5 < NP_2$，但提升价格优势，使得 $P_5 > P_3 > P_2$。具体选择哪一种组合来获得国家竞争优势，根本上取决于要素 P 与 NP 的边际技术替代率与其价格比值的关系。

一般而言，价格竞争力 P 的构成是显性的，它主要通过成本降低来获得，而非价格竞争力 NP 的构成在更多情况下则是隐性的，其获得途径比较复杂，因此也就更难得到。所以，在 A、B 两种组合中，A 组合是后发大国比较容易选择的发展模式。我们就以 A 组合为例来解释后发大国比较优势陷阱的形成机理。

如果后发大国 A 遭遇了全球价值链的低端锁定，在图 8 - 1 所示的模型中就体现为非价格竞争力会被限制在 NP_1附近及其左侧，这就意味着在 Humphrey & Schmitz（2002）提供的从“工艺升级、产品升级、功能升级到链的升级”这四种 GVC 升级模式中，A 国至多只能从事工艺升级这个环节。并且，如果当 A 大国最初的资源禀赋的比较优势减弱，或其他大国启动更高级别的升级机制后，它的价格竞争力就会从 A 点的 P_1下降至 C 点的 P_4，由于 NP_1不会增加，其国家竞争优势只会降低至 LCA’ 曲线所示的水平。这时，我们就把这个过程称为“比较优势陷阱”①。我们还可以直观地看到，即使 A 国能够进一步提升价格竞争力 P，但由于 NP_1没有移动，国家竞争优势也无法上升到更高水平。

三、“产业消解”与后发大国竞争优势困境

至此，一个相关的问题是：为什么会出现比较优势陷阱？这要从全球价值链的性质谈起。在全球价值链背景下，产品内分工（卢峰，2004）成为当代国际分工体系的基本框架之一。在这个框架中，产品的完整生产流程，被拆解为一个个相对独立的工序、环节或区段，分布在不同国家或地区，从而使全球专业化分工体系出现了地理空间上的分散化特征（Gereffi et al.，2005；OECD，2008）。这种特征导致的最终结果就是：全球分工体系由产业间分工，逐渐演变

① 所谓比较优势陷阱，简单地说，就是初始的比较优势最终限制了一国产业结构的升级，从而丧失了进一步提升国家竞争优势的潜力。

成了“工序间分工”，国家间的竞争也逐渐由产业间竞争、产业内竞争过渡到了“工序间竞争”。如果说一国产业竞争力的基础是系统的产品竞争力，那么基于全球价值链的产品内分工其实扮演了后发大国产业竞争力的“分拆机制”或“零散化机制”，从而使得后发大国失去了国家竞争优势最重要的载体——产业。我们把这种现象称为“产业消解”。从后发国家产业竞争力体系的视角来看，发达国家主导的全球价值链导致的后发国家集中工序间的竞争，使得后发国家的产业体系被消解了。

在多数情况下，来自发达国家的领先企业关注的是如何通过技术知识的传递而更有效地治理全球价值链（Pietrobelli & Rabellotti，2011），它们也往往是全球价值链的主导者，并设计了主要的治理参数指标（Keane，2012）。同时，发达国家领先企业由于掌控着整个价值链活动，所以集中于产品的商业模式创新设计和技术研发和创新，这不仅恰好是微笑曲线的高附加值部分，也是产品创新系统里最难复制和移植的部分。当后发大国最初加入全球价值链时，所依赖的分工基础是其丰富的资源、庞大的市场、广阔的国土、巨大的人口总量与经济总量，以及成本低廉的生产要素，这些禀赋正是其与小国或发达国家相比拥有的比较优势。更重要的是，这个因素再加上较低的技术水平与缺乏全球价值链治理经验，使得后发大国只能从事全球价值链中非常狭窄的某几个甚至一个生产环节或工序，比如简单的组装工作①。长期下去，后发大国的比较优势就只能体现在某几个或一个工序上，甚至无法完成一个产品的完整生产，根本无法形成国家层次的产业体系。这不仅导致了产业空心化问题，而且也使得产业生产活动貌似繁荣，但产业基础体系其实软弱无力②，无法构建健全的、有竞争力的产业链。失去了产业基础，也就失去了自主创新的根本载体，国家竞争优势自然也成为无本之木，一触即溃。从经济发展的动态视角来看，这样的后发大国，只能是一个物理属性上的地理大国，并非全球分工属性上的经济大国。

在这样的情境下，后发大国尽管制造出了大批量的产品，学习了工序层面的生产技术和管理技术，但却无法在商业模式和核心技术方面做到原创性的创新。因为商业模式创新与核心技术创新由于全球分工机制而被发达国家的领先企业很好地将后发国家隔离在外。显然，商业模式创新缺乏竞争力，本土企业

① 显然，其他重要的关键零部件是由其他国家生产的，后发大国无须考虑这些关联的生产过程与生产工艺，并且，全球价值链治理者也不允许后发大国的参与者涉足这些问题。

② 我们肯定无法想象，一个连完整产品都生产不出来的国家，何谈健全的产业体系？

就无法发现、激发或整合本土市场或国际市场上的高端需求，这使得自主式的技术创新失去了需求侧的拉动力；核心技术创新缺乏竞争力，本土企业就无法获得最先进的技术组织和技术管理方式，无法对产业设备系统、人才系统等各个方面进行持续的更新和升级，这使得自主式技术创新失去了供给侧的推动力。从具体的单个产业来看，后发国家的产业创新系统也因此而残缺不全，无法形成培育自主创新的工业基础和创新基础设施，只能选择“技术引进—消化吸收—改造升级”这样的追随式创新战略路径。

这就不难解释，为什么发达国家能够依靠卖专利和技术标准，赚取整个产业70%以上的利润，新兴工业化国家包揽中间制造环节，赚取20%左右的利润，而发展中国家赚取的利润只有6%左右（袁俊，2005）。这也不难解释中国国产手机为何遭遇“利润魔咒”：手机出口量占全球市场的80%，但利润仅占全球价值链的1%左右①。“越发展，陷阱越深，越困惑”，“产业越消解”，导致国家竞争优势日渐流失，这就是最为直观的证据。

第二节　创新距离、政策导向对后发大国新兴产业的影响

现在来分析非价格要素的内部结构。虽然非价格要素包括内容非常复杂②，但毫无疑问，创新是一国非价格竞争力的核心部分。本章以 Christensen（1997）的“破坏性创新”理论为基础，引入“创新距离”（innovation distance）这个工具性概念，展开进一步的分析。

一、创新距离的界定

所谓创新距离，就是指创新者努力从延续性创新（sustaining innovation）到实现破坏性创新（disruptive innovation）所要付出的时间或努力程度。其中，延

① 2012年，中国手机出口总量达10亿部，但全球手机市场99%的利润都被苹果和三星赚走。具体请参见“国产手机出口陷利润魔咒：均价仅33美元”，《第一财经日报》，2012年11月8日。

② 在国际竞争体系当中，非价格因素可能包括了销售渠道、政治、创新、并购、制度甚至军事力量因素，但很难明确辨识这些因素的内部结构。

续性创新可以解释为对原有技术路径有着维持性作用的创新活动，它关注的是现有主流市场和主流用户，其主要价值在于使现有产品或服务更好、更快或更便宜。但破坏性创新则通过不连续的变化，改变了原有产品或市场的技术路径，它关注的不是为现有的主流市场客户提供更好的产品，而是更倾向于通过引入目前稍差（但简单、便捷）的产品或服务来破坏和重新定义当前的市场，在获得低端客户市场后，通过更快的技术进步步伐，切入更高级别的客户需求，从而打败领先者企业（克里斯坦森和雷纳，2010）。

需要指出的是，破坏性创新与突破性创新（radical innovation）是两个看似相近却差别相当大的概念。第一，破坏性创新首先关注更多的是市场维度，而突破性创新则首先更多关注技术维度（Danneels，2003）。也就是说，破坏性创新首先关注的是如何发现一个与主流市场不同的市场，并设计一个新的商业模式去改变商业逻辑，引导用户的偏好改变；突破性创新的要点则在于如何通过更好的技术来破坏竞争对手的竞争优势。第二，破坏性创新可能不吸引现有的主要客户，而是在新界定的市场上为新的客户塑造一种新的产品偏好，并且更注重通过商业模式创新将这种偏好传递给用户；突破性创新更注重现有产品特性的提升，或是产品生产效率的实质性改进。第三，破坏性创新首先是由破坏者引起的，会导致在位者困境，而突破性创新一般是由在位企业推动和展开的（陈继祥、王敏，2009）。因此，从这些方面来看，破坏性创新可能是更适合于后发大国新兴产业发展的一种创新路径。当然，相对于跟随式创新战略路径，后发大国实施破坏性创新面临的挑战也大得多。并且，这种挑战是系统性的，而不是局部性的或零散的。

二、政策导向对创新距离的影响

后发大国在新兴产业中企业创新的政策导向方面往往会出现偏差。比如，政府为了就业或税收等目标，可能会鼓励企业更多地采取延续性创新模式，以更大幅度地降低成本或在某种程度上改进现有产品性能，从而为企业带来更高的利润。若从全球价值链视角来看，后发大国在产品内分工流程中，被分配的生产环节太少（Pietrobelli & Rabellotti，2011），且更多地被主导企业分配于成本控制类的延续性创新活动，更集中于工艺流程的改善与升级。这些过于狭窄的分工空间，使得企业无法接触到终端市场需求，也无法延伸到其他相关生产流程。这些问题同样存在于后发大国的新兴产业领域。新兴产业相对于传统产业，是一种更容易获得规模报酬递增的产业，但由于全球价值链分工与治理模式的差异，后发大国可能仍然会处于不利位置。例如，在新兴产业发展过程中，虽然后发大国与发达大国都可能面临相似的制约因素（如新能源汽车的电池，参见石军伟等，2011），但后发大国由于参与全球价值链的环节过窄过少，只能在较小的分工范围内实现专业化，故享受到的规模报酬递增收益也是非常有限的。这样一种被动的创新导向，加大了后发大国从事延续性创新的概率，限制了其从事破坏性创新活动的可能性，这无疑拉大了后发大国企业与发达大国企业之间的创新距离，使得后发大国的企业失去了破坏性创新的基础，丧失了较高的增长潜力。

三、创新距离产生的原因及其对新兴产业影响途径

对后发大国而言，创新距离产生的原因主要源于如下三个方面：

第一，技术差距[①]对后发大国的产业发展政策选择有着重要影响。Acemoglu et al.（2006）认为，当技术差距过大时，后发国家会在技术引进和模仿过程中采取更密集的物质投资策略，而忽略技术选择问题。只有当技术差距日益缩小时，后发国家才有可能采取创新密集型的战略模式。由于身处全球价值链低端市场，后发国家的企业更容易选择成本导向的延续性创新模式，而由于比较优势陷阱的存在，使得它们在技术升级或创新战略模式变迁方面陷入停滞，无法积累破坏性创新所需要的力量。

第二，缺乏真正的研发创新投资。在后发大国，绝大多数的创新属于非研究与开发性活动（non - R&D activities），主要集中于对发达国家的成熟技术在新的市场条件下的简单模仿、复制或推广（Bell，2007），涉及的主要是流程与运作层面，并不会扩展到真正意义上的产品研发层面。这也是后发国家的企业在国际技术转移过程中为何吸收效率低、技术能力不高的深层原因。Gereffi et al.（2005）指出，企业能力、交易复杂性与知识的可编码性是决定全球价值链治理的三大关键要素，而后发国家研发创新投资的缺乏使其在这三个方面无能为力。虽然后发国家在技术和资金两方面都非常稀缺，但这并不是一个国家仅

① 这也是一个与创新距离非常相似的概念。不过，技术差距主要指后发大国与发达大国在主流技术前沿之间的距离，这与创新距离的定义基础与前提并不相同。

热衷于投资生产性活动而放弃研发性活动的理由。

第三，没有系统研究市场需求。后发大国的一大特征就是其庞大的本土市场需求，并且这个空间还处于高速增长的过程之中。对后发大国的新兴产业而言，其潜在的本土市场需求空间会提供更多的创新机会。从理论上讲，一个快速成长的市场需求空间，是决定所有技术创新、产品价值能否最终实现产业化与增值的先决条件。并且，越是新兴的产业，越需要这样的市场，越需要系统的商业模式创新来挖掘这样的市场。因此，发达国家领先企业主导全球价值链治理的主要目的不仅是为了获得更高的分工效率，而且包括了对传统产业与新兴产业的市场需求的垄断与控制。然而，后发大国在加入全球分工体系时，为了引进外国投资和扩大出口，更多地采用了"以市场换技术"战略模式，这特别容易诱发"重技术轻市场"的倾向。这里的轻市场，不仅包括对本土市场需求研究不系统，更重要的是对发达国家的市场需求研究也是严重不足的，这导致了对市场需求演化规律缺乏战略性感知和预测，甚至是放弃了对适合本土市场的商业模式创新。当这种逻辑导向被简单拷贝到新兴产业中时，其结果就是本应采取破坏性创新导向的新兴产业，由于本土新兴市场被发达大国控制，而有可能重新沿袭基于延续性创新的传统发展模式。

第三节　国内需求、组织创新匹配与新兴产业发展

一、国内需求视角下的创新模式

在20世纪日本经济从低技术向重工业进而向高技术转变的过程中，进口保护发挥了重要的作用①。它主要通过关税、配额、限制外国直接投资、限制高技术产品进口或在国内采购等途径，保证对当时的新兴产业的国内本土需求，促进了高技术产业的发展②。显然，国内需求一方面可以引致创新；另一方面也可

① 克鲁格曼：《战略性贸易政策与新国际经济学》，中国人民大学出版社2000年版。

② 其实，这么做的不只日本一个。在美国19世纪的工业化进程中，也采取了内需为主导的工业化模式，当时的美国政治家与制造商都秉持这样的信念："……必须在国内创造市场，同外国的产品进行竞争"。具体请参见贾根良："美国学派与美国的工业化：经验教训与启示"，《经济社会体制比较》，2010年第2期。

以检验创新的价值，并派生出新的创新方向。对作为幼稚产业的本土新兴产业而言，国内需求的贡献远大于国际市场需求的价值。江小娟（2010）证明，虽然“外需”在推动中国经济增长过程中有着非常重要的作用，但改革开放以来，真实贸易依存度从来没有超过25%，这说明“内需”才是作为后发大国的中国经济增长的主要推动力量。所以，我们认为，充分利用内需外需的“双引擎模式”，是后发大国新兴产业发展的必由之路。其中，利用外需来接触最前沿的市场需求，内需用来检验前沿需求与本土需求的匹配性，从商业模式创新与技术创新两个方面来激发破坏性创新，通过构建技术与市场“双追赶机制”，形成与发达国家领先企业不同的破坏性产品与技术，首先借助国内市场大规模的需求达到高质量的产业化，最终实现全球价值链的突破，替代发达大国的主导地位。因此，适度保护新兴产业的国内市场需求，对后发大国来说，不仅是必需的，也是符合WTO的幼稚产业保护条款的。

保护国内新兴产业免受国际竞争压力的风险，在于这样形成的新兴产业可能不具备国际竞争力。但这个风险对大国而言，是不同于小国的。大国辽阔的国土、齐全的工业体系与庞大的企业数量，足以维持激励的国内竞争，而这些国内竞争足以替代国际竞争压力，使得企业的竞争力在国际不会脆弱。日本与美国的实践均证明了这一点。

二、缩短“创新距离”的组织架构基础

在创新距离的两端，分别是延续性创新与破坏性创新，它们其实代表着两种不同的创新导向，故而需要不同的组织架构支持。破坏性技术往往面对的是“不太完善”的市场环境，所以对创新组织内的互动与配合要求非常高。因此，当一项破坏性技术出现后，它需要的是具有交互式产品架构的整合型企业组织。这时的企业必须负责全部的重要组件，通过创新性的商业模式设计引导与用户需求的深层互动，实施动态创新过程。但是，当破坏性技术逐渐成熟，变成标准技术后，它需要的就是具备模块化式产品架构的分包型企业组织。这时，产业内的企业都可以将最佳供应商生产的组件进行混搭，从而很容易满足个性化客户的需求（克里斯坦森和雷纳，2010）。显然，交互式产品架构最适合实施破坏性创新模式，但模块化产品架构最适合成本导向的延续性模式。我们把相关内容进行了整理，如表8-1所示。

表 8－1　　创新距离的两端：后发国家企业的两种创新策略

研究层面	延续性创新	破坏性创新
目标产品或服务的质量	为满足业内最高端客户最重要的需求而做出改进，这类改进可能是渐进式的，也可能是突破性的	低端的“传统”性能表现，但是增加了新的特性——特别是在简洁性和便利性方面
目标客户和市场应用	主流市场最有价值的（如利润最大的）客户，愿意为产品性能改进而买单	定位于“零消费”市场，这些客户过去没有资金或技术来购买和使用这种产品
业务模式要求	利用现有的竞争优势，对当前的业务流程和成本结构做出改善以提供或维持利润水平	要求在单价较低、起初产量不高的情况下，仍能赚钱，单品销售的毛收入非常低
产品架构创新	模块化	交互式
对应的组织形式	分包型企业	整合型

资料来源：笔者基于克里斯坦森和雷纳（2010）相关内容改编、整理而成。

不过，后发大国的企业由于在全球价值链中的初始不利位置，绝大部分在早期都采取了全球价值链主导企业设计的模块化组织结构。在这种架构下，模块间的标准化接口在很大程度上限制了设计的自由与对前沿技术的应用。所以，作为追随者的企业很难突破已有组织结构的制约，也就无法获得交互式的产品架构对破坏性创新所需要的资源进行内部整合。然而，后发大国的企业或许并没有意识到这一点，反而认为模块化是代表先进生产力的组织形成，这就导致了一种可能，即借由模块化的组织架构去实现破坏性创新，其结果不言自明，必然受挫。

中国的电动汽车产业，就陷入这样的泥潭里难以抽身，其根本原因就在于这个新兴产业的关键部件似乎都已经被模块化了。国内的新能源汽车厂商借由国家发展战略性新兴产业的政策“东风”，在对电机、电池、电控等关键组件没有形成完整产业体系的条件下，依然首先由加工装配环节切入全球价值链，通过模块化架构，全球采购零部件，最后汇总到企业进行总装。目前的电动汽车商业模式创新逻辑，只是刚从“政府补贴主导”过渡到了“产品设计创新主导”，但与特斯拉等行业领先企业的差距依然很大。通过这样最低端的延续性创新流程，要实现新能源汽车这一战略性新兴产业的破坏性创新与繁荣发展，是注定无法成功的。如果没有强制性的政策导向变革，这一产业在突破发达大国“全球价值链锁定”过程中肯定会遭遇更大的困难与挑战。

第四节　后发国家企业的全球价值链突破：华为公司案例

与发达工业化国家将创新的焦点集中于研发活动与技术前沿不同，后发大国的创新努力主要集中于企业层次的活动（Pietrobelli & Rabellotti，2011）与政府的政策（Keane，2012）。一般而言，后发大国的创新突破多集中于一些技术简单、规模化生产领域，因为在技术比较复杂的领域（如半导体、汽车）有较大差距（侯媛媛等，2011），但中国的通信设备制造产业却是一个例外。本节以中国通信设备制造业的代表性领军企业华为公司为例，对其突破发达大国全球价值链锁定的基本过程进行了归纳，发现其具有明显的破坏性创新特征，在缩短创新距离方面做出了表率。

一、成长迅速的华为公司

华为公司建立于1987年，在短短20年左右的时间里，这家起初仅为香港一家企业代理电话交换机的公司，就先后超过阿尔卡朗讯等发达国家的企业，成长为仅次于爱立信公司的世界级行业领先企业。图8－2显示了华为公司成长的轨迹。连续13年来，华为公司的销售总收入一直呈现明显的增长势头，即使在2008年国际金融危机的冲击下，这个势头也没有受到实质影响。1999年，华为公司总销售收入为13.8亿美元，但到2011年，这一数据达到了324亿美元，足足增长了23倍。另一个突出的特征是，1999年华为公司的海外销售收入只有区区0.53亿美元，到2011年，这一数字飞升到220亿美元，增长了415倍。并且，海外销售收入占比也由1999年的3.81%上升到了2011年的68%。这一趋势在2009年稍受影响后，依然保持了上升趋势。这使华为公司成为一个真正的国际化企业。2017年，华为公司的全部销售收入为6036亿元人民币（约1000亿美元），海外收入占比为49.5%。从其他指标来看，华为的国际化进入了新层面：全球部署超过 50 万个基站，商用连接突破 1000 万，与 1000 多家生态合作伙伴共建生态；全球签署超过 350 个 NFV 和 380 个 SDN 商用合同，部署超过 30 个 CloudAIR 无线空口云化商用网络；在全球十余个城市与 30 多家领先运营商进行 5G 预商用测试。

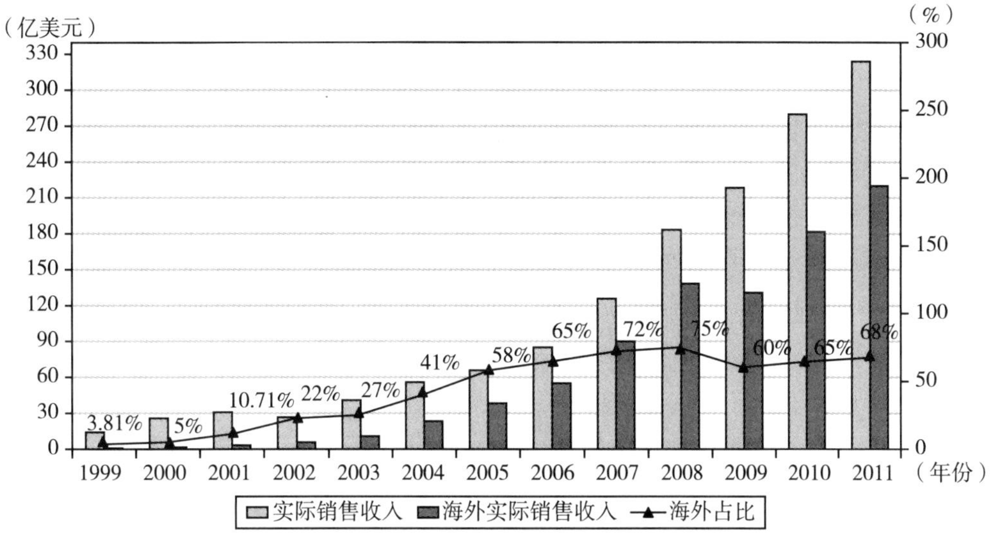

图 8－2　华为公司 1999—2011 年总销售收入及海外销售收入

数据来源：华为年报及新闻数据整理而成，均按当年期末汇率换算。

对华为公司 30 余年的发展历程，研究者一般将其划分为四个发展阶段。第一阶段是 1987—1995 年，主题是创业求生存；第二阶段是 1996—2004 年，主题是二次创业并迈向国际化；第三阶段是 2005—2010 年，在这一阶段，华为开始成为世界级的企业；第四阶段为 2011 年以后，华为开始组织转型，成为行业领跑者。鉴于我们的主题，本章将研究时期集中于 2011 年以前的华为，以系统分析华为如何从跟随者成为破坏性创新者，再到成为行业领先者。

二、从延续性创新到低端市场的破坏性创新

华为成立之初并没有自己的产品，而是代理香港鸿年公司的用户交换机。直到 1989 年，华为以代销交换机收入为研发经费，开始了数字交换机领域的研发，推出半机械、半数字的入门级产品 PBX－JK1000。1990 年推出阳春机型，这种机型作为可以连接多个分机的总机，主要面向酒店与小企业；虽其价格便宜、方便实惠，但产品的性能并不理想。1991 年又推出了 512 门用户交换机

HJD48 和纵横式局用机 JK1000。1992 年，华为的销售额首次突破了亿元大关，利润过千万。这一年，华为将几乎全部的销售额投入到国际市场的主流技术 C&C08 机的研制上，这一延续性创新行动在 1993 年初获得成功，并于 1994 年推出了万门级 C&C08 交换机。1995 年，华为的 C&C08 交换机在市场上获得重大突破，拉开了与国内同类厂商的差距。

但是，在市场拓展方面，当时的国内电信设备市场几乎全被跨国公司瓜分，华为公司面临国外领先企业与国内同类企业的包围，竞争压力非常之大。面对西方电信厂商的凶猛势力，华为通过系统的市场研究，找到了一个很小的切入口，为运营商贫困的农村市场提供设备，这里的基站设计比较微妙，创新不多，但需要防鼠咬、耐寒，除了华为，没有人愿意做这块市场。这时候的华为，深入研究客户的“痛点”，围绕这些“痛点”问题形成了明确的商业模式及其业务运营逻辑，开发了适应这些客户紧缺急需的技术方案。也正是在商业模式创新和原创技术（尽管不是世界级的，但却是客户最实用的）研发两个方面的紧密结合，华为公司通过低端市场的破坏性创新成功地站稳了脚跟。此后，华为公司采用类似的路径进军非洲、亚洲的第三世界国家等低端市场，直到进军欧美市场，这种破坏性创新的战略使其获得了空前的成功。

三、新兴市场的破坏性创新

1995 年，在从事 GSM 移动通信研究的同时，华为公司开始跟踪国际 3G 技术的走向，并于 1998 年正式启动商用系统研发。当时 CDMA 是新发展起来的技术，是一个典型的“不太完善”的市场，在技术成熟度和市场覆盖方面仍处于初步阶段，国内外通信企业基本处在同一起点，还没有形成巨头垄断技术和市场的局面，这为华为公司提供了新兴市场的破坏性创新机会。在这个过程中，华为公司没有将自己局限于少数几个分工环节，而是与全球 40 多个国家和地区的市场分支机构和合资公司、技术研发体系合作研发 WCDMA 技术。2003 年华为研制出拥有全套自主知识产权的核心 ASIC 基带芯片，成为国内第一家能独立开发设计的厂商。其后，华为公司在全球率先推出商用 R4 系统，并首先进入阿联酋市场，为 Etisalat、Sunday 等提供 R4 网络方案。这一模式同样在华为公司的下一代网络（MGN）业务中得到体现，这一业务多年来一直保持着全球出货量第一的位置。

华为研发历史上的传奇作品 SingleRAN 项目，也是破坏式创新的经典案例，很直观地解释了华为在新兴市场上的创新战略及其回报。2007 年，沃达丰希望能够做到“从 GSM 向 3G 的平滑演进”，用大白话解释就是：如何用最便宜的方法，既能保留 2G 网络，又能提供 3G 服务。这里面涉及的“多载波技术”非常难实现，但最后华为顶住压力拍板：倾无线部门全部力量，满足客户的要求。华为的研发管理系统再一次发挥威力，调用了包括华为俄罗斯研究所算法专家在内的全球资源，用一年多的时间终于攻克了多载波技术，使 SingleRAN 产品横空出世。这款产品是革命性的创新产品，能帮用户省一大笔钱，横扫欧洲几乎所有运营商，让无线产品收入跃居世界第二，逼近爱立信。

四、充分利用国内国外市场需求

在路由器业务中，华为公司充分挖掘了国内需求。1995 年华为开始研发路由器产品：1997 年推出 Quidway S2403 以太网交换机；2001 年推出 Quidway NetEngine 80 核心千兆交换路由器、Quidway S 全系列智能以太网交通换机。华为成为国内首家获得软件开发管理 CMM 四级国际认证的企业，在国内市场牢牢站稳了脚跟。2002 年，华为在高端路由器和以太网交换机业务市场上成为业界领先的端到端设备及业务解决方案供应商。目前，华为高端路由器已进入 60 多个国家，承担了 10 多个国家的骨干网络建设（侯媛媛等，2011），实现了从国内市场向国际市场的完美跨越。

五、持续的研发投入

显然，一个立志要做破坏创新者的后发大国的企业，必须要有能够去“破坏”的基本实力。而这些实力，只能在持续的研发活动中积累，在研发人员不断的试错与“干中学”中积累，在对市场一遍又一遍的研究与尝试中积累。这些努力，都会具体化为一个指标，那就是研发投入。有了足够的研发投入，企业就可以去培训研发人员、人才队伍，以获得和发达大国领先公司竞争的根本能力。华为公司自成立以来，始终坚持 10% 左右的研发密度，近十年来的研发投入情况如图 8－3 所示。2002 年，华为的研发投入为 4 亿美元，研发密度为

14.8%；2011年，华为的研发投入为37.7亿美元，研发密度为11.6%。华为还坚持将研发投入的10%用于预研，对新技术、新领域进行持续不断的研究和跟踪，并坚持不断提升以客户需求为导向的创新能力，这在中国现阶段的企业中是比较少见的（侯媛媛等，2011）。

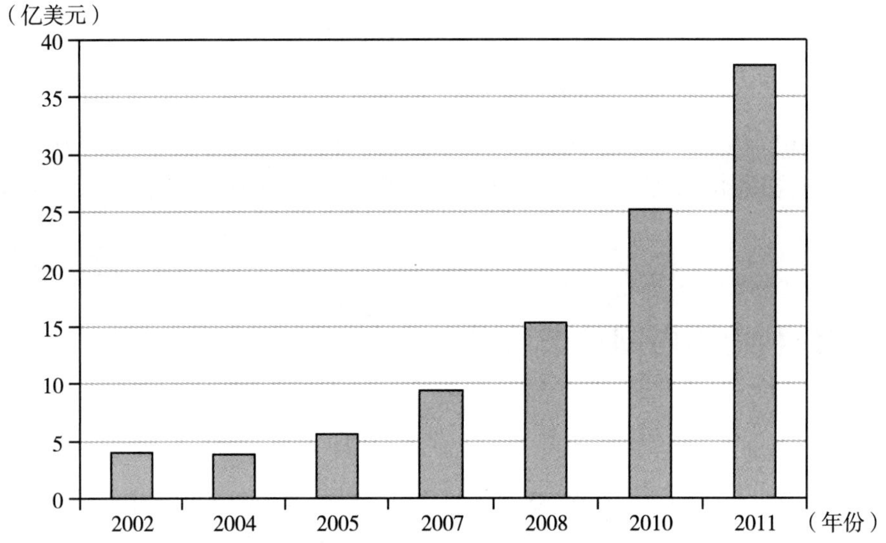

图8-3　华为公司历年的研发投入

数据来源：由华为年报及新闻数据整理而成，均按当年期末汇率换算。

六、政府政策与支持体系

在后发国家中，政府的政策导向对企业的创新活动有着重要作用。Keaner（2012）通过对部分低收入国家研究发现，政府对企业的支持会对企业治理全球价值链产生关键影响。华为公司也不例外。比如，1996年中国政府规定，电信部门的设备采购权要上报省市一级，并逐渐转向招投标的方式。这使得当时还是小企业的华为的技术研发体系由混乱逐步走向了规范，创新的方向也更为明确。此后，华为公司所在的深圳市其完善的市场体系、科技情报网络平台与科技投融资体系，为华为公司研发有前瞻性的共性技术问题提供了非常大的帮助，也促生了中兴通讯等大型企业的出现，极大地提升了中国通信设备制造业的国际竞争力。

第五节　结论与启示

一、结论

本章构建了一个从后发大国视角来审视新兴产业全球价值链的理论框架，这不同于从发达国家主导企业入手的西方文献。本章认为，比较优势陷阱是后发国家新兴产业在全球价值链中处于不利位置的宏观原因，而创新距离的存在则是后发国家遭遇全球价值链锁定的微观因素，后发国家在全球价值链框架内得到的产品内分工范围过窄所导致的产业消解则是其国家竞争优势陷入困境的深层原因。本章引入等竞争优势曲线的分析表明，后发国家在获得国家竞争优势过程中，可以在价格要素与非价格要素的组合中选择一种适合本国培养竞争优势的途径。此外，在全球价值链突破过程中，后发大国需要注意对国内需求适当保护，这是新兴产业发展的首要条件，而相匹配的组织架构创新也是必不可少的微观基础。

综合看来，后发国家在寻求全球价值链突破过程中，最主要的问题是如何通过缩短创新距离来获得破坏性创新的机会，从而跨越比较优势陷阱，推动本国新兴产业快速发展。

二、启示与建议

本章的理论研究与案例分析表明，如下的几个建议可能是有效的：

第一，利用大国效应，注重国内市场的适度保护与市场整合。必须认识到，后发大国虽然处于欠发达阶段，但其国内需求的多样性与大规模特性，正是本土新兴产业发展的首要条件。必须认识到，在发展早期引入国际竞争会加剧新兴产业的脆弱性，所以，适度保护国内新兴产业的市场需求是后发大国应该选择的基本政策。但是，仅有保护是不够的，后发大国的政府必须在消除地方保护主义、促进国内市场整合方面做出实质性改善，不可以“对外改革开放，对内分割保护”，因为有效的市场整合是后发大国保证新兴产业获得国内市场规模经济效应的前提。显然，如果国内市场地方保护主义严重、处于被分割自治状态，这就会削弱国内竞争的激烈性，无法替代国际竞争对新兴产业的推动作用。

第二，通过前瞻性的市场需求分析培育破坏性创新能力，缩短创新距离。如果把技术进步比作创新的推力的话，那么通过商业模式创新引导的市场需求就是创新的拉力。后发大国在新兴产业发展过程中，需要谨防技术导向替代市场导向的风险。这既需要研究本土市场需求，更要研究发达国家市场需求以及欠发达国家的需求特征，这是破坏性创新技术形成的最初源泉。一般而言，市场需求结构与一国的工业化水平与城市化进程是密切相关的，因此会呈现出“波浪模式”，即发达大国会最早出现对新兴技术、新兴产品的市场需求，然后传导到新兴工业化国家，然后再进一步传导到后发国家，最后扩散到第三世界的中低收入国家。因此，后发大国应该在发达大国、新兴工业化国家、本国与中低收入国家的需求分析方面构建一个完善的监测体系，寻找破坏性创新的机会。同时，要力争首先在国内构建购买者驱动的全球价值链体系，然后再扩展到其他国家去建设生产者驱动的全球价值链。这也正是韩国三星电子公司、中国华为公司等破坏性创新者成功的基本模式。

第三，通过投资高级生产要素跨越比较优势陷阱。后发大国虽然拥有丰富的生产要素，但只有以高素质的人力资本为核心的高级生产要素，才更具备创新的功能。这也是动态比较优势理论的核心政策含义所在。因此，后发大国需要加大对高级生产要素的持续投资，主要包括人力资本、科学与技术基础研究、有利于创新的制度与规则以及能够促进企业间、企业—大学关系的高科技园区建设等方面。这也正是我国台湾地区能够领先于大陆跨越比较优势陷阱，并切入全球价值链高端环节的主要推动力量（Tsai and Wang，2005）。

第四，积极尝试跨全球价值链（crossing GVC）策略，培育产业体系。对后发大国而言，当渡过最初发展阶段时，不应该再倡导新兴企业一开始就追求过于低端的专业化，并采取模块化的生产流程与组织模式，这会带来过窄的产品内分工范围，从而加重比较优势陷阱，导致产业消解。应该积极引导企业实施跨全球价值链战略，即同时加入一个以上的全球价值链，并尽可能地经营有差异的工序环节。由于不同的全球价值链内其学习机制是不同的，当后发大国的企业加入多个全球价值链时，它们就有机会构建一种平衡型学习机制，通过多样化的工序专业化积累，也有机会涉及关键零部件的生产，从而逐渐培育本土的产业体系，在防止产业空心化带来的产业消解问题的同时，最终实现对全球价值链的成功突破。

研究结论与政策建议

在本部分，我们对整个研究工作进行进一步的总结，归纳出本书的主要观点和研究发现，并以此为基础，提炼出相应的政策建议。

一、主要研究结论

通过本书的系统研究工作，我们有如下的几项研究结论：

第一，明确了商业模式与商业模式创新的概念界定。我们主要采纳“价值创造论”和“运营逻辑论”的视角，对商业模式做如下定义：商业模式就是企业为了有效创造、传递和捕获商业机会的价值，对组织内、组织间的利益相关者为完成交易而在交易内容、结构和治理机制等方面设计的活动和方法体系，进而为企业获得持续赢利和竞争优势。在我们看来，商业模式的主要使命是围绕一定的技术组合而构建一个商业价值网络和商业生态系统。也就是说，商业模式不仅会覆盖到价值的创造、交换、整合（实现）与持续四大环节，而且也可以作为用来描述商业价值网络和商业生态系统中价值创新的一种信息沟通与资源整合逻辑。并且，我们建议从价值主张、成本收益方程、价值网络、价值链、关键资源、核心流程和企业战略主体、交易的结构、交易内容和交易治理机制等方面来考察企业的商业模式的要素构成。

商业模式创新是指相对于现存的业务来说一种本质上不同的商业模式被发现出来，或是设计一个全新的模式或是修正企业已有的活动系统，这在本质上是一种企业搜寻适用的新商业逻辑和为利益相关者创造和实现价值的过程，其主要目的是增加利益相关者的收入和提升企业与合作伙伴的竞争优势。商业模式创新其实瞄准的是持续地更新公司的核心商业逻辑而不仅仅是在某个单一产品或服务上的小范围创新，它更多的是与客户价值主张、商业逻辑的重新构建和企业结构重塑关联在一起。

第二，商业模式创新与技术创新之间的耦合机制存在内在的动力因素。商业模式创新与技术创新的耦合机制存在天然的条件与内生的动力，两者的耦合对企业经营绩效带来正向的促进作用。两者耦合的基本机理在于：技术创新是问题导向的，它解决的是用户价值主张和用户需求对应的技术与工艺方案。而商业模式创新则是价值逻辑导向的，它集中于构建一个新的价值网络和商业生态系统，使得新技术可以快速扩散，快速完成从创意到产品到产业链的过程，并最大限度地创造新技术的经济价值。通过更好地在利益相关者关系网络中完成新技术的价值创造和价值实现，商业模式创新就完成了它的使命。这个基本逻辑也初步说明，商业模式创新与技术创新，无论在价值创造还是价值实现领域，都应该具备耦合的天然基因和动力基础。

技术创新和产品创新需要新型商业模式与之有效耦合，商业模式创新的过程中内嵌着技术创新这一核心内容。换言之，商业模式创新与技术创新之间天然地不可分割，只有那些能够让商业模式与技术之间实现动态耦合的企业，才能够最大化地商业化技术/产品的价值，才能够让最有效的商业模式完美地匹配于技术/产品的商业化。动态耦合不是一个抽象概念，而是一种战略匹配机制，它带来的战略性回报就是公司绩效的持续改善和持续的竞争优势。

第三，构建了商业模式创新与技术创新的耦合机制。商业模式创新与技术创新的耦合指的是在企业的创新系统中，商业模式创新与技术创新两个子系统之间通过多种因素进行相互影响、相互作用的内在交互过程。商业模式创新与技术创新的耦合机制由耦合的动因基础、耦合要素和信息交流机制三个模块组成。其中，耦合的动因基础，决定了两者产生内在关联的可能性，这是两者耦合的首要条件。确定商业模式创新与技术创新哪一个作为引发耦合主要驱动力量来促进两者最终走向耦合，依据耦合动因基础，可以将两者的耦合划分为两种类型：一种是技术创新驱动的商业模式创新与技术创新耦合，它以技术创新为主要驱动力量；另一种是商业模式创新驱动的技术创新与商业模式创新耦合，它以商业模式创新为主要驱动力量。

耦合要素主要包括知识（技术知识、市场知识、默会知识等）、资源（人力、设备、财务、无形资产、专利等）、产品（或服务、问题解决方案）、关系网络（价值链、价值网络、用户、供应商、联盟伙伴、渠道等）、组织结构、战略等内容。无论是商业模式创新驱动的耦合过程，还是技术创新驱动的耦合过程，都是通过对这些耦合要素的改变，而引发另一方的耦合要素的结构变化，从而使双方进入耦合状态。信息交流机制指两个系统之间知识、技术等信息的往来路径与处理过程结构，主要包括组织内的跨系统交易机制与组织间的开放式交流机制。

第四，概括了商业模式创新与技术之间的耦合模式。我们依据技术的新颖性程度和商业模式的新颖性程度两个维度，分别按高、中、低三种水平进行区分，然后进行组合，会得到九种有代表性的商业模式创新与技术创新的耦合组合，分别代表着九种耦合模式，它们是战略性耦合导向模式、技术变革导向模式、模式变革导向模式、市场导向模式、产品导向模式、追随导向模式、两个“问题区”模式与“挣扎区”模式。

第五，系统分析了单维创新的问题和风险。具体而言，过度重视技术新颖性的单维创新，会带来技术扩散过程中的“超额惯量”陷阱，导致技术扩散的无效率，出现技术创新领域的“市场失灵”问题；过度依赖商业模式新颖性的单维创新，脱离了新技术的成熟度和实施流程，可能会在短期内吸引大规模的需求，但缺乏技术基础的新商业模式会带来客户的迅速流失问题，最终难免“快速出现、迅速消亡”的不利结局。解决单维创新活动面临的问题的出路在于，为新技术寻求合适的商业模式，或为新商业模式构筑坚实的技术基础。

第六，产业生命周期框架下技术创新驱动商业模式创新的机理模型。我们的研究结果显示：在新兴产业新技术扩散的不同生命周期阶段，由于新兴技术及其组合的特征不同，所需要的新商业模式解决的重点问题是在动态变化的。商业模式设计的价值设计对象会随新技术不同生命周期阶段而变化。在新技术的扩散初始期，企业关注的重点应是顾客价值，在技术扩散的发展期，企业关注的重点应是企业价值，在技术扩散的稳定期，企业关注的重点应是顾客价值、伙伴价值与企业价值的组合。从新技术扩散的初始期到稳定期，相应的商业模式设计也从基于吸引客户的免费或低价模式，到基于增加企业盈利的差异化定价、第三方收费、互补产品收费和逆向收费的模式，再到基于可持续发展的纵向或横向产业链延展、纵向与横向相结合的延展模式。

第七，开发了商业模式创新与技术创新的耦合效率评价方法。一种是基于匹配的耦合效率法，一种是基于商业模式创新导向的评价方法。耦合效率可以定义为两个子系统通过耦合过程相互影响、相互作用的协调程度。技术创新和商业模式创新耦合时，耦合效率指数趋于1，否则，两者不耦合时，耦合效率指数远离1。在商业模式创新与技术创新的耦合过程中，若两者的耦合效率越低，那商业模式系统与技术创新系统的耦合要素之间产生良性共振的概率就越小，两者之间产生耦合关系的次数越不协调，两个系统之间的关系会呈现无关状态，且各个系统内部可能向无序发展。若两者的耦合效率越高，那么技术创新与商业模式创新系统不仅各自会趋向新的有序结构，而且两者之间的相互影响将变得越来越协调，最终促进两个系统的创新效率的提升和较高程度的耦合。商业模式创新导向的评价方法，基于商业模式的新奇性、锁定、互补性和效率四要素的 NICE 框架，是评价商业模式创新的可行选择。商业模式画布框架在实践中更具可操作性。商业模式画布不仅是用来描述和分析企业、组织如何创造价值、传递价值、获得价值的基本原理和工具，而且也是商业模式评估的具体参照体系。商业模式画布不仅能够帮助企业搞清楚业务运作体系、业务规则和每个模块的价值，也可以非常直观地帮助企业或分析师们形成针对性强的评价指标体系。

第八，在后发大国新兴产业发展的过程中，企业最需要克服的就是“创新距离”。所谓创新距离，就是指创新者努力从延续性创新（sustaining innovation）到实现破坏性创新（disruptive innovation）所要付出的时间或努力程度。其中，延续性创新可以解释为对原有技术路径有着维持性作用的创新活动，它关注的是现有主流市场和主流用户，其主要价值在于使现有产品或服务更好、更快或更便宜。但破坏性创新则通过不连续的变化，改变了原有产品或市场的技术路径，它关注的不是为现有的主流市场客户提供更好的产品，而是更倾向于通过引入目前稍差（但简单、便捷）的产品或服务来破坏和重新定义当前的市场，在获得低端客户市场后，通过更快的技术进步步伐，切入更高级别的客户需求，从而击败领先企业，建立自己的持续竞争优势。

二、促进商业模式创新与技术创新有效耦合的政策建议

在前文研究的基础上，我们归纳了如下的政策建议，供有关企业和政府决策部门参考，以期为我国战略性新兴产业的健康、快速发展提供借鉴。

第一，提高对技术创新与商业模式创新耦合机制的认识。无论企业还是政府部门，必须切实认识到这样一个问题：在新兴产业发展过程中，商业模式创新与技术创新必须形成有效的耦合机制。对新兴技术来说，“研发项目—产品—企业—产业—产业链”是一个基本的成长逻辑，这个逻辑也是分析战略性新兴

产业发展的基本框架。技术创新是新兴技术完成从“研发项目”到“产品”转型的主要驱动力量，商业模式创新则是新兴技术完成从“产品”到“产业链”转换的主要驱动力量。两者只有通过“耦合创新”而不是单兵冒进，才能产生倍增的能量，为新兴产业的健康、快速发展提供双重动力源泉。

第二，持续引导企业加大研发投入，提高我国新兴产业中企业的技术创新能力。毫无疑问，企业应是战略性新兴产业发展的现实主体。技术创新是新兴产业发展的根本动力和商业模式创新的初始载体，因此，培育企业强大的技术创新能力是推进商业模式创新与技术创新耦合的前提和保证。虽然新兴产业是新兴科技与新兴需求的深度融合，但只有企业对技术创新的研发投入足够充分，才能够持续提升企业的技术创新能力，才能为我国战略新兴产业获得发展的根本原动力。因此，我国各级政府部门应该围绕企业研发投入持续加大相应的政策支持，这些支持应体现在更全面的专业化金融支持、优惠的企业税收和行政收费以及友好的人才政策等方面。对企业而言，应该千方百计扩大融资途径，保障自身研发投入的持续增加，以此来吸引优秀人才与合作伙伴，以满足客户对新兴需求的消费欲望，最终增加自身的品牌影响力。

第三，构建鼓励企业从事突破性能创新的政策导向，是我国新兴产业创建国际竞争新优势、掌握发展主动权的关键。必须明白，政策导向对企业创新行为的影响非常重要。我国政府应该明确构建相应的政策体系，鼓励新兴产业中的企业更多地投资于破坏性创新的项目，以积累在全球价值链体系中的主导权和领导力。后发大国在新兴产业中企业创新的政策导向方面往往会出现偏差。比如，政府为了就业或税收等目标，可能会鼓励企业更多地采取延续性创新模式，以更大幅度地降低成本或在某种程度上改进现有产品性能，从而为企业带来更高的利润。若从全球价值链视角来看，后发大国在产品内分工流程中，被分配的生产环节太少，且更多地被主导企业分配于成本控制类的延续性创新活动，更集中于工艺流程的改善与升级。这些过于狭窄的分工空间，使得企业无法接触到终端市场需求，也无法延伸到其他相关生产流程。这些问题同样存在于后发大国的新兴产业领域。新兴产业相对于传统产业，是一种更容易获得规模报酬递增的产业，但由于全球价值链分工与治理模式的差异，后发大国可能仍然会处于不利位置。例如，在新兴产业发展过程中，虽然后发大国与发达大国都可能面临相似的制约因素，但后发大国由于参与全球价值链的环节过窄过少，只能在较小的分工范围内实现专业化，故享受到的规模报酬递增收益也是非常有限的。这样一种被动的创新导向，加大了后发大国从事延续性创新的概率，限制了其从事破坏性创新活动的可能性，这无疑拉大了后发大国企业与发达大国企业之间的创新距离，使得后发大国的企业失去了破坏性创新的基础，丧失了较高的增长潜力。

因此，建议我们的创新政策体系中，要明确鼓励突破性创新投资，鼓励我国新兴产业中的企业进行真正的研发创新活动。要逐步降低新兴产业中的企业创新活动集中于对发达国家的成熟技术在新的市场条件下的简单模仿、复制或推广，要从事真正意义上的产品研发活动。

第四，通过前瞻性的市场需求分析培育破坏性创新能力。如果把技术进步比作创新的推力的话，那么市场需求就是创新的拉力。后发大国在新兴产业发展过程中，需要谨防过度依赖技术导向而轻视市场导向的风险。这既需要研究本土市场需求，更要研究发达国家市场需求以及欠发达国家的需求特征，这是破坏性创新技术形成的最初源泉。一般而言，市场需求结构与一国的工业化水平与城市化进程密切相关。因此会呈现出“波浪模式”，即发达大国会最早出现对新兴技术、新兴产品的市场需求，然后传导到新兴工业化国家，之后再进一步传导到后发国家，最后扩散到第三世界的中低收入国家。因此，后发大国应该在发达大国、新兴工业化国家、本国与中低收入国家的需求分析方面构建一个完善的监测体系，寻找破坏性创新的机会。同时，要力争首先在国内构建购买者驱动的全球价值链体系，然后再扩展到其他国家去建设生产者驱动的全球价值链。这也正是韩国三星电子公司、中国华为公司等破坏性创新者成功的基本模式。

第五，适度保护国内市场，为新兴产业中商业模式的自主创新提供足够的空间。中国是一个发展中大国，相对于发达国家来说，是一个后发大国。因此，围绕新兴产业发展的双重动力之一的商业模式创新，我们建议相关部门要充分利用大国效应，注重国内市场的适度保护与市场整合。必须认识到，后发大国虽然处于欠发达阶段，但其国内需求的多样性与大规模特性，正是本土新兴产业发展过程中商业模式进行自主创新的首要条件；必须认识到，在发展早期引入国际竞争会加剧新兴产业的脆弱性，所以，适度保护国内新兴产业的市场需求，激发适应本国国情的商业模式创新是我国政府应该选择的基本政策。但是，仅有保护是不够的，后发大国的政府必须在消除地方保护主义、促进国内市场整合方面做出实质性改善，不可以“对外改革开放，对内分割保护”，因为有效的市场整合是后发大国保证新兴产业获得国内市场规模经济效应的前提。显然，如果国内市场地方保护主义严重、处于被分割自治状态，就会削弱国内竞争的激烈性，无法替代国际竞争对新兴产业的推动作用。

适度保护新兴产业的国内市场需求，对后发大国来说，不仅是必需的，也是符合 WTO 的幼稚产业保护条款的。在 20 世纪日本经济从低技术向重工业进而向高技术转变的过程中，进口保护发挥了重要的作用 。它主要通过关税、配额、限制外国直接投资、限制高技术产品进口或在国内采购等途径，保证对当时的新兴产业的国内本土需求，促进了高技术产业的发展。显然，国内需求一方面可以引致创新；另一方面也可以检验创新的价值，并派生出新的创新方向。对作为幼稚产业的本土新兴产业而言，国内需求的贡献远大于国际市场需求的价值。我们认为，在战略性新兴产业发展过程中，充分利用内需外需的“双引擎模式”，是我国新兴产业发展的现实选择。其中，利用外需来接触最前沿的市场需求，积累商业模式创新的知识基础；利用内需来检验前沿需求与本土需求的匹配性，以激发破坏性创新，通过构建技术创新与商业创新的耦合机制，形成与发达国家领先企业不同的破坏性产品与技术。以此为基础，先借助国内市场大规模的需求达到高质量的产业化，最终实现全球价值链的突破，替代发达大国的主导地位。

第六，把握新兴产业中商业模式创新与技术创新耦合的动态特征，设计合适的创新策略。新兴产业往往是处于发展初始阶段的产业，但新兴技术却可能较快跨越不同的技术扩散生命周期阶段。在新兴技术成果扩散的初始期，关注客户价值实现是关键，一定规模的“客户基数”是技术扩散能否进入良性循环的保证，如果市场规模未达到临界数量，过早强调企业利润，技术会被市场抛弃。在技术扩散的发展期，关注企业价值的实现是关键，如果客户规模已经超过临界阈值，却没认识到企业价值的实现才是技术研发的最终目的，单纯过度“烧钱”，企业会因为资本压力而无法继续进行技术扩散，最终被迫退出市场。在技术扩散步入成熟期后，企业价值、合作伙伴的价值与顾客价值的综合保护是关键，这是企业持续创新商业模式的核心基础；在这个阶段，企业要随时识别市场规模的饱和状态，商业模式创新要重视可持续发展导向，避免被新兴技术驱逐出市场。

第七，通过投资高级生产要素跨越突破性创新障碍。中国虽然拥有丰富的生产要素，但只有以高素质的人力资本为核心的高级生产要素，才更具备从事破坏性创新的能力。这也是动态比较优势理论的核心政策含义之所在。因此，中国需要加大对高级生产要素的持续投资，主要包括人力资本、科学与技术基础研究、有利于创新的制度与规则，以及能够促进企业间、企业—大学关系的高科技园区建设等方面。这也正是韩国、新加坡等国家能够领先于内地跨越比较优势陷阱并切入全球价值链高端环节的主要经验。

三、研究局限与未来研究方向

囿于精力、数据资料和研究能力，本书目前肯定存在着明确的研究局限，这些目前的研究不足，也是本项研究在未来需要努力的方向。主要有如下几个：

第一，对技术创新驱动商业模式创新的过程数据缺乏研究。在本书中，我们借助数理模型分析了不同技术扩散周期阶段商业模式创新的关键机理，但由于过程数据在目前无法收集到，所以没有采用严格的计量分析对相关的理论命题进行检验。这显然是未来的后续研究可能突破的方向之一。

第二，基于数据分析的实证研究还有待深化。本书试图采用模糊综合评价法来测算样本企业的技术创新能力和商业模式创新能力，从而得出两者的耦合效率指数。但这一工作在目前来看是不够成熟的，原因有两个：一是模糊综合评价法带有较大的主观性，结果的科学性可能受到一定程度的影响。在本项研究中，由于收集的样本企业数量比较少，这使得分析结果的普适性和科学性受到明显的限制。二是商业模式创新能力的评价非常复杂，用简化的数量指标会过于粗略，用详细的过程数据又难以得到，这也限制了耦合效率的评价。在未来的后续研究中，我们期将综合采用多种评价方法，开发一个代表性和操作性均比较好的方法，能够允许研究者选取更多的样本企业，可以方便开展广泛的问卷调查和数据收集工作，然后再进行综合的科学评价。

第三，对于技术创新和商业模式创新的耦合机制的检验，也是我们在未来需要深化研究的工作。如果能建立内生的交互理论模型，探讨两者的具体作用路径和作用模式，将是未来后续工作中值得研究的方法论问题和理论命题。虽然有很大的难度与挑战性，却也构成了我们后续工作的研究方向之一。

第四，商业模式创新与技术创新的耦合效率的决定因素有待检验。本书虽然构建了商业模式创新与技术创新的耦合机制及概念性模型，但没有对耦合因素和其他因素影响耦合效率的程度进行检验。依托本书的分析框架，未来的研究工作可以在数据可获得的条件下，进行较系统的实证检验，并得到更为科学的结论。

第五，研究对象的产业背景还有待扩展。本书主要以软件产业、新一代信息技术产业、环保产业、通信设备制造业为研究背景展开，但由此得出的结论是否具有普适性和推广价值，能否应用到更多的新兴产业，还有待在其他新兴产业（如新能源、高端装备制造、生物医药等）进行深入的系统验证。这也是未来的研究工作可以努力的方向之一。

参考文献

[1] ACEMOGLU D, AGHION P, ZILIBOTTI F. Distance to Frontier, Selection and Economic Growth [J]. Journal of the European Economic Association, 2006, 4 (1): 37 -74.

[2] AFUAH A, TUCCI C. Internet Business Models and Strategies: Text and Case [M]. New York: McGraw - Hill/Irwin, 2003.

[3] AMIT R, ZOTT C. Value creation in e - business [J]. Strategic Management Journal, 2001, 22 (6/7): 493 -520.

[4] Arend RJ. The business model: Present and Future - Beyond a Skeumorph [J]. Strategic Organization, 2013, 11 (4): 390 -402.

[5] ARMSTRONG M. Competition in Two - Sided Markets. The RAND Journal of Economics, 2006, 37 (3): 668 -691.

[6] BADEN - FULLER C, MANGEMATIN V. Business Models: A Challenging Agenda [J]. Strategic Organization, 2013, 11 (4): 418 -427.

[7] Barney JB. Firm resources and sustained competitive advantage [J]. Journal of Management, 1991, 17 (1): 99 -120.

[8] BELL M. Technological learning and the development of production and Innovative Capacities in the Industry and Infrastructure Sectors of the least developed Countries: What Role for ODA? Background Paper No. 10 for The Least Developed Countries Report [M]. Geneva: UNCTAD, 2007.

[9] BEST M. The New Competitive Advantage [M]. Oxford: Oxford University Press, 2001.

[10] BONACCORSI A, GIANNANGELI S, ROSSI C. Entry Strategies Under Competing Standards: Hybrid Business Models in the Open Source Software Industry [J]. Management Science, 2006, 52 (7): 1085 -1098.

[11] BOUWMAN H, HAAKER T, DEVOS H. Mobile Service Innovation and

Business Models [M]. Berlin: Springer, 2008.

[12] BROUSSEAU E, PENARD T. The Economics of Digital Business Models: A Framework for Analyzing the Economics of Platforms [J]. Review of Network Economics, 2007, 6 (2): 81 -114.

[13] CASADESUS - MASANELL R, RICART JE. From Strategy to Business Models and onto Tactics [J]. Long Range Planning, 2010, 43 (2 -3): 195 -215.

[14] CASADESUS - MASANELL R, ZHU F. Business Model Innovation and Competitive Imitation: The Case of Sponsor - Based Business Models [J]. Strategic Management Journal, 2013, 34 (4): 464 -482.

[15] CAVALCANTE S A, KESTING P, ULHOI J P, et al. Business model dynamics and innovation: (re) establishing the missing linkages [J]. Management Decision, 2011, 49 (8): 1327 -1342.

[16] CHESBROUGH H. Business model innovation: it's not just about technology anymore [J]. Strategy & Leadership, 2007, 35 (6): 12 -17.

[17] CHESBROUGH H. Open Business Models [M]. Massachusetts: Harvard Business Review Press, 2006.

[18] CHESBROUGH H. Business Model Innovation: Opportunities and Barriers [J]. Long Range Planning, 2010: 354 -363.

[19] CHESBROUGH H, ROSENBLOOM RS. The Role of the Business Model in Capturing Value from Innovation: Evidence from Xerox Corporation's Technology Spin - off Companies [J]. Industrial and Corporate Change, 2002, 11 (3): 529 -555.

[20] CHOI K, NARASIMHAN R, KIM S W, et al. Opening the technological innovation black box: The case of the electronics industry in Korea [J]. European Journal of Operational Research, 2016, 250 (1): 192 -203.

[21] CHRISTENSEN CM. The Innovator's Dilemma: when New Technologies Cause Great Firms to Fail [M]. Brighton: Harvard Business School Press, 1997.

[22] CORBIN J, STRAUSS AL. Grounded Theory Research: Procedures, Canons and Evaluative Criteria [J]. Zeitschrift Fur Soziologie, 1990, 19 (6): 418 -427.

[23] DANNEELS E. Tight - Loose Coupling with Customers: The Enactment of Customer Orientation [J]. Strategic Management Journal, 2003, 24 (6) : 559 -576.

[24] DAVILA T, EPSTEIN M, SHELTON R. Making innovation work: How to

Manage it, Measure it and Profit from it [M]. New York: Wharton School Pub, 2005.

[25] DODGSON M, BESSANT J. Effective Innovation Policy [M]. Haryana: Internatinal Thomson Business Press, 1996.

[26] DUBOSSONTORBAY M, OSTERWALDER A, PIGNEUR Y, et al. E - business model design, classification, and measurements [J]. Thunderbird International Business Review, 2002, 44 (1): 5 - 23.

[27] EVANSCHITZKY H, EISEND M, CALANTONE RJ, et al. Success Factors of Product Innovation: An Updated Meta - Analysis [J]. Journal of Product Innovation Management, 2012: 21 - 37.

[28] FRANK AG, CORTIMIGLIA MN, RIBEIRO JL, et al. The effect of innovation activities on Innovation Outputs in the Brazilian Industry: Market - orientation vs. Technology - acquisition Strategies [J]. Research Policy, 2016, 45 (3): 577 - 592.

[29] FREEMAN C. The Economics of Industrial Innovation [M]. London: Frances Pinter, 1982.

[30] GAMBARDELLA A, MCGAHAN AM. Business - model innovation: General purpose technologies and their implications for industry structure [J]. Long Range Planning, 2010, 43: 262 - 271.

[31] GEORGE G, BOCK A. The Business Model in Practice and Its Implications for Entrepreneurship Research [J]. Entrepreneurship Theory and Practice, 2011, 35 (1): 83 - 111.

[32] GEREFFI G, HUMPHREY J, STURGEON T. The governance of global value chains [J]. Review of International Political Economy, 2005, 12 (1): 78 - 104.

[33] GIESEN E, RIDDLEBERGER E, CHRISTNER R, et al. When and How to Innovate Your Business Model [J]. Strategy & Leadership, 2010, 38 (4): 17 - 26.

[34] GORDIJN J, AKKERMANS H. Designing and evaluating e - business models [J]. IEEE Intelligent Systems, 2001, 16 (4): 11 - 17.

[35] Hamel G. Leading the Revolution: How to Thrive in Turbulent Times by Making Innovation a Way of Life [M]. Boston: Harvard Business School Press, 2000.

[36] HAYES J, FINNEGAN P. Assessing the of potential of e - business mod-

els: towards a framework for assisting decision – makers [J]. European Journal of Operational Research, 2005, 160 (2): 365 – 379.

[37] HOLLOWAY S, SEBASTIAO J. The Role of Business Model Innovation in the Emergence of Markets: A Missing Dimension of Entrepreneurial Strategy? [J]. Journal of Strategic Innovation and Sustainability, 2010, 6 (4): 80 – 95.

[38] HUMPHREY J, SCHMITZ H. How does insertion in global value chains affect upgrading industrial clusters? [J]. Regional Studies, 2002, 36 (9): 1017 – 1027.

[39] JOHNSON MW. Seizing the White Space [M]. Boston: Harvard Business Review Press, 2010.

[40] JOHNSON MW, CHRISTENSEN CM, KAGERMANN H, et al. Reinventing Your Business Model [J]. Harvard Business Review, 2008, 86 (12): 50 – 59.

[41] KEANE J. The Governance of Global Value Chains and the Effects of the Global Financial Crisis Transmitted to Producers in Africa and Asia [J]. Journal of Development Studies, 2012, 48 (6): 783 – 797.

[42] KEEN P, QURESHI S. Organizational Transformation through Business Models: A Framework for Business Model Design [J]. Hawaii International Conference on System Sciences, 2006, 8: 206b.

[43] KEEN P, WILLIAMS R. Value Architectures for Digital Business: Beyond the Business Model [J]. MIS Quarterly, 2013, 37 (2): 643 – 647.

[44] LAMBERT S, DAVIDSON R. Applications of the Business Model in Studies of Enterprise Success, Innovation and Classification [J]. European Management Journal, 2013, 31: 668 – 681.

[45] LEHOUX P, DAUDELIN G, WILLIAMS – JONES B, et al. How do business model and health technology design influence each other? [J]. Research Policy, 2014, 43: 1025 – 1038.

[46] LINDER JC, CANTRELL S. Changing Business Models: Surveying the Landscape [M]. Cambridge: Accenture Institute for Strategic Change, 2000.

[47] MACINNES I, HU L. Business models and Operational Issues in the Chinese Online Game Industry [J]. Telematics and Informatics, 2007, 24 (2): 130 – 144.

[48] MAGRETTA J. Why Business Models Matter [J]. Harvard Business Review, 2002, 80 (5): 86 – 92.

[49] MAHADEVAN B. Business Models for Internet - based E - Commerce: An Anatomy [J]. California Management Review, 2000, 42 (4): 55 - 69.

[50] MANSFIELD E. Industrial Innovation in Japan and the United States [J]. Science, 1988, 241 (4874): 1769.

[51] MANSFIELD E. Research and Innovation in the Modern Corporation [M]. New York: Norton Bonin, 1971.

[52] MANSFIELD E, ANTHONY R. Technology Transfer to Overseas Subsidiaries by US Based Firms [J]. Quarterly Journal of Economics, 1980, 95 (4): 737 - 750.

[53] MARKIDES C. Disruptive innovation: In the Need for Better Theory [J]. Journal of Product Innovation Management, 2006, 23 (1): 19 - 25.

[54] MEYER M. The Fast Path to Corporate Growth: Leveraging Knowledge and Technologies to New Market Applications [M]. New York: Oxford University Press, 2007.

[55] MOIZER JD, TOWLER M. The Dynamics of research and development re - sourcing approach: 22th International Conference of the System Dynamics Society [C]. England: Oxford, 2004.

[56] MORRIS MH, SCHINDEHUTTE M, ALLEN J, et al. The entrepreneur's business model: toward a unified perspective [J]. Journal of Business Research, 2003, 58 (1): 726 - 735.

[57] Myers S, Marquis DG. Successful Industrial Innovations: A Study of Factors Underlying Innovation in Selected Firms [J]. National Science Foundation Report, 1969.

[58] OECD. Moving Up the Value Chain: Staying Competitive in the Global Economy [M]. OECD Publishing, 2008.

[59] OSTERWALDER A. Business model design and innovation [EB/OL]. (2007). http: //business - model - design. blogspot. com/.

[60] OSTERWALDER A. The Business Model Ontology - A Proposition in a Design Science Approach [M]. Universitéde Lausanne, 2004.

[61] OSTERWALDER A, PIGNEUR Y, TUCCI C L, et al. Clarifying business models: Origins, present, and future of the concept [J]. Communications of the

Association for Information Systems, 15 (3), 751 –775.

[62] PATELI AG, GIAGLIS GM. A Research Framework for Analysing E – business Models [J]. European Journal of Information Systems, 2004, 13 (9): 302 –314.

[63] PEDRONI P. Fully Modified OLS for Heterogeneous Cointegrated Panels [J]. Advances in Econometrics, 1999, 15.

[64] PETROVIC O, KITTL C, TEKSTEN RD. Developing business models for e – business [M]. Vienna: International Conference on Electronic Commerce, 2001.

[65] PIETROBELLI G, RABELLOTTI R. Global Value Chains Meet Innovation Systems: Are There Learning Opportunities for Developing Countries? [J]. World Development, 2011, 39 (7): 1261 –1269.

[66] PORTER ME. The Competitivie Advantage of Nations [M]. NewYork: Free Press, 1990.

[67] PORTER ME. Strategy and the Internet [J]. Harvard Business Review, 2001, 79 (3): 63 –78.

[68] PORTER M. Competitive Strategy: Techniques for Analyzing Industries and Competitors [M]. NewYork: Free Press, 1980.

[69] PRAHALAD CK, RAMASWAMY V. Co – creating Unique Value with Customers [J]. Strategy & Leadership, 2004, 32 (3): 4 –9.

[70] RAINER A. Interaction of Electronic Commerce and Supply Chain Management – Insights from 'The Swatch Group': Proeeeding of the 33rd Annual Hawai International Conferenee on Systems Sciences (HICSS) [C]. 2000.

[71] RAPPA M. Managing the Digital Enterprise – Business Models on the Web. (2000). http: //digitalenterprise. org /models/models. html.

[72] RAPPA M. The Utility Business Model and the Future of Computing Services [J]. IBM Systems Joumal, 2004, 43 (1): 32 –42.

[73] REUVER M, BOUWMAN H, MACINNES I, et al. Business Model Dynamics: A Case Survey [J]. Journal of Theoretical and Applied Electronic Commerce Research, 2009, 4 (1): 1 –11.

[74] BUEGELMAN RA, CHRISTENSEN CM, WHEELWRIGHT SC. Strategic Management of Technology and Innovation [M]. New York: Mcgraw – Hill, 1992.

[75] JEAN – CHARLESR , JEAN T. Platform Competition in Two – Sided Mar-

kets [J]. Journal of European Economic Association, 2003, 1 (4): 990 - 1029.

[76] JEAN - CHARLESR , JEAN T. Two - sides Markets: A Progress Report [J]. The Rand Journal of Economics. 2006, 37 (3): 645 - 667.

[77] SAEBI T, FOSS N. Business models for open innovation: Matching heterogeneous open innovation strategies with business model dimensions [J]. European Management Journal, 2015, 33: 201 - 213.

[78] SAKO M. Price, Quality and Trust: How Japanese and British Companies Manage Buyer Supplier Relations [M]. Cambridge: Cambridge University Press, 1992.

[79] SAMARA E, GEORGIADIS P, BAKOUROS I, et al. The impact of innovation policies on the performance of national innovation systems: A system dynamics analysis [J]. Technovation, 2012, 32 (11): 624 - 638.

[80] SCHMITZ H. Learning and earning in global garment and footwear chains [J]. The European Journal of Development Research, 2006, 18 (4): 546 - 571.

[81] SCHMOOKLER J. Invention and Economic Growth [M]. Mimeo: Harvard University press, 1966.

[82] SCHNEIDER S, SPIETH P. Business Model Innovation: Towards an Integrated Future Research Agenda [J]. International Journal of Innovation Management, 2013, 17 (1), 1 - 34.

[83] SCHOONHOVEN CB. Problems with Contingency Theory: Testing Assumptions Hidden within the Language of Contingency Theory [J]. Administrative Science Quarterly, 1981, 26 (3): 349 - 77.

[84] SHAFER SM, SMITH HJ, LINDER JC, et al. The power of business models [J]. Business Horizons, 2005, 48 (3): 199 - 207.

[85] SOSNA M, TREVINYORODRIGUEZ R N, VELAMURI S R, et al. Business Model Innovation through Trial - and - Error Learning [J]. Long Range Planning, 2010, 43 (43): 383 - 407.

[86] SPIETH P, SCHNECHKENBERG D, RICART J, et al. Business Model Innovation: State of the Art and Future Challenges for the Fiel [J]. R & D Management, 2014, 44 (3): 237 - 247.

[87] STEWART DW, ZHAO Q. Internet Marketing, Business Models, and

Public Policy [J]. Journal of Public Policy & Marketing, 2000, 19 (3): 287 -296.

[88] STOREY C, CANKURTARAN P, PAPASTATHOPOULOU P, et al. Success factors for service innovation: A meta - analysis [J]. Journal of Product Innovation Management, 2016, 33 (5): 527 -548.

[89] STRAUSS A, CORBIN J. Basies of Qualitative Researeh: Techniques and Proeedures for DeveloPing Grounded Theory [M]. Thousand Oaks: Sage, 1988.

[90] TAYLOR M, TAYLOR A. The technology life cycle: Conceptualization and managerial implication [J]. International Journal of Production Economics, 2012, 140 (1): 541 -553.

[91] TEECE D. Business models, business strategy and innovation [J]. Long Range Planning, 2010, 43 (2/3): 172 -194.

[92] TIKKANEN H, LAMBERG JA, PARVINEN P, et al. Managerial cognition, action and the business model of the firm [J]. Management Decision, 2005, 43 (6): 789 -809.

[93] TIMMERS P. Business Models for Electronic Markets [J]. Electronic Markets, 1998, 8 (2): 3 -8.

[94] TIROLE J. The Theory of industrial organization [M]. London: The MIT Press, 1998.

[95] TSAI KH, WANG JC. An examination of Taiwan's innovation policy measures and their effects [J]. International Journal of Technology and Globalisation, 2005, 1 (2): 239 -257.

[96] VARGO S, LUSCH R. Evolving to a New Dominant Logic [J]. Journal of Marketing, 2004, 68 (1): 1 -17.

[97] VENKATRAMAN N, HENDERSON JC. Four Vectors of Business Model Innovation: Value Capture in a Network Era [M] // Daniel P, Nirmal P. From Strategy to Execution: Turning Accelerated Global Change into Opportunity. Berlin: Springer, 2008.

[98] VOELPEL SC, LEIBOLD M, TEKIE EB, et al. The wheel of business model reinvention: how to reshape your business model to leapfrog competitors [J]. Journal of Change Management, 2004, 4 (3): 259 -276.

[99] WANG C, LU I, CHEN C, et al. Evaluating firm technological innova-

tion capability under uncertainty [J]. Technovation, 2008, 28 (6): 349 -363.

[100] WEI Z, YANG D, SUN B, et al. The Fit between Technological Innovation and Business Model Design for Firm Growth: Evidence from China [J]. R & D Management, 2014, 44 (3): 288 -305.

[101] WEILL P, VITALE MR. Place to Space: Migrating to E - business Models [M]. Boston: Harvard Business School Press, 2001.

[102] WERNERFELT B. A Resource - Based View of the Firm [J]. Strategic Management Journal, 1984, 5 (2), 171 -180.

[103] WILLEMSTEIN L, VALK T, MEEUS M, et al. Dynamics in Business Models: An Empirical Analysis of Medical Biotechnology Firm in the Netherlands [J]. Technovation, 2007, 27 (20): 221 -232.

[104] WIRTZ B, PISTOIA A, ULLRICH S, et al. Business Models: Origins, Development and Future Research Perspectives [J]. Long Range Planning, 2016, 49 (1): 36 -54.

[105] YIN Y, LAWPHONGPANICH S. Internalizing Emission Externality on Road Networks [J]. Transportation Research Part D: Transport and Environment, 2006, 11 (4): 292 -301.

[106] YOVANOF G S, HAZAPIS G N. Disruptive Technologies, Services, or Business Models? [J]. Wireless Personal Communications, 2008, 45 (4): 569 -583.

[107] ZOTT C, AMIT R. Business Model Design and the Performance of Entrepreneurial Firms [J]. Organization Science, 2007, 18 (2): 181 -199.

[108] ZOTT C, AMIT R. The fit between product market strategy and business model: implications for firm performance [J]. Strategic Management Journal, 2008, 29 (1): 1 -26.

[109] ZOTT C, AMIT R. Business Model Design: An Activity System Perspective [J]. Long Range Planning, 2010, 43 (2 -3): 216 -226.

[110] Zott C, Amit R, Massa L. The Business Model: Recent Developments and Future Research [J]. Journal of Management, 2011, 37 (4): 1019 -1042.

[111] 陈继祥，张薇. 合作原则观下影片《了不起的盖茨比》中人物语言翻译谬误分析 [J]. 开封教育学院学报，2018，38 (04): 52 -53.

[112] 程愚，孙建国，宋文文. 商业模式、营运效应与企业绩效——对生产

技术创新和经营方法创新有效性的实证研究［J］．中国工业经济，2012（07）：83－95.

［113］邓可斌，丁重．中国为什么缺乏创造性破坏？——基于上市公司特质信息的经验证据［J］．经济研究，2010，45（06）：66－79.

［114］费小冬．扎根理论研究方法论：要素、研究程序和评判标准［J］．公共行政评论，2008（03）：23－43，197.

［115］官建成，陈凯华．我国高技术产业技术创新效率的测度［J］．数量经济技术经济研究，2009（10）：20－34.

［116］郭熙保，文礼朋．从技术模仿到自主创新——后发国家的技术成长之路［J］．南京大学学报，2008（01）：30－37，144.

［117］侯媛媛，刘文澜，刘云．中国通信产业自主创新体系国际化发展路径和影响机制研究［J］．科技促进发展，2011（11）：32－40.

［118］贾根良．美国学派与美国的工业化：经验教训与启示［J］．经济社会体制比较，2010（02）：50－55.

［119］贾卫峰，党兴华．技术创新网络中核心企业形成的三状态模型研究［J］．科学学研究，2010（11）.

［120］江小涓．大国双引擎增长模式——中国经济增长中的内需和外需［J］．管理世界，2010（06）：1－7.

［121］蒋殿春，夏良科．外商直接投资对中国高技术产业技术创新作用的经验分析［J］．世界经济，2005（08）：5－12，82.

［122］克里斯坦森和雷纳．创新者的解答［M］．北京：中信出版社，2010.

［123］李东，王翔，张晓玲，等．基于规则的商业模式研究——功能、结构与构建方法［J］．中国工业经济，2010（09）：101－111.

［124］李东．基于结构特征的商业模式创新：路径类型、产业效应与策略体系［J］．中国软科学，2006（11）：141－145.

［125］李建光．印制电路板行业环保重大技术创新项目［J］．印制电路信息，2010（11）：54－61.

［126］刘玉芬，张目．中国高技术产业技术创新绩效分行业评价研究［J］．经济研究导刊，2010（22）：174－176.

［127］刘志彪，张杰．全球代工体系下发展中国家俘获型网络的形成、突破与对策——基于GVC与NVC的比较视角［J］．中国工业经济，2007（05）：

39 - 47.

[128] 卢锋. 产品内分工 [J]. 经济学 (季刊), 2004 (04): 59 - 86.

[129] 罗珉, 曾涛, 周思伟. 企业商业模式创新: 基于租金理论的解释 [J]. 中国工业经济, 2005 (07): 73 - 81.

[130] 聂辉华, 谭松涛, 王宇锋. 创新、企业规模和市场竞争: 基于中国企业层面的面板数据分析 [J]. 世界经济, 2008 (07): 57 - 66.

[131] 欧阳峣, 易先忠, 生延超. 技术差距、资源分配与后发大国经济增长方式转换 [J]. 中国工业经济, 2012 (6).

[132] 戚耀元, 戴淑芬, 葛泽慧. "互联网 +" 环境下企业创新系统耦合研究——技术创新与商业模式创新耦合案例分析 [J]. 科技进步与对策, 2016, 33 (23): 76 - 80.

[133] 乔为国. 商业模式创新 [M]. 上海: 上海远东出版社, 2009.

[134] 石军伟, 赵峰. 中国新能源汽车产业创新机制研究 [M]. 武汉: 湖北人民出版社, 2016.

[135] 石军伟, 王迪, 赵峰. 电动汽车产业以技术换市场的实践选择 [J]. 重庆社会科学, 2011 (12): 37 - 43.

[136] 汪海粟, 胡立君, 石军伟, 等. 中国战略性新兴产业发展研究 [J]. 中国工业经济, 2012 (4).

[137] 唐未兵, 傅元海, 王展祥. 技术创新、技术引进与经济增长方式转变 [J]. 经济研究, 2014, 49 (07): 31 - 43.

[138] 陶锋, 李诗田. 全球价值链代工过程中的产品开发知识溢出和学习效应——基于东莞电子信息制造业的实证研究 [J]. 管理世界, 2008, 172 (01): 121 - 128.

[139] 王红领, 李稻葵, 冯俊新. FDI 与自主研发: 基于行业数据的经验研究 [J]. 经济研究, 2006 (02): 46 - 58.

[140] 王建国. 1P 理论: 第三方买单的商业模式与模式营销 [M]. 北京: 北京大学出版社, 2015.

[141] 王建国. 1P 理论: 网状经济时代的全新商业模式 [M]. 北京: 北京大学出版社, 2007 年.

[142] 王勇. 战略性新兴产业简述 [M]. 北京: 世界图书出版社公司, 2010.

［143］魏炜，朱武祥，林桂平．商业模式的经济解释：深度解构商业模式密码［M］．机械工业出版社，2012.

［144］魏炜，朱武祥．发现商业模式［M］．北京：机械工业出版社，2009.

［145］温家宝．让科技引领中国可持续发展［J］．科技管理研究，2010，30（01）：1－3.

［146］翁君奕．商务模式创新［M］．北京：经济管理出版社，2004.

［147］吴晓波，朱培忠，吴东，等．后发者如何实现快速追赶？——一个二次商业模式创新和技术创新的共演模型［J］．科学学研究，2013，31（11）：1726－1735.

［148］项国鹏，周鹏杰．商业模式创新：国外文献综述及分析框架构建［J］．商业研究，2011（04）：84－89.

［149］熊勇清，李世才．战略性新兴产业与传统产业耦合发展的过程及作用机制探讨［J］．科学学与科学技术管理，2010，31（11）：84－87＋109.

［150］姚明明，吴晓波，石涌江．技术追赶视角下商业模式设计与技术创新战略的匹配——一个多案例研究［J］．管理世界，2014（10）：149－162＋188.

［151］余明桂，范蕊，钟慧洁．中国产业政策与企业技术创新［J］．中国工业经济（12）：7－24.

［152］袁俊．富国愈富，穷国愈穷?，全球产业分工体系与企业科技创新［J］．机电设备，2005（04）：26－28.

［153］詹宇波，刘荣华，刘畅．中国内资企业的技术创新是如何实现的？——来自大中型工业企业的省级面板证据［J］．世界经济文汇，2010（01）：50－63.

［154］张新香，胡立君．面向农村地区商业模式创新的实施机理及策略启示——一个跨案例的研究［J］．经济管理，2013，35（04）：153－163.

［155］张新香，胡立君．数据业务时代我国移动通信产业链整合模式及绩效研究——基于双边市场理论的分析视角［J］．中国工业经济，2010（06）：147－157.

［156］张新香．技术创新与商业模式创新的交互作用机制研究——以软件产业为例［D］．中南财经政法大学，2012.

［157］张新香．商业模式创新驱动技术创新的实现机理研究——基于软件业的多案例扎根分析［J］．科学学研究，2015，33（04）：616－626.

[158] 赵启纯. 制度质量对技术创新产出的门槛效应研究 [J]. 宏观经济研究, 2017 (5): 91 -96, 149.

[159] 郑捷. 如何定义“大国”? [J]. 统计研究, 2007, 24 (10): 61 -63.

[160] 周江华, 仝允桓, 李纪珍. 基于金字塔底层 (BoP) 市场的破坏性创新——针对山寨手机行业的案例研究 [J]. 管理世界, 2012 (02): 112 -130.

[161] 朱瑞博. 模块化、组织柔性与虚拟再整合产业组织体系 [J]. 产业经济评论, 2004, 3 (02): 119 -133.